한국기독교 민족운동론과 민족운동

김권정

한국기독교 민족운동론과 민족운동

김권정

한국근현대사를 공부하면서 기독교세력이 전개한 민족운동에 대해 깊이 아는 연구자들은 그리 많지 않은 것으로 보인다. 3·1운동 '민족대표'로 기독교 지도자들이 참여하였고, 시위과정에서 기독교인들이 많은 희생을 당하였다는 정도이다. 3·1운동 이후에는 기독교세력의 민족운동이 식민지배 질서에 매몰되어 갔고, 해방 후에는 분단세력으로 반민족세력의 성격이 고착화된 것으로 이해하는 경우도 많다.

이것은 기독교 민족운동의 내용, 주도세력의 특성, 민족운동론 등에 대해 잘 모르거나 잘못 알고 있는 데서 비롯된 것으로 생각된다.

예를 들면, 19세기말 이래 한국근대사회에 기독교가 수용되는 과정에서 기독교 정치사회세력이 형성되었다. 이들 세력은 한말·일제하 민족주의의 유력한 지도그룹인 동시에 강력한 재생산기반으로 한국근현대사 변동에 깊은 흔적을 남겼다. 한말에는 독립협회운동·계몽운동·국권회복운동을 주도하며 서구 근대지식을 소개하고 근대의식과 민족주의를 고취하였다.

또 일제하에는 민족주의세력의 하나로 국내외 민족운동과 사회운동에 적극 참여했다. 해방 이후에는 민족주의 진영의 핵심세력으로 반공정책을 적극 대변하며 자유민주주의 국가건설과 대한민국 수립에 커다란 역할을 담당하였다. 일제하부터 공산주의세력과 비타협적으로 치열하게 맞서 민족 정체성을 지키며 자유민주주의체제 국가를 이 땅에 건설한 주인공들 가운데 하나였다. 이 과정에서 공산주의세력과 일방적으로 갈등과 대립만 한 것이 아니라 이념을 넘어 민족의 이익을 위해 협력하는 모습을 보이기도 하였다.

이런 점에서 한국기독교세력은 오늘의 대한민국을 있게 한 중요한 정치사회세력 중에 결코 빼놓고 말할 수 없는 존재이다. 즉 호불호를 넘어 현재의 관점에서 기독교세력의 민족운동이 한국근현대 민족운동을 이해하는데 있어서 제외될 수 없는 이유가 바로 여기에 있다.

이런 문제의식에서 필자는 기독교세력의 민족운동론과 민족운동에 관한 책을 내놓게 되었다. 이 책은 필자의 박사학위논문을 일부 수정하고 보완한 것이다. 여기에서는 3·1운동 이후부터 동우회·흥업구락부 사건이 일어난 1938년까지를 시기로 구분하여, 이 시기 민족운동 진영의 동향과 맞물려 기독교세력의 민족운동이 어떤 논리 속에서 진행되었으며 어떻게 변화되었는지를 살펴보았다.

그동안 한국근현대사 연구자들은 기독교 민족운동을 언급하면서 대체로 종교적 측면을 소홀히 취급하고 민족운동 자체만을 분석하였다. 그래서 당시 민족운동을 주도하던 기독교인들의 사회문제, 민족문제 인식이나 이에 대한 대안 제시가 '종교집단'이라는 특성과 깊게 맞물려 있다는 점들을 놓치는 경우가 많았다. 반면 기독교 역사 연구자들은 기독교인들이 민족운동에 참여하는 경우, 이들의 내면화된 종교적 가치들이 어떻게 민족운동과 결합되고 표출되는가에 대한 분석 없이 '기독교 민족운동' 혹은 '기독교 민족운동가'로 쉽게 단정하고 접근하는 경우가 대부분이었다.

이런 점에서 이 책에서는 기독교인들의 민족운동을 '종교'라는 측면과 '민족운동'이라는 두 측면을 동일한 시각에 넣고 검토하였다. 그것은 기독교세력의 민족운동이 지닌 복합적이며 중층적인 성격을 균형 잡힌 시각 속에서 보다 역사적으로 접근할 수 있다고 생각되었기 때문이다. 여기에서는 이를 살펴봄으로써 이제까지 국내 학계 연구자들의 관심부족으로 크게 주목받지 못했던 1920~30년대 기독교 민족운동의 내용과 흐름, 그리고 그 특성을 중심으로 검토하고자 하였다.

부족한 글이 책으로 나오기까지 많은 분들의 격려와 도움이 있었다. 먼저 역사공부의 태도와 시각의 중요성을 가르쳐 주신 유영렬 지도교수님께 감사를 드린다. 심사를 맡아 지적해주신 조항래·최병헌·박정신 교수님, 고(故) 유준기 교수님께도 깊은 감사를 드린다. 그동안 부족한 제게 발표와 연구 기회를 허락해주고 격려해주신 한국민족운동사학회 선생님들께도 이 자리를 빌려 깊은 고마움을 전한다. 한국근현대역사와 기독교를 고민하며 공부하는 필자에게 힘이 되어 준 한국기독교역사연구소 여러 선생님들과 연구소 '학문 동지'인 선생님들께도 말할 수 없는 감사를 드린다.

공부하는 사람 만나 힘들다 한마디 내색하지 않고 늘 격려와 관심으로 후원하고 지지해주는 사랑하는 아내 연주, 아들 상윤, 딸 지현에게도 측량할 수 없는 깊은 고마움을 전하고 싶다.

기꺼이 출판에 응해주신 국학자료원 대표님과 책의 편집을 맡아주신 편집부에 감사를 드린다.

2015년 12월
김 권 정

▌목차

제1장 서 론

1. 연구 필요성 및 선행 연구 검토

이 책에서는 1920~30년대를 중심으로 기독교세력의 민족운동론과 민족운동을 살펴보려고 한다.

먼저 여기서 다루는 1920~30년대 시기는 한말 이래 제기된 근대 민족운동의 방향을 둘러싼 이념적 분립이 식민지배정책에 맞물려 치열하면서도 분명하게 드러난다는 점에서 민족운동 연구에서 중요한 시기이다.

한말 이래 전개된 다양한 민족운동 흐름이 3·1운동이란 거족적 민족운동으로 모아졌다가 갈라져 다양하게 펼쳐졌고, 이것이 해방이후 남북에 국가가 수립되는 배경이 되었다. 이런 차원에서 1920~30년대에 대한 연구는 한국 근현대 민족운동사라는 거시적 맥락 속에서 이전의 민족운동 흐름을 이해하고 해방 후에 직면했던 역사 상황에 대한 배경과 논리를 분석하는데 큰 도움이 될 것이다.

또 19세기말 이래 민족운동 과정에서 형성된 민족주의 노선은 3·1운동 이후 식민지배정책의 변화와 사회주의사상의 수용 속에 사회주의 세력의 등장이란 상황에 직면하게 되었다.[1] 이후 민족운동 진영은 민족문제를 과제로 설정하고 근대적 민족실력양성을 추구하는 민족주의 노선과 계급문제를 우선 과제로 삼는 사회주의 노선으로 전개되었다. 이 두 노선의 전개과정에서 다양한 형태의 민족운동이 제기되었다.

민족주의운동은 1920년대 이후 3·1운동의 현실적 '실패'(失敗)로 잠시 침체되었다가 활기를 띠기 시작했다. 3·1운동이후 일제가 이른바 '문화통치'를 내세우는 정책을 실시하여 언론·집회·결사의 자유가 일부 허용되었다. 일제의 식민지 지배정책이 본질적으로 변한 것은 아니었으나, 이른바 '무단정치'에서 '문화정치'로 바뀌면서 제한적이나마 합법적 공간으로 식민통치의 틈새가 생겨났다.[2] 이 틈을 비집고 민족주의세력은 교육과 산업의 진흥을 통해 민족의 실력을 양성하여 궁극적으로 우리 손으로 독립을 쟁취하자는 자강독립의 실력양성운동을 추진하였다.

사회주의운동은 3·1운동이후 민족운동선상에 본격적으로 등장하였다. 러시아 혁명의 영향 및 1920년대 계급 모순의 심화 등과 함께 사회주의사상이 보급되었다. 농민·노동자의 의식을 각성시켜 운동을 촉진시키는데 영향을 미쳤고 이들을 주체로 하는 정치사회세력이 형성되면서 사회주의운동이 활성화되었다.[3]

---

1) 3·1운동이후 청년지식인층을 중심으로 사회주의 사상이 수용되면서 1920년대 중반이 되면, 한국의 민족운동 진영은 크게 민족주의세력과 사회주의세력으로 분화되는 현상이 나타난다.

2) 식민정책의 변화에는 다양한 요소들을 들 수 있겠으나, 무엇보다 일제의 폭압적 무단통치에 대한 한민족의 강력한 저항을 들 수 있다. 이런 점에서 일제의 식민통치 변화는 일제가 한국인에게 허용한 것이라기보다 한국인이 쟁취한 것으로 보아야 한다.

3) 전명혁, 「1920년대 공산주의운동의 기원과 조선공산당」, 『한국공산주의운동사 연구』, 아세아문화사, 1997, 75쪽.

사회주의 사상은 민족주의 이념과 경쟁하며 민족운동의 지도력을 점차 넓혀 갔고, 새로운 민족운동 이념으로 적극 수용되면서 그 영향력이 확대되어 갔다.[4] 민족운동 진영에 자리 잡은 사회주의 노선은 1920~30년대 코민테른의 직접적 영향을 받으며 일제의 지배정책에 맞섰다.

자연스럽게 민족문제와 계급문제를 둘러싸고 국내 민족운동 진영은 크게 민족주의 운동과 사회주의운동으로 분화되면서 이념적으로 대립되며 진행되었다. 이런 추이 과정은 해방 이후 각 국가건설 주체들의 활동과 이념의 배경이 되었다는 점에서 1920~30년대는 한국 근현대사 연구에서 빼놓을 수 없는 중요한 위치와 의미를 갖고 지니고 있다.

한편, 3·1운동이후 일반 민족운동 흐름 속에서 기독교세력이 동아일보세력, 천도교세력 등과 함께 1920~30년대 민족주의 운동을 주도했다는 점이다.

19세기 말이래 기독교는 종교조직력을 기반으로 민족운동의 주도 세력 가운데 하나가 되었다. 한국사회에 기독교가 수용될 무렵, 기독교는 한국인들에게 자주적 독립권의 수호와 근대적 국민국가의 수립이란 이중적 과제를 해결할 수 있는 통로로 인식되었다.[5] 여기에는 기독교가 근대국민국가 수립의 중요한 요소가 되었고, 동시에 침략을 본격화하는 일본이 '비기독교' 국가라는 점에서 기독교를 기초로 하는 서구 열강이 기독교가 크게 성장하는 한국을 도울 것이라는 국제적 전

---

4) 이현주, 『국내 임시정부 수립운동과 사회주의세력의 형성(1919~1923)』, 인하대 박사학위논문, 1999, 132~144쪽; 이애숙, 「1922~1924년 국내의 민족통일전선운동」, 『역사와 현실』 28, 한국역사연구회, 1998, 94쪽.

5) 김권정, 「한국사회와 기독교 수용」, 『한국의 기독교』, 겹보기, 2001 참조.

망도 작용했다. 즉 기독교는 종교적 측면뿐만 아니라 정치적·사회적인 측면에서도 한국인들에게 폭넓게 수용되었다.[6]

기독교로 개종한 상당수의 한국인들은 제국주의 침략에 맞선 '자주'와 사회구조적 모순에 대항하는 '근대화'의 요구에 적극 부응하였다. 이들은 1890년대 후반 '독립협회운동'(獨立協會運動)을 통해 정치사회운동과 직접적인 관련을 맺기 시작하며 기독교 정치·사회세력으로 등장하였다.[7]

1910년대에는 언론·집회 및 결사의 자유가 철저하게 금지된 상황에서 '정치'단체가 아님에도 불구하고 종교적 기능이외에도 정치·사회적 기능을 담당했다.[8] 1910년대 종교조직을 토대로 비밀결사운동 및 합법적인 교육운동을 통해 민족의식을 고취하고 실력을 양성하는 운동을 펼치는 한편, 3·1운동에서는 천도교세력과 함께 중추적 역할을 하였으며, 3·1운동 이후에도 기독교세력은 전국적인 종교조직을 토대로 다양한 민족운동에서 역할을 담당하였다.[9]

이런 점에서 1920~30년대 기독교세력의 현실인식과 실천관, 활동은 민족운동사 연구에서 빼놓을 수 없다. 그것은 민족주의 진영의 지

---

6) 金良善, 「韓國基督敎史 (下)—改新敎史」, 『韓國文化史大系』, 高麗大 民族文化硏究所, 1965, 591~598쪽; Chung-Shin Park, Protestantism and Politics in Korea, (Seattle; University of Washington Press, 2003), pp. 95~113.

7) 이만열, 「독립협회운동과 기독교」, 『한국기독교사연구』 2, 한국기독교사연구회, 1985; 박정신,「구한말 기독교와 진보적 개혁운동」, 『근대한국과 기독교』, 민영사, 1997, 104~110쪽.

8) 김권정, 「3·1운동과 기독교」, 『殉國』통권 134호, 2002. 3, 29~38쪽.

9) 김형석, 「한국기독교와 3·1운동」, 『한국기독교와 민족운동』, 보성, 1985; 「3·1운동 70주년 기념 특집호」, 『한국기독교사연구』 25, 한국기독교사연구회, 1989;「특집 : 3·1운동과 제암리 사건」, 『한국기독교와 역사』7, 한국기독교역사연구소, 1997 등을 참조.

도세력, 조직기반의 하나로 국내외 민족주의 운동노선을 대변하며 사회주의 진영과 이념투쟁을 가장 '비타협적'으로 전개했기 때문이다. 또한 해방 후 기독교 사회세력의 대부분이 미군정 주요 관료로 참여하는 한편, 우익진영의 핵심 세력을 형성하여 대한민국의 건국 과정에 중추적인 역할을 하고 있기 때문이다.[10]

이처럼 이 책에서는 1920~30년대 기독교세력의 민족운동의 논리와 운동의 전개, 그리고 기독교계 제 세력의 동향 등에 대한 고찰을 통해 한국근대 민족운동의 다양한 궤적과 논리적 흐름을 살펴보려고 한다. 이를 통해 일제하 한국근대 민족운동의 성격을 이해하고자 한다.

이제까지 1920~30년대 기독교세력의 민족운동에 관한 연구를 살펴보면 다음과 같다.

먼저 한국근대 민족운동이라는 거시적 흐름에서 1920~30년대 기독교 민족운동을 다룬 연구들이 있다. 1980년대에 들어오면서 기독교회와 민족운동과의 관계에 대한 연구들이 객관적 시각과 실증적인 차원에서 이루어지기 시작했다.[11]

이들 연구는 기존의 기독교 민족운동 연구가 '기독교'라는 종교 입장을 일방적으로 강조하는 호교론적 차원에서 서술되었다는 비판적

---

10) 이에 대해 박명수 외, 『대한민국 건국과 기독교』, 북코리아, 2014를 참조할 것.

11) 기독교 민족운동에 관한 본격적인 연구업적은 梅山 金良善의 「三一運動과 基督敎界」, 『三・一運動 50周年 紀念論集』, 東亞日報社, 1969부터 시작되었는데, 최근의 대표적인 연구 업적은 다음과 같다. 李萬烈, 『韓國基督敎와 歷史意識』, 知識産業社, 1981; 閔庚培, 『敎會와 民族』, 大韓基督敎出版社, 1981; 李萬烈, 『韓國基督敎文化運動史』, 大韓基督敎出版社, 1987; 閔庚培, 『韓國基督敎社會運動史』, 大韓基督敎出版社, 1987; 이만열, 『한국기독교와 민족의식』, 지식산업사, 1991; 노치준, 『일제하 한국기독교 민족운동 연구』, 한국기독교역사연구소, 1993; 김승태, 『한국기독교의 역사적 반성』, 다산글방, 1994; 박정신, 『근대한국과 기독교』, 민영사, 1997.

관점을 제기하였다. 기독교 민족운동의 전체적 흐름을 보다 실증적이고 비판적 검토를 통해 기독교계의 단체나 인물의 업적을 기념하는 차원의 수준에서 벗어나 본격적인 기독교 민족운동의 연구를 주장했다.

그러나 이들 연구들은 한국 기독교 민족운동을 전체 민족운동사 차원에서 파악하며 1920~30년대 기독교 민족운동을 부분적으로 언급하고 있으나, 사례에 대한 심층적이고 분석적인 접근까지 나아가지 못했다.

다음은 기독교 민족운동을 간접적으로 다룬 것들이 있다. 주로 한국 근현대사를 전공하는 일반사가들에 의해 이뤄졌는데, 이들은 기독교 민족운동을 한국민족주의에 대한 분석의 일환으로 살펴보았다.12) 이들 연구들은 주로 전체 민족운동의 성격을 강조하다가 오히려 종교집단으로서 기독교라는 공동체의 정체성, 사상적 특징 및 성격을 간과하는 경우가 대부분이었다. 이에 전체 민족운동선상에서 기독교세력의 민족운동이 갖는 특징을 제대로 포착하지 못하는 한계를 드러냈다.

최근에는 일제하 기독교세력의 민족운동에 대한 평가를 깊이 진행되면서 기독교 민족운동 연구 분야가 양적, 질적 발전을 이루었다. 이들 연구들은 한국 근대 민족운동이란 시각에서 기독교세력과 민족운동의 상관성을 고찰함과 동시에 기독교세력의 민족운동 전개과정을 추적하는 한편, 기독교 민족운동의 방향을 담고 있는 '정치・경제사상'에 대한 분석을 내놓았다.

---

12) 柳永烈, 『開化期의 尹致昊 硏究』, 한길사, 1985; 고정휴, 「태평양문제연구회 조선지회와 조선사정연구회」, 『역사와 현실』 6, 역사비평사, 1991; 徐中錫, 「韓末・日帝下의 資本主義 近代化論의 性格」, 『韓國 近現代의 民族問題 硏究』, 知識産業社, 1989; 박찬승, 『한국근대정치사상사연구』, 역사비평사, 1992; 오미일, 「1910~20년대 평양지역 민족운동과 조선인 자본가층」, 『역사비평』, 역사비평사, 1995.

먼저 1920~30년대 기독교 각 부문운동을 전개했던 기독교세력에 대해서 연구가 진행되었다. 홍업구락부・수양동우회・기독신우회・적극신앙단・기독교농촌운동・절제운동・청년운동・여성운동 등을 주도했던 기독교세력은 비록 기독교 단체는 아니지만, 3・1운동이후 결성된 홍업구락부계열과 수양동우회계열로 포진되어 있었으며, 이들 세력이 각각 국외 이승만과 안창호로 대표되는 세력들과 긴밀한 관계를 유지하고 활동하고 있었음이 지적되었다.[13] 더불어 이들 기독교세력의 정치경제사상의 내용을 분석하기도 하였다. 그러나 이들 기독교세력의 종교적 특성을 간과한 채 홍업구락부계열과 수양동우회계열을 분석하고 해석하는데 그치고 말았다는데 아쉬움을 남긴다.

1920~30년대 기독교세력이 추진한 농촌운동[14], 절제운동[15], 청년

13) 金相泰, 「1920~30年代 同友會・興業俱樂部 硏究」, 서울大 國史學科 碩士學位論文, 1991; 趙培原, 「修養同盟會・同友會硏究」, 成均館大 史學科 碩士學位論文, 1998; 고정휴, 『이승만과 한국독립운동』, 연세대학교 출판부, 2004; 정병준, 『우남 이승만연구』, 역사비평사, 2005.

14) 민경배, 「한국기독교의 농촌사회운동」, 『동방학지』38, 연세대 국학연구원, 1983; 신주현, 「1920~30년대 한국기독교인들의 민족운동에 관한 일고찰-사회・경제운동을 중심으로」, 『한국기독교사연구』14, 한국기독교사연구회, 1987; 장규식, 「1920~30년대 YMCA농촌사업 전개와 그 성격」, 『한국기독교와 역사』4, 한국기독교역사연구소, 1995; 방기중, 「일제하 이훈구의 농업론과 경제자립사상」, 『역사문제연구』1, 역사문제연구소, 1996; 한규무, 『일제하 한국기독교 농촌운동』, 한국기독교역사연구소, 1997; 方基中, 『裴敏洙의 農村運動과 基督敎思想』, 연세대 출판부, 1999; 김권정, 「1920~30年代 申興雨의 基督敎 民族運動」, 『한국민족운동사연구』21, 한국민족운동사연구회, 1999.

15) 김정주, 『한국절제운동70년사』, 대한기독교여자절제회, 1993; 이신정, 「일제시대 한국교회 여성절제운동연구 : 조선여자기독교절제회를 중심으로」, 감리교신학대교 석사학위 논문, 1993; 황은혜, 「한국교회 절제운동의 구조에 관한 연구 : 1920~30년대를 중심으로 민족사적 관점에서」, 연세대 신학대학원 석사학위논문, 1998; 백종구, 「한국 개신교 절제운동에 관한 연구-금주운동을 중심으로」, 『한국기독교신학논총』27, 한국기독교학회, 2003; 장금현, 「한국기독교 절제운

운동16), 여성운동17) 등과 같이 각 부문별 영역의 운동들을 살펴보았다. 다양한 각 부문운동의 배경, 실천논리, 전개과정, 그 의의와 한계 등을 중심으로 기독교세력이 1920~30년대 전개한 운동들의 실체를 심도있게 분석하였다. 이런 일련의 심화된 연구들은 1920~30년대 기독교 민족운동의 연구수준을 한 단계 높이고, 기독교세력의 민족운동을 종합적으로 이해할 수 있는 기반을 마련했다.

또한 민족운동과 논리의 흐름 속에서 기독교와 사회주의의 관계도 주목하며 연구하였다. 1920~30년대 사회주의세력의 반기독교운동이 단순한 종교적 비판운동이 아니라 민족운동 진영에서 민족주의세력으로 위치한 기독교인들에 대한 것이었음이 밝혀졌다.18) 이를 통해 사

동 연구-1884~1939」, 서울신학대 박사학위논문, 2004; 윤은순, 「1920 · 30년대 한국기독교 절제운동 연구」, 숙명여대 대학원 박사학위논문, 2008.

16) 전택부, 『한국기독교청년운동사』, 정음사, 1978; 김남식, 『한국기독교면려운동사』, 성광문화사, 1979; 김일재, 「한국교회 면려청년회운동사」, 장로회신학대 신학대학원 석사학위논문, 1986; 조이제, 『한국감리교청년회 100년사』, 감리교청년회 100주년 기념사업위원회, 1997; 김 덕, 「1920~30년대 기독청년면려회 연구」, 『한국기독교와 역사』18, 한국기독교역사연구소, 2003.

17) 양미강, 「일제하 한국 기독교 여성운동에 관한 연구 : 1920~30년대를 중심으로」, 한신대학교 신학대학원 석사학위논문, 1988; 천화숙, 『한국여성기독교사회운동사』, 혜안, 2000; 윤정란, 『일제하 한국 기독교 여성운동의 역사 : 1910년~1945년』, 국학자료원, 2003; 이세기, 『한국 YWCA80년사』, 대한 YWCA연합회, 2006.

18) 강인규, 「1920년대 반기독교운동을 통해 본 기독교」, 『한국기독교사연구』9, 한국기독교역사연구회, 1986; 김흥수 엮음, 『일제하 한국기독교와 사회주의』, 한국기독교역사연구소, 1992; 이준식, 「일제침략기 기독교지식인의 대외인식과 반기독교운동」, 『역사와 현실』10, 역사비평사, 1993; 장창진, 「일제하 민족문제논쟁과 반종교운동」, 서울대 종교학과 석사학위논문, 1994; 김승태, 「일제하 사회주의자들의 반기독교운동과 기독교의 대응(상)」, 『두레사상』2, 두레시대, 1995; 김권정, 「일제하 사회주의자들의 반기독교운동에 관한 연구」, 『崇實史學』10, 숭실사학회, 1997; 최경숙, 「1920년대 기독교 비판과 반기독교운동」, 『외대

회주의자들의 기독교에 대한 인식의 내용이 무엇이었고, 이들 반기독교적 논리가 시기마다 어떻게 변화되어 갔는지를 알 수 있게 되었다.

사회주의자들의 반기독교운동에 대응한 한국교회와 기독교세력의 사회주의 인식과 특성이 무엇이었는지에 대한 연구가 진행되었다. 오늘 한국교회의 사회주의 인식이 1920~30년대 사회주의세력의 반기독교운동에서 비롯되었다는 기존의 견해를 비판하고, 한국교회 및 기독교세력의 사회주의 인식이 역사적 상황에 따라 변화하고 있음도 지적하였다.[19]

1920~30년대 기독교 사회주의사상에 관한 연구도 활발하게 진행되었다. 1920~30년대 한국교회는 일제 식민지하에서 3·1운동의 좌절과 사회주의 충격, 그리고 사회경제적 궁핍함을 온몸으로 겪게 되었다. 이후 한국사회에 대한 기독교 비판에 직면하게 되자, 사회 참여적 기독교인들을 중심으로 형식화되고 현실과 유리된 기독교의 모습에 대한 반성적 성찰이 일어났다. 이들은 일제 식민지 구조의 현실과 자본주의 경제의 모순을 비판적으로 지적하였다. 이에 대한 기독교적 대안으로 사회적 기독교·기독교의 실용화를 기초로 공동체적 삶을 추구하는 기독교사회주의 및 사회복음주의를 새로운 실천관으로 적극 수용하였다.[20]

그런데 이렇게 형성된 기독교사상이 어떻게 일반 운동논리와 결합되면서 기독교세력의 민족운동 논리로 내면화 되어갔는지에 대한 연

논총』 30, 부산외국어대학교, 2005.

19) 김권정, 「1920~30년대 기독교인들의 사회주의 인식」, 『한국기독교와 역사』 5, 한국기독교역사연구소, 1996; 강명숙, 「1920년대 한국개신교의 사회주의 인식」, 『한국근현대사연구』 5, 한국근현대사학회, 1996.

20) 강명숙, 『일제하 한국기독교인들의 사회경제사상』, 백산자료원, 1999; 장규식, 『일제하 한국기독교민족주의 연구』, 혜안, 2001.

구는 여전히 미흡하다. 뿐만 아니라 이런 민족운동의 이념이 어떻게 정치경제사상으로 자리 잡았는지에 대해서도 마찬가지이다. 최근 연구들을 통해 기독교 정치경제 사상의 내용과 그 의의가 밝혀졌으나, 여전히 전체적 기독교 민족운동의 흐름에서 접근하지 못하고 기독교적 민족운동의 논리적 변화를 읽어내는데 충분하지 못한 실정이다.

2. 기독교와 민족운동의 만남, 그 특성

일반적으로 민족운동은 '동일한 민족이란 의식을 공유하고 민족 공동의 보편적 목표를 달성하려는 일련의 정치·사회 집단적 노력'이라 할 수 있다.21) 이에 민족운동은 민족 문제에 깊게 연관되어 있음을 알 수 있다.22) 이것은 19세기말 대내외적으로 민족공동체 위기 속에서 한국사회에 수용된 기독교가 민족문제 해결을 위해 노력하는 중에 기독교 민족운동이 전개되었다는 점에서도 잘 드러난다.

그런데 이 책에서 사용하는 '기독교 민족운동'이란 용어는 단순히 기독교인들이 참여한 민족운동을 의미하지 않는다. 그동안 많은 연구자들이 무심코 기독교인들이 참여한 민족운동을 '기독교 민족운동'으로 부르거나 인물을 '기독교 민족운동가'로 불러 왔다. 이는 문제가 있는

---

21) 박양식,「한국 기독교 민족운동의 역사적 쟁점과 과제」,『신앙과 학문』, 제11권 2호, 2006. 12, 46쪽.

22) 기독교민족운동의 개념을 본격적으로 논의한 글은 다음과 같다.
노치준, 『일제하 한국기독교 민족운동 연구』, 한국기독교역사연구소, 1993, 16~21쪽; 한규무, 「한국기독교민족운동사 연구의 현황과 전개」,『한국기독교와 역사, 한국기독교역사연구소』12, 2000; 이만열, 「한국기독교와 민족운동」, 『한국기독교와역사』18, 한국기독교역사연구소, 2003; 박양식,「한국 기독교 민족운동의 역사적 쟁점과 과제」등

것으로 그가 이전에 기독교인이었으나, 신앙을 계속 지켰다는 증거가 없는 인물이 벌인 민족운동을 기독교 민족운동으로 보기는 어려운 일이다.[23] 또 민족운동을 벌렸을 때 기독교인이었다고 하더라도 그가 과연 기독교인으로 민족운동을 벌였는가는 꼼꼼히 따져 보아야 한다. 기독교인에 진행된 항일민족운동이라 할지라도 그것이 반드시 기독교적 이념을 표방하고 실천한 운동이 아닐 수 있기 때문이다.[24]

우리가 기독교인이 참여한 민족운동을 기독교 민족운동으로 부르기 위해서는 무엇보다 기독교인으로 민족운동에 참여한 내적 논리가 무엇이었는지를 확인해야 할 필요가 있다. 이에 필자는 기독교 민족운동을 언급할 때, 기독교 신앙이나 가치를 통해 형성된 내적 논리가 민족운동의 일반논리와 결합되고 내면화되어, 운동의 실천과정에 중요한 동력(動力)이 되고 있다는 점이 지적되어야 한다고 생각한다.[25]

이런 점에서 기독교 민족운동은 "기독교적 이념을 바탕으로 하여 '민족공동체'가 직면했던 역사적 과제를 해결하고자 했던 실천(實踐)운동"이라고 볼 수 있다. 나아가 민족문제와 기독교적 문제의식이 결합되어 있다는 점에서 "민족공동체의 대내외적인 모순을 극복해 나가는 운동인 동시에 기독교인들이 기독교 가치를 사회와 민족문제 해결에 적용해 간 일종의 종교운동 일환"이라는 중층적 성격을 갖고 있다고 말할 수 있을 것이다.

---

23) 한규무, 「한국기독교민족운동사 연구의 현황과 전개」, 86쪽.

24) 이만열, 「종교를 통한 국권수호운동-기독교」, 『한민족독립운동사』 2, 국사편찬위원회, 1987, 492쪽.

25) 어떤 인물이 민족운동을 벌였을 기독교인이 분명하더라도 그가 과연 기독교인으로 민족운동을 벌였는가 여부를 따져야 한다는 문제가 남는다. 하지만 현실은 기독교적 신념을 분명하게 확인할 수 있는 사례가 많지 않다는 점이다. 그러나 그럼에도 불구하고 최소한 '기독교인인 여부' 만큼은 반드시 확인되어야 할 것이다. 한규무, 「한국기독교민족운동사 연구의 현황과 과제」, 86쪽 참조.

또한, 기독교 민족운동은 한국의 근대 민족운동과 비교해서 동일한 점이 있으나, 다른 점도 분명하게 존재한다는 점이 지적되어야 한다. 그것은 상당수의 기독교인들이 사회문제, 민족문제의 해결을 위해 제시한 방안들이 '기독교'라는 종교적 집단의 특성 및 가치에서 나오고 있었기 때문이다. 이에 기독교 민족운동은 다른 민족운동과 비교할 때 운동의 모습이 유사성을 갖고 있으면서 그 운동의 이념이나 방법론에서 얼마든지 다르게 나타날 수 있을 가능성이 컸다.

일반적으로 일제 강점기 민족운동에 대한 기존의 선행연구들에서는 주로 강력한 물리적 투쟁에 의한 독립운동만이 적극적이고 올바른 민족운동이란 관점을 갖고 있는 것으로 보인다.[26] 물론 최근에는 이런 경향이 많이 줄어든 것도 사실이나, 여전히 종교인들의 민족운동 참여, 특히 기독교인들의 민족운동에 대해서는 민족운동으로 인정하지 않거나 하더라도 대단히 부정일변도로 보는 경향이 강하다. 장기간 일제 식민통치를 겪은 한국인에게 민족운동이 바로 정치적 독립운동을 의미하는 것이고 무력에 의한 독립운동만이 적극적이고 바른 민족운동이란 견해에 대해 이해가 된다.

그러나 일제의 지배와 억압은 정치적인 면에 그치지 않고 한국인들의 모든 삶의 국면에 총체적으로 가해진 것이다. 정치적으로는 독립주권에 대한 강탈이었을 뿐만 아니라 경제에 대한 자본주의적 수탈이었으며, 한국인들의 의식(意識)의 말살을 통해 일본인화(日本人化)하여 예속화(隷屬化)하려는 사회, 문화, 정신, 종교에 대한 억압이었다. [27]

---

26) 송건호, 「일제하 민족과 기독교」, 『민족주의와 기독교』, 민중사, 1981, 100쪽.
27) 김권정, 「동화와 저항의 기억」, 『식민주의와 언어』, 도서출판 아름나무, 2007, 129~131쪽. 일제는 식민지배통치를 통해 궁극적으로 한민족의 정체성을 완전히 말살하여 일본인화 시키려고 했다는 점에서 다른 어떤 제국주의의 식민정책과도 비교하기 어려울 정도로 폭압적인 동화정책을 추진하였다.

그런 의미에서 여기에 맞서 저항한 방식이 폭력적인 강경노선이 아니라 비폭력적인 온건노선이라고 해서 그것을 결코 과소평가 하거나 이를 민족운동이 아니라고 단정할 수 없다. 왜냐하면 폭압적인 일제 식민지 상황에서 민족운동의 방법으로 폭력적 방식도 필요했으나, 역사적 상황에서 비폭력적 방식도 필요했다고 생각되기 때문이다.

일제를 정면으로 부정하지 못하고, 현실적인 국가권력으로 인정하는 입장을 취했다는 점에서 기독교인들의 민족운동은 현실적인 한계를 드러내기도 하였다.[28] 그러나 기독교인들 대부분은 일제의 탄압아래 비합법적 공간보다 종교가 있는 '합법적 공공(公共)의 공간'에 주목하였다. 이를 활용한 운동의 방법이 더욱 현실적으로 민족이익과 진로를 개척할 수 있다는 전략적 인식을 갖고 일제에 대한 저항방식에서 대체로 비폭력적이고 온건한 방식을 채택한 것이다

그렇다면, 한국근현대사 속에서 민족운동을 전개했던 '기독교세력' 혹은 '기독교 민족운동세력'으로 부를 수 있는 기독교인들은 어떤 사람들이었을까?

먼저, 이들 기독교인들은 당시 한국인들 가운데 교육과 신지식을 익힌 사람들로 범주화할 수 있을 것이다. 이들은 운동적 관점에서 당시 시대적 과제를 민족과 신앙이란 측면을 통합적 관점에서 이해하며, 정치적 독립 못지않게 근대적 문명의 진보 또한 필요하다고 인식했다. 또 달성해야 할 문명에는 물질적 기계문명뿐만 아니라, 국민 개개인의 권리와 가치를 누릴 수 있는 시민적 가치 역시 대단히 중요하다고 보았다.

이들 중에는 미국과 일본, 중국 등지의 유학을 거쳐 자기의 세계관과

---

28) 국내의 기독교 민족운동이 일제가 허용한 합법 공간에서 전개되었다는 점에서 구조적 한계를 가지고 있었던 것으로 보일수도 있으나, 이런 한계를 넘어 끊임없이 항일민족운동을 전개하고자 시도했다는 점을 높이 평가할 만하다.

활동의 영역을 확보하고 민족운동의 지도적 위치를 획득해 나간 인물들이 상당수였다.29) 이들은 '기독교회'라는 종교적 제도 영역에 활동영역을 국한시키지 않고 '민족독립'과 '문명진보'를 위한 가치를 전제로, '개인구원' 뿐만 아니라 '민족구원'이라는 궁극적 차원에서 정치, 경제, 사회, 문화운동 영역에서의 운동을 펼쳐 나간 사람들이었다.30)

이들에 대한 전문적 연구가 이루어지지 않아 체계적인 모습을 알기 어려우나, 교회 초기 서울 새문안교회 신자 구성을 보면 상공업종사자, 공업종사자, 학생, 의사, 교사, 변호사 등 순으로 나타나고 있다.31) 1938년 2월 동지회 사건으로 검거된 인물들에 대한 일제 측 자료를 보면, 주로 국내에 거주하는 "상공업종사자, 지식인, 전문직 종사자"로 나타났다.32) 다른 어떤 사람들보다 일제의 식민지권력과 직접적으로 부딪히는 접점에 위치하고 있었다. 그렇기 때문에 이들은 일제의 탄압 아래 노출된 상태로 활동할 수밖에 없었다. 이들의 움직임은 일제의 감시와 견제에서 쉽게 벗어날 수 없었다. 그 같은 국내 상황은 기독교 세력이 합법적인 테두리 안에서 온건하고 점진적인 방식으로 민족운동을 전개하는 사회적 배경이 되기도 하였다.

반면에, 기독교인들은 세계 국제무대와 철저하게 차단된 식민지 폐쇄성을 극복하는데 기여하였다.33) 'YMCA'와 같은 각종 기독교 국제

---

29) 한국기독교역사연구소, 『한국기독교 역사』 II, 1990, 79쪽.

30) 국내 기독교 민족운동에 참여하던 기독교인들 대부분은 기독교를 개인구원 뿐만 아니라 민족구원 및 사회구원으로 이해하고 표현하는 것을 마다하지 않았다. 예컨대, 대표적인 한국기독교 민족운동가인 조만식은 '기독교를 개인구원 뿐만 아니라 민족구원의 종교로 이해하고 있었다.

31) 새문안교회 역사편찬위원회, 『새문안교회 문헌사료집』, 역사편찬위원회, 1987, 43~45쪽.

32) 조선총독부, 「최근조선치안상황」, 『한국독립운동사』(5), 307쪽.

33) 한국교회는 선교사를 매개로 외국의 교회들과 깊게 연결 되어 있었고, 이들과 각

단체를 통해 국제무대에서 세계기독교 단체와 조직적이면서도 이념적으로, 그리고 인적 구성에서 깊은 유대감을 갖고 있었다.[34] 국제적 지원을 받음과 동시에 국제여론과 유기적으로 결합할 수 있는 조직적 공간 및 그 통로를 확보하고 국제정치의 동향에 민감하게 대응하였다.[35] 이것은 일제 하에 기독교세력이 국제무대에서 한민족의 진로를 모색하고 독립을 추구하는 국제적 배경이 되었다.

이와 함께 기독교세력은 정치와 종교에 대한 관계를 주목하고, '분리'가 아닌 '책임'을 강조하였다. 당시 '정교분리(政敎分離)' 원칙에 충실한 보수적 기독교인들과 선교사들은 교회 안과 밖을 이분법적으로 생각하여 교회 밖의 문제에 관심을 별로 두지 않으려는 '분리적' 태도의 경향이 강했다. 그러나 정치사회세력으로 존재한 기독교세력은 기독교 신앙과 민족운동을 갈등 요인이 아니라 소통, 공존하는 상호보완적 관계로 인식하였다. 이를 바탕으로 이들은 기독교 공동체에 깊이 뿌리를 내리고 있으면서도 갈등 없이 민족운동에 참여할 수 있었다.

기독교세력의 민족운동은 종교조직인 "교회" 조직을 전면에 내세우기보다 '개별적'으로 기독교 청년회, 기독교 학교 및 기독교 사회단체 등을 조직하거나 이미 존재하는 기독교 단체들 또는 별도의 일반 단체를 결성하여 독특한 '인적·물적, 조직적 관계'를 활용하여 민족운동에 참여하는 '행동방식'을 채택하였다.

종 종교 활동을 통한 자연스러운 정보 소통을 통해 국내의 폐쇄성을 극복할 수 있었다.

34) 노치준, 「일제하 한국 YMCA의 기독교 사회주의 사상 연구」, 『일제하 한국기독교와 사회주의』, 한국기독교역사연구소, 1992, 69~70쪽.

35) 국내 어떤 세력에 비해 기독교세력은 국제사회의 정세 동향에 대해 빠르게 접할 수 있었고, 이를 신속하게 전달할 수 있는 전국적인 조직을 갖추고 있었다. 이렇게 국제정세 변화에 대응하면서 기독교세력은 국내 민족운동을 전개할 수 있었다.

이것은 한말 이래 기독교인들이 정치사회 참여를 통해 수립한 일종의 시스템이었다.[36] 보수적인 외국 선교사들이 주도하는 교회의 '비정치화' 정책을 벗어남과 동시에 발각되었을 경우 일제의 무자비한 탄압으로부터 교회를 보호함으로써 기독교 세력의 근거지를 온존시킬 수 있는 방법이었다.[37] 이것은 한국교회 안에 존재하는 민족의식이 강한 기독교인들과 보수적 외국선교사들 간의 일종의 정치적 타협의 결과이기도 하였다.

선교사들은 정교 분리선언을 통해 교회가 정치하는 곳이 아님을 분명히 선언하는 한편, 동시에 기독교인이 교회 밖에서 정치활동을 한다고 해서 그것을 막거나 처벌하지 않겠다는 점을 분명히 밝혔다.[38] 이것은 기독교인들의 정치참여를 더 이상 막을 수 없다는 고육지책에서 나온 것이다. 이에 기독교인들은 선교사들의 정교분리 방침을 수용하고 교회 밖에서 개별적으로 단체에 참가하거나 단체를 주도적으로 조직하며 민족운동을 전개하였다.

이것은 역설적으로 외국선교사들의 영향권 아래서 일제가 '종교의

---

36) 김권정, 「초기 한국기독교의 '정교분리'의 문제와 사회참여」, 『한국기독교역사연구소 소식』, 한국기독교역사연구소, 2007. 9, 50~58쪽 참조.

37) 일제가 한국을 강제 합병한 이후 한국기독교에 대해 직접적으로 가했던 탄압은 '105인 사건'이었다. 이 사건은 합병 직후 항일세력으로 파악한 기독교세력을 일시에 제거하기 위해 일제가 조작하고 탄압한 대표적인 사건이었다(尹慶老, 『105人 事件과 新民會 硏究』, 一志社, 1990 참조).

38) 한국교회의 정·교분리가 가장 먼저 공식적으로 주장된 것은 1901년 9월에 열린 장로교 공의회에서 채택된 「교회와 정부 사이에 교제할 몇 조건」이란 선언이었다(『그리스도신문』 1901년 10월 3일자). 이 선언은 한국교회가 교회를 보호한다는 차원에서 정(政)·교(敎)의 분리를 강력하게 내세움으로써 교회의 비(非)정치화를 시도한 것이다(이만열, 「서설: 민족사적 관점에서 본 한국 기독교 100」, 『한국기독교와 민족의식』, 지식산업사, 1991, 19~20쪽; 김권정, 「초기 한국기독교회의 정교분리 문제」 참조).

자유'를 인정하는 한, 한국의 기독교가 일제의 폭압적인 식민통치로부터 어느 정도 자유로운, '상대적 자율성'(相對的 自律性)을 확보할 수 있었기 때문에 가능한 일이었다. 39)

이를 테면, 제국주의 국가는 식민지를 획득하고 거기에 새로운 식민지배권력을 세우며, 가장 먼저 식민지 내 정치적 조직들을 모두 비정치화, 즉 무력화시키는 작업을 하는 경향이 있다.40)

이것은 기존의 정치조직의 영향력을 그 사회에서 약화시키거나 말살시키기 위한 의도에서 비롯되었다. 이 때 식민사회는 식민지배 권력에 대항해 민족을 동원할 수 있는 조직화된 집단이 현실적으로 절대 부족하게 되는 조직적 '공백상태'가 나타난다.41) 이런 비정치화(非政治化) 과정에서, 만약 식민지배 권력이 종교와 정치의 분리 원칙에 기초하는 종교정책을 취하는 한, 종교조직은 어느 정도의 존립과 자율성을 지킬 수 있게 된다.

따라서 식민사회가 일반적으로 겪는 조직적 공백 상태에서 '상대적 자율성'을 유지하고 있는 종교단체는 그 식민사회의 민족형성 및 민족주의운동에서 몇 안 되는 제도적, 합법적 공간으로 자연스럽게 등장하게 되는 것이다.

이러한 사례는 근대이후 역사에서 얼마든지 찾아볼 수 있다. 구 소

---

39) 강인철, 『한국기독교와 국가·시민사회(1945~1960)』, 한국기독교역사연구소, 1996, 37~39쪽 참조.

40) 일제는 강제 합병이후 즉시 군사력에 기초한 식민통치를 실시하면서 한국인의 기본권리인 언론집회결사의 자유를 철저하게 차단함으로써 한국인의 저항을 막고자 하였다. 한말에 활성화되었던 한국인의 애국단체 및 교육기관 등이 해산되었고, 신문과 잡지 등이 모두 폐간되었다.

41) 1910년대 일제의 폭압적인 무단통치시기에 이런 현상이 잘 나타난다. 언론집회결사의 자유가 철저하게 금지된 상황에서 존재할 수 있는 합법적인 조직은 종교조직과 학교 정도에 불과하였다.

련연방 식민지 하의 폴란드와 구(舊) 소련에서는 정교회가 유일한 합법적 조직이었다. 식민지하 미얀마에서는 불교가, 식민지하 인도네시아에서는 이슬람교, 식민지하 필리핀에서는 로마 카톨릭교 등 식민지 기간 동안 식민권력으로부터 인정받은 자율적인 종교조직이었다.[42]

이런 모습은 일제의 강점아래 한국사회에 그대로 나타났다. 1910년대 일제가 군사력에 기초한 이른바 '무단통치'를 단행하자, 국내에는 한국인의 자율조직으로 유일한 합법 조직인 기독교·천도교·불교 등의 종교조직만 남게 되었다. 이는 3·1운동이 왜 종교지도자들이 중심이 되어 일어났는지에 대한 역사적 상황을 잘 말해준다.

3·1운동 이후 민족분열정책에서 비롯된 이른바 문화정치를 취해 여러 사상단체와 사회단체, 그리고 언론매체들이 생겨났음에도 불구하고 여전히 종교조직은 합법적 공적 조직으로서 근대 민족운동이 펼쳐지는 중요한 공간으로 작용하였다.

이런 이유에서 일제는 '동화'(同化)와 질서 유지의 대상으로 인정하면서도 끊임없이 종교에 대한 '경계'와 '탄압'을 가하였다. 그러나 일제가 헌법적으로 정치와 종교를 분리하는 정책을 취하는 한, 그리고 기독교인들이 기독교와 외국선교사들을 매개로 서구열강 및 세계여론에 밀접하게 연결되어 있는 한, 기독교에 대한 전면적(全面的) '통제'와 '예속'은 현실적으로 불가능한 일이었다. 여기에서 바로 공공영역에서 기독교세력이 활용할 수 있었던 종교의 '상대적 자율성'과 '합법적 공간'이 유지될 수 있었던 것이다.

이렇게 기독교세력은 '상대적 자율성'을 적극 활용하여 정치, 사회, 문화적 방면에서 기독교 조직 이외에도 혈연(血緣)·지연(地緣)·학

---

42) 신기영, 『한국 기독교의 민족주의 1885~1945』, 동혁, 1995, 222~27쪽 참조.

연(學緣)과 같은 '사적(私的) 관계'로 형성된 '인적 관계'를 기반으로 민족운동의 세력을 계속 형성, 확보해 나갔다. [43] 즉 기독교세력은 다른 민족운동세력처럼 특정단체나 조직을 통해 공공영역에서 관계성 중심의 활동을 하면서도 자신들의 독특한 '인적 관계'를 유기적으로 연결, 조합하면서 민족운동세력으로서 빼놓을 수 없는 위치를 차지하게 되었다.

기독교세력이 종교 조직 이외에도 혈연·지연·학연과 같은 사적 관계를 매개로 인적관계를 형성하게 된 것은 조직관계에 대해 효율적인 비밀보장, 상호접근의 용이성, 친밀한 정서적 유대감 등이 크게 작용한 결과였다. 이는 일제의 '저인망식' 탄압의 수사망을 피하고 기독교회의 비정치화를 강조하며 활동하는 기독교인들을 경계의 눈초리로 바라보는 외국선교사들이나 보수적 목회자 및 교인들의 눈을 벗어나며 민족운동에 참여할 수 있는 방법이라는 점에서 효과적이었기 때문이다. 여기에 운동과정에서 이들이 추구하는 이념적 지향 및 실천관의 유사성도 큰 몫을 하게 되었다.

이와 함께 기독교세력은 식민지란 '공적'(公的) 영역에서 국내 다른 어떤 운동세력보다 뛰어난 '전국' 조직을 갖추고 있었다. 기독교 교회는 장로교의 총회−노회−시찰, 감리교의 연회−지방회−구역회 등의 조직이 갖추어져 있었다. [44] 이들 교파의 산하에는 교회 외에도 학교와 병원, 청년단체가 소속되어 전국에 분포되어 있었다. 또 YMCA

---

43) 김권정, 「기독교세력의 신간회 참여와 활동」, 『한국민족운동사연구』25, 한국민족운동사학회, 2000. 8, 136쪽.

44) 1918년 당시 장로교는 1개 총회, 11개 노회에 2,005교회가 조직되어 있었으며, 감리교는 미감리회가 1가 연회, 10개 지방회에 487교회, 남감리회가 1개 연회, 5개 지방회에 238교회가 조직되어 있었다.

와 YWCA와 같은 초교파적인 각종 기독교단체가 전국에 걸쳐 지회 및 지부를 두고 있었다.45) 이들 조직은 민족운동을 전개하는데 유용한 거점으로 활용되었다.

일제 식민통치하에서 기독교세력은 제도 조직인 교회에 소속을 두면서도 기독교계 학교나 사회단체 및 청년단체에서 활동했다. 교회라는 제도 조직을 근거지로 기독교세력은 일반 민족·사회단체에 직접 참여하여 활동하였다. 바로 이런 독특한 사회참여의 방식 때문에 기존의 민족운동사 연구에서는 기독교세력의 움직임을 제대로 포착하지 못한 것이다.

따라서 기독교세력의 민족운동 참여는 상대적 자율성과 독특한 인적관계, 그리고 전국 조직력이 역사 상황 속에서 끊임없이 상호 결합되면서 이루어졌다. 이는 한말 이래 각종 민족문제나 사회문제에 참여하는 과정에서 형성된 하나의 공동된 '행동방식'즉, '문화(文化)'로 자리 잡았고, 이것은 한국기독교 민족·사회운동의 중요한 특성이 되었다.

한편, 일제하 기독교 민족운동에는 일제의 대(對) 기독교 인식도 그 영향을 미쳤다. 일제는 기본적으로 기독교에 대해 결코 '우호적'이지 않았다는 점이다. 일제는 자신들의 정치적 문화적 이데올로기인 이른바 천황사상·신사신앙과 기독교의 교리가 공존할 수 없다고 보았기 때문이다.46) 기독교에 대한 경계를 늦추지 않고 항상 감시를 게을리 하지 않았다. 여기에는 한국교회 및 구성원들이 일제하에서 끊임없이 민족운동과 깊은 관련을 맺은 가장 큰 반일세력이었다는 점에 있었다. 기독교는 종교적인 차이뿐만 아니라, 식민지 현실이라는 상황에서 각

---

45) 전택부, 『한국기독교청년회운동사』, 정음사, 1978 참조.
46) 김승태, 「일본신도의 침투와 1910, 1920년대의 <신사문제>」, 『한국기독교와 신사참배문제』, 한국기독교역사연구소, 1991, 191~196쪽.

종 크고 작은 민족운동에서 깊은 연계됨으로써 일제의 감시와 탄압의 주 대상이 되었다.[47)]

이외에도 일제는 민족운동세력이 기독교를 매개로 미·영 등 서구 열강과 연결되어 있었고, 세계여론과 밀접한 관계를 형성하고 있기 때문에 기독교세력을 쉽게 제압할 수 없었다.[48)] 그래서 일제는 외국선교사들을 기독교인들과 분리시키려는 정책들을 실시했다. 때문에 1930년대 중후반 일본과 미·영과의 관계가 악화되자, 기다렸다는 듯이 일제는 선교사들을 공공연히 적대시하며 한국교회와의 관계 단절시키려는 정책 및 탄압정책을 실시하였다.[49)] 이렇게 기독교세력은 3·1운동 이후에도 일제와 한국교회 사이에 형성된 팽팽한 '긴장관계'를 배경으로 하면서 배일세력으로서 민족운동선상에서 그 위상을 확보하며 다양한 여러 민족운동을 꾸준히 전개할 수 있었다.

이와 함께 3·1운동 이후 기독교세력은 민족운동의 동향에 따라 사회주의세력과의 관계에 커다란 변화를 보였다는 점이다. 3·1운동 이후 기독교세력을 크게 압박했던 것은 일제의 식민지체제 이외에도 무신론·유물론에 기초하여 반종교 및 반기독교운동을 전개했던 사회주의세력이었다.[50)] 기독교세력은 3·1운동이후 등장한 사회주의세력의 도전과 자극에 직면하게 되었다. 특히 사회주의세력은 1920~

---

47) 한국기독교역사연구소, 『한국기독교의 역사Ⅱ』, 기독교문사, 1990, 279~282쪽.

48) 예컨대, 1911년 105인 사건으로 취조 받던 중 한국인들이 심각한 고문 사실을 알려지자, 선교사들이 해외 유수 언론에 이에 대해 항의하면서 국제사회에서 문제가 되었고, 3·1운동 중 제암리교회 학살사건이 목숨을 건 선교사들의 해외 보도로 세상에 알려져 일제에 큰 타격을 입혔다.

49) 1940년 10월 일본과 미국의 전쟁 기운이 커지면서 미국 훈령에 따라 대부분의 선교사들이 철수하였다.

50) 김권정, 「일제하 사회주의자들의 반기독교운동에 관한 연구」 참조.

30년대 기독교 배척운동을 전개함으로써 기독교와 사상적·운동적 대립관계를 형성했다.

그러나 종교에 대한 사회주의자들의 방침은 늘 동일하지 않았다. 사회주의세력 모두가 똑같은 태도를 보였던 것도 아니다. 그들은 정세인식과 민족주의세력에 대한 방침에 따라 변화를 보였는데, 사회주의세력이 민족주의세력을 강하게 공격할 때마다 동시적으로 기독교에 대한 공격을 강화했다.[51] 즉 사회주의자들의 반기독교운동은 유물론과 무신론에 기초한 종교배척인 동시에 기독교 민족운동세력에 대한 공격에서 비롯되었다.

반면에 사회주의세력이 민족주의세력과의 제휴를 모색할 때에는 기독교세력에 대한 우호적인 자세가 형성되었다. 이것은 기독교세력 역시 마찬가지였다. 운동의 방법과 이념 차이에도 불구하고 사회주의세력이 기독교세력을 적대시하지 않을 경우에는 기독교세력도 이들 세력과 제휴할 수 있었다.

상호 '인정'과 '배려'라는 공존의 틀이 지속되는 한, 쌍방 간의 운동적 제휴를 모색하는 활동이 일어났다. 양 측의 차이에도 불구하고 사회주의세력이 기독교세력을 민족주의세력으로 인정하는 한 기독교세력도 이들 세력과 연대의 가능성은 그만큼 커져 갔다.

이렇게 3·1운동이후 기독교세력과 사회주의세력간의 상호 인식과 태도는 기독교세력이 민족운동을 전개하고 운동의 방법론과 방향을 설정하는데 중요한 변수가 되었던 점을 주목해야 한다.

요컨대, 3·1운동이후 기독교세력은 다양한 방면에서 지속적으로 민족운동을 전개했다. 물론 이것은 일제를 정면으로 부정하지 못하고

---

51) 일제하 사회주의세력의 기독교에 대한 태도는 코민테른의 방침과 이에 따른 통일전선론의 변화에 따라 나타나고 있었다.

철저하게 무력으로 이에 대항하지 못했다는 점에서 한계를 가질 수밖에 없는 것도 사실이다. 그러나 그런 한계에도 불구하고 기독교인들이 식민지 현실에 체념하지 않고 작은 틈새의 공간을 활용해서라도 '민족의 독립'과 '독립역량의 건설'을 추구하는 민족운동을 끊임없이 전개했다는 점에서 기독교세력의 민족운동은 한국민족운동사에서 지닌 그 의미가 크다고 할 것이다.

3. 책의 관점 및 구성

이 책에서는 3·1운동 이후 일제가 태평양 전쟁을 일으킬 때까지 기독교세력의 민족운동을 당시 국내 민족운동진영의 동향과 관련하여 접근하였다. 일련의 작업을 통해 기독교세력이 민족운동선상에서 역사적 실체로 어떻게 존재했는지, 이들이 전개한 민족운동의 역사적 성격과 민족운동론의 내용 등이 무엇이었는지를 고찰하여 1920~30년대 기독교민족운동의 역사적 위치와 의미를 종합적으로 추적하려고 하였다.[52]

선행 연구를 바탕으로 3·1운동 이후 기독교세력의 민족운동을 다

---

52) 이 책에서는 기독교세력의 민족운동시기를 3·1운동 이후부터 수양동우회와 흥업구락부 사건직후인 1938년까지 설정하고자 한다. 논문의 시작을 3·1운동 이후로 잡은 것은 민족운동진영이 다양하게 분화되는 가운데 기독교세력의 민족운동이 어떻게 변화하고 있는가를 폭넓게 살펴볼 수 있기 때문이다. 특히 3·1운동 이후 일제 지배정책과 맞물려 민족운동진영의 주요세력으로 등장한 사회주의세력과 기독교세력의 역동적 관계를 살펴볼 수 있기 때문이다. 또한 기독교세력의 민족운동의 끝을 1938년까지 설정한 것은 그 이후가 되면 '병영체제'와 같은 식민지 상태가 전개되며, 그런 상황에서 보이는 기독교인들의 주장이나 활동을 민족운동이라고는 볼 수 없기 때문이다.

음과 같은 점에서 검토하고자 한다.

첫째로는 1920~30년대 기독교세력의 민족운동에서는 기독교적 특성이 민족운동 일반적 논리와 어떻게 결합되고 있는가에 대해 살펴보고자 한다. 이제까지 기독교 민족운동에 관한 연구들에서는 대개 기독교라는 종교적 측면을 소홀히 취급하고 민족운동 자체만을 분석하는 경우가 많았다. 역으로 기독교인이 참여하면 무조건 민족운동이라고 단정적으로 평가하는 경우도 있다. 또 기독교세력이 전개한 민족운동은 종교운동에 불과하다고 보기도 했다. 그러나 기독교의 발생이나 교리 체계에서 다른 종교에 비해 민족 현실과 거리가 먼 종교적인 성격이 강했으나, 기독교에서 사회문제, 민족문제를 인식하고 제시한 방안은 종교집단이라는 가치를 전제로 하였다. 특히 1920~30년대 복음주의 실천관으로 사회적 복음이 대두하면서 이런 경향은 더욱 강해졌다.

둘째로는 '기독교세력' 혹은 '기독교 민족운동세력'으로 대표되는 기독교인들은 한말이래 한국인들 가운데 가장 근대화된 교육과 신지식을 익힌 사람들이었다는 점이다. 그런 의미에서 역사적으로 간단하게 평가하기에는 복잡한 상황들이 존재하고 있다. 그러나 기존의 연구에서는 이들에 대해 '민족개량주의'라는 차원에서 활동이나 사상을 부정적 일변도로 평가하는 점이 많았고, 사실 자체에 입각한 객관적인 서술보다 '편협한' 시각에 치우친 경향이 강했다. 이들이 당시 시대적 과제를 어떻게 인식하고, 이런 방향성이 민족운동에 어떤 방식으로 적용되어갔는지에 대해 민족운동 차원에서 설명되어야 할 것이다.

셋째로는 기독교세력이 채택하고 있던 민족운동의 방식에 주목해야 한다. 한말이래 민족주의세력 가운데 중요한 위치를 차지하고 있던 기독교세력은 3·1운동 이후에도 지속적으로 운동을 전개했다. 그러나 그럼에도 불구하고 이제까지 1920·30년대 기독교세력의 민족운동이 그렇게 제대로 밝혀지지 못한 것이 사실이다. 이것은 기존 연구의 한계도 있었지만 기독교세력이 채택하고 있던 독특한 운동방식에서 비롯된 바가 크다. 그러므로 기독교세력의 민족운동의 사실적 규명 차원에서 뿐만 아니라 이 운동의 갖는 민족운동사 차원의 성격을 제대로 평가한다는 측면에서도 기독교세력의 민족운동 방법론에 대해 깊은 고찰이 요구된다.

넷째로는 기독교민족운동 평가에서 주목해야 할 것은 기독교세력과 일제 식민통치세력·사회주의세력 사이에 형성된 역사적 관계이다. 기존의 연구에서는 대체로 기독교세력의 민족운동을 일제에 대해 소극적이거나 타협적이라는 측면에서 비판적으로 평가했다. 그러나 일제는 한국기독교를 결코 우호적으로 생각하지 않았다. 한국기독교가 끊임없이 식민통치권력인 일제에 저항하는 배일세력이라는 인식이 큰 원인이었다. 일제는 한국기독교에 대한 지속적인 감시와 경계를 늦추지 않았다. 이런 현실적 운동조건은 3·1운동이후 기독교세력의 민족운동에 큰 영향을 미칠 수밖에 없었다. 또 일반적으로 기독교와 사회주의의 적대적 관계가 3·1운동이후에 형성되었다고 평가한다. 그러나 3·1운동이후 복잡하게 전개되는 여러 역사조건에 따라 결코 하나의 관계로 고정된 것은 아니었다. 양자가 서로의 관점에 따라 배척했던 적도 있지만, 민족모순타개를 위해 서로 제휴한 경험도 갖고 있는 것이다. 오늘의 시각으로 볼 때 제대로 설명이 되지 않는 부분이다. 이런 관계에 대한 연구는 해방이후에 펼쳐지는 남북간의 역사적 관계를 규명하는 데도 큰 의미가 있을 것이다.

이에 따라 본 논문은 서론 제 1장과 결론의 제 6장을 제외하면 본문은 모두 네 개의 장으로 구성되었다.

제2장에서는 1920년대 전반 기독교세력의 민족운동을 살펴보고자

한다. 3·1운동이후 일제의 식민통치의 변화와 사회주의사상의 수용, 그리고 사회경제적 상황 등이 맞물리면서 큰 변화가 일어났고 이에 따라 민족운동진영에도 새로운 변화가 나타났다. 이런 상황 속에서 기독교인들은 민족문제인식의 전환과 함께 '사회개조론'을 주장하기 시작했는데, 이것이 당시 기독교계 내부의 성격 변화와 사회주의세력의 기독교세력에 대한 공세와 맞물려 기독교인들이 어떤 운동에 참여하고 그 과정은 어떻게 진행되었으며, 그 성격은 무엇인가를 검토하고자 한다. 또한 여기서는 3·1운동 이후 민족운동을 전개하는 과정에서 기독교세력이 분화되는 과정을 살펴보고자 한다. 기독교세력은 천도교와 함께 3·1운동을 주도했던 만큼 그 피해도 심각했는데, 1920년대 전반은 기독교세력에게 침체되거나 상실된 운동의 역량을 회복하고 그 토대를 다시 구축하는 중요한 시기였다. 3·1운동이후 국내 민족운동진영은 새로이 등장한 사회주의세력과 기존의 민족주의세력으로 분화되었다. 민족운동세력의 주요 기반이 되었던 기독교세력은 새로이 대두한 사회주의세력의 움직임에 주목하면서 여러 민족운동에 참여했다. 이런 과정에서 기독교세력은 사회주의세력과 조직과 이념의 상이함, 사회주의세력의 반종교운동에 대응해 나가게 되었다. 그러나 당시 국내외 민족운동의 동향과 여러 매개변수들이 맞물리면서 기독교세력은 하나의 조직적 구심체를 건설하지 못하고 크게 두 개의 민족운동계열로 재편되었다.

제3장에서는 기독교세력의 민족문제인식의 전환과 운동양상을 살펴보고자 한다. 먼저 1920년대 중반에 크게 두 계열로 개편된 기독교세력은 '민족협동전선론'에 기초한 사회주의세력과의 제휴에 별로 관심을 갖지 않은 채 현실인식에 입각한 운동을 전개해 나갔다. 여기에 사회주의자들의 직접적인 반기독교운동에 대한 기독교인들의 인식이

어떻게 작용하고 있는지를 검토해보고, 당시 세계기독교계에 유행하던 사회복음주의가 기독교세력의 민족운동에 어떤 영향을 주었고 그 관계는 어떻게 진행되었는지를 살펴보고자 한다. 또한 사상과 운동의 변화를 배경으로 크게 수양동우회계열과 홍업구락부계열로 분화되었던 기독교세력이 민족실력양성주의에 입각하여 전개한 실력양성운동을 보고자 한다. 나아가 1928년 예루살렘대회 개최를 통해 기독교 민족운동의 큰 전환점이 마련되는 상황에서, 두 흐름으로 분화되었던 기독교세력의 운동흐름이 1920년대 후반 경에 이르러 하나의 조직으로 결집되었는데, 그 전개과정과 성격을 검토하고자 한다.

제4장에서는 일제강점기 국내 최대 민족운동단체였던 신간회에 참여한 기독교세력의 활동과정 및 운동논리를 살펴보고자 한다. 기독교인들이 민족협동전선에 입각하여 사회주의세력과의 결합체인 신간회에 참여하게 된 배경, 그리고 기독교인들의 신간회에 참여과정과 그 논리가 어떠했는지를 밝혀보고자 한다. 신간회에 참여한 기독교인들과 신간회 결성 이후 이들의 활동이 어떻게 전개되었는가를 알아보고, 1929년에 결성되는 기독신우회의 창립과 관련하여 신간회 내 기독교인들의 활동변화를 검토해보고자 한다. 특히 창립된 이래 가장 강경하게 투쟁한 1929년의 신간회 모습을 추적하면서 당시 기독교 세력의 정치적 참여와 활동, 특히 일제 강점기 국내 최대 민족운동 단체였던 신간회 내의 기독교세력의 움직임을 재구성하고자 한다. 이것은 단순한 사실을 밝히는데 그치지 않고 신간회운동 연구의 공간을 폭넓게 이해할 수 있다는 점에서 그 의미가 있을 것이다.

제5장에서는 일제 강점기 최대 민족운동단체로 결성되었던 신간회가 해소된 이후 기독교세력의 동향과 그 활동을 살펴볼 것이다. 1929년 말 이후 시작된 세계대공황의 여파 속에 사회주의세력이 반기독교

운동을 재개하고, 이에 대한 대응과정에서 형성된 기독교인들의 사회주의세력과 민족문제에 대한 인식을 밝혀보고자 한다. 또 민족협동전선체로 결성된 신간회가 사회주의세력의 주장에 따라 결국 '해소'되는데, 이에 대한 기독교세력의 인식과 대응이 어떠했는지 알아보고자 한다. 신간회 해소는 기독교세력을 포함한 민족운동세력에 커다란 충격을 주었다. 그 결과가 기독교 민족운동세력이 재편성되어갔는데, 이후 기독교세력이 민족운동에 어떤 영향을 미쳤는지를 알아보고자 한다. 특히 일제가 군국주의화하면서 민족운동의 활동공간이 좁아지고 기독교세력이 재편되는 과정 속에서 전개되는 적극신앙운동의 역사적 성격을 민족운동사적 의미에서 살펴보고자 한다. 끝으로 기독교 민족운동세력이 1935년 이후 급격히 약화되고, 중일전쟁 이후 기독교 민족운동이 사실상 좌절되어 가는 과정을 살펴보고자 한다.

끝으로 <보론> 부분에서는 일제하 한국기독교의 대표적인 사회운동이었던 농촌협동조합운동을 살펴보았다. 사회운동이었음에도 불구하고 민족운동의 일환으로 전개된 이 운동은 한국기독교 민족운동을 구체적으로 이해하는데 도움이 될 것이다.

끝으로 이같은 내용을 검토하기 위해 이 책에서는 선행의 연구에서 폭넓게 다루지 않았던 기독교계 자료들을 포함하여 다양한 당시의 일반 자료들을 활용하고자 하였다. 1920~30년대 각종의 신문, 잡지, 보고서, 회고록, 편지, 일기, 저작, 그리고 일제 관헌자료 등을 비교 분석하였다.

제2장 기독교 실천론의 대두와 기독교 민족운동

1. 한국기독교의 변동과 기독교세력 결성

1) 3 · 1운동 이후 한국교회의 성격 변화

19세기말 이래 형성된 기독교세력은 3 · 1운동을 통해서 일제에 대한 저항세력으로 그 위치를 확고히 했다. 그러나 3 · 1운동 이후 기독교계는 기대와 달리 한국사회로부터 매서운 비판을 당하기 시작했다.[1] 그렇다면, 기독교계가 이 시기에 와서 사회의 비난과 공격을 받게 된 이유는 무엇이었을까?

첫째, 일제의 정책변화와 함께 외국선교사들의 친일화 및 타협화 경향이 눈에 띠게 나타났다는 점이다.

3 · 1운동의 규모와 열기에 당황한 일제는 한국에 대한 변화된 식민정책을 모색하지 않을 수 없게 되었다. 그 결과 1919년 새롭게 총독에 임명된 사이토(齋藤實)는 이른바 문화통치를 채택하고 이를 대대적으

---

1) 기독교 비판은 1910년대 말부터 이미 시작되고 있었다. 이광수는 기독교의 계급주의, 교회지상주의 태도, 교역자의 무식 등을 지적하고, 이는 현실보다 내세를 중시하는 '현실유리'에서 비롯된 결점이라고 비판했다(李光洙, 「今日 朝鮮基督敎의 缺點」, 『靑春』, 1917년 11월호).

로 선전하였다.

그러나 이 정책은 전략은 그대로 둔 채 전술만 조금 바뀐 것일 뿐,[2] 친일세력의 확대와 민족운동세력의 분열을 도모하는 회유책의 일환이었다. 이런 연장선상에서 일제는 선교사들에 대한 회유 조치를 취하기 시작했다. 선교사들의 관리를 위해 총독부는 종교과(宗敎課)를 설치하여 운영했으며, 「포교규칙」(布敎規則)을 개정하여 교회의 설립을 '허가제'에서 '신고제'로 바꾸었다.[3]

또 「사립학교규칙」(私立學校規則)을 개정하여 기독교 학교에서의 '성경교육'을 인정한 일제는 기독교 단체가 소유한 거액의 부동산에 대한 '법인화'를 허가하여 선교사들의 재정적 이권을 보호하는 조치를 취했다.[4] 이같은 조치는 3·1운동 중에 인도적 차원에서 일제의 만행을 세계여론에 호소한 탓에 일제와 그 관계가 경색된 선교사들에게 매우 환영할 만한 것이었다.[5]

이와 함께 1920년대 초부터 선교사들의 각종 비행 및 추문과 관련된 사건들이 계속적으로 발생했다. 기독교 학교와 교회뿐 아니라 일반 사회에서는 선교사에 대한 배척 분위기가 고조되어 갔다.[6] 특히 학교 시설 개선과 교육의 질적 향상에 대한 요구에서 일어난 기독교계 학교의 학생들 반발에 대해 선교사들은 이를 주동한 학생들을 처벌하거나 심지어 학교를 폐쇄하는 극단적 조치를 취했다.[7] 여기에는 당시 국내

---

2) 朝鮮總督府, 『施政二十年年史』, 1935, 314~315쪽.

3) 朝鮮行政執行總局 編, 『朝鮮統治秘話』, 帝國地方行政學會, 1937, 289~290쪽.

4) 朝鮮總督府, 『朝鮮の統治と基督敎』, 1921, 15쪽.

5) 友邦協會, 『齋藤總督の文化政治』, 1970, 159~169쪽.

6) 유례경, 「1920년대 조선에서의 개신교 선교사 배척운동에 관한 연구」, 『漢城史學』 6·7, 1994, 87~97쪽.

7) 강제동, 「在朝鮮英美人의 經營하는 學校의 內幕을 보고」, 『開闢』 35, 1923년 5월

에서 활동하던 일부 선교사들의 백인 우월적이고 인종차별적인 편견과 오만이 내재되어 있었다.[8] 이와 같은 선교사들의 행태는 이들의 친일성에 내면적으로 분노하고 있던 한국인들의 감정을 더욱 자극했고, 기독교에 대한 비판적 분위기를 형성하는데 큰 원인이 되었다.

둘째로, 기독교계의 초월적 신비주의 부흥운동이 일반사회의 큰 비판을 받았다. 이것은 3·1운동 이후 암울한 민족현실을 극복하려는 신앙적 자세가 부흥회의 열기로 표출되었다고 볼 수 있다.[9] 그러나 이에 대한 일반사회의 반응은 냉담했다. 특히 '이적'과 '신유'를 동반하는 부흥회를 주도하던 김익두 목사[10]에 대해서는 더욱 심했다. 김명식은 김익두 목사의 부흥운동을 가리켜 '요언망행(妖言妄行)'으로 규정하고, "청천백일에 이런 요망자가 출현한 것은 조선의 수치이며, 조선의 망조이며, 조선기독교도의 부끄러움"이라고 신랄하게 비난했다.[11]

물론 이에 대한 비판이 기독교계에서도 만만치 않게 진행된 것이 사실이나,[12] 김익두 목사와 같은 부흥사가 주도하는 부흥운동은 한국사회에 큰 실망감을 주었다. 그것은 기독교가 민족적 기대를 저버리는 것으로 일반 사회에 비춰졌기 때문이다.[13] 이런 비판에는 사회참여적

호, 79쪽.

8) 강명숙, 「1920년대 초 한국 개신교에 대한 사회의 비판」, 『한국기독교와 역사』 5, 한국기독교역사연구소, 1996, 67~72쪽.

9) 한국기독교역사연구소, 『한국기독교의 역사』 Ⅱ, 기독교문사, 1990, 188쪽.

10) 金麟瑞, 「金益斗牧師 小傳(四)」, 『信仰生活』, 1941년 2월호, 20쪽.

11) 金明植, 「金益斗의 迷妄을 論하고 基督敎徒의 覺醒을 促하노라」, 『新生活』 6, 1922년 6월호, 2~7쪽.

12) 강제모, 「신생활주필 김명식군에게 여하노라」, 『基督申報』 1922년 6월 28일, 7월5일자; 김경하, 「新生活主筆 김명식군에게 여하노라」, 『基督申報』 1922년 7월26일, 8월2일, 8월 9일, 8월 22일자.

13) 宇光, 「現代의 朝鮮과 宗敎(二)」, 『學之光』, 1921년 6월호 43~44쪽; 社說, 「宗敎

인 기독교인들도 가담했다. 이들은 기독교가 시대의 요구와 일반 대중들의 기대를 충족시킬만한 가능성을 여전히 갖고 있다고 주장하고, 신비주의적 부흥운동의 유행은 기독교가 담당해야 할 '사회적 역할'을 소홀히 하게 만든다고 비판하였다.[14]

셋째로 기독교회의 지도자들이 '민족공동체'가 요구하는 정치·사회 문제를 외면한 채 '비(非)정치화' 경향을 현저하게 드러냈다는 점이다. 3·1운동 이후 기독교를 이끌던 지도자들은 대체로 기독교 민족운동을 비판 또는 일정한 거리를 두려는 입장을 보였다. 이들은 교회가 문화운동, 사회봉사를 하며 세상일을 논하는 곳이 아님을 강조하기도 했다.[15] 많은 기독교 지도자들은 3·1운동에 참여했다가 일제에 의해 가혹한 탄압을 받고, 식민지 권력구조에 대항할 수 없다는 좌절을 경험하였으며, 종교인들이 할 수 있는 종교적 도그마에 충실하는 것이 최선을 다하는 것이라고 생각하는 경향들이 나타난 것이다.[16]

이와 더불어 자신들의 자리나 지위를 보호하고 이를 유지하려는 '계급적 속성'을 가진 지도자들은 정치적 가르침이나 행동보다 권력이나 부를 소유한 중산층 평신도들이 요구하는 '영혼의 위로'에 응하게 되었고, 이같은 종교적 행위들을 통해 현실에 안주하여 갔던 것이다.[17]

끝으로, 사회주의사상의 급속한 확산은 기독교계에 심각한 동요를

家여 街頭에 出하라」,『東亞日報』1922년 1월 7일자.

14) 柳敬相,「朝鮮半島와 그리스도교의 使命」,『新生活』, 1922년 7월호, 103~104쪽; 朴熙道,「社會生活과 宗教問題」,『新生活』, 1922년 8월호, 6쪽.

15) 최태용,「信仰의 復興」,『新生命』, 1924년 11월호, 7쪽.

16) 길선주,「平和의 曙」,『宗教界諸名士講演集』, 活文社書店, 1921, 42쪽.

17) 金元璧,「現代思想과 基督教」,『青年』1923년 7·8월호, 22~24쪽;「朝鮮基督教의 覺醒을 促하노라」,『東亞日報』1923년 5월 19일자;「時代錯誤的 見解 克服하라」,『東亞日報』1924년 4월 1일자.

가져왔다는 점이다. 사회주의사상은 기독교의 제도나 조직에 대해 냉소적인 태도를 지녔던 기독청년들에게 급속히 확산되었다. 그 중에는 기독교의 교리와 조직을 공개적으로 비난하거나 교회 예배 도중에 목사를 비방하는 일이 일어나기도 하였다.[18] 심지어는 기독청년·전도사 등이 교회에서 공공연히 사회주의를 지지·주장하다가 쫓겨나는 일[19] 등이 발생했던 것이다. 이것은 당시 기독교계로서 큰 충격이 아닐 수 없었다. '무신론'과 '유물론'을 기초로 하는 사회주의사상에 기독청년들이 물들어가고 급기야는 이들이 교회 내 기성세대와 교회를 공개적으로 비판하는 일이 발생하였던 것이다.

그리하여 기독교인들은 이 '사상적·종교적 위기'의 극복을 위해 사회주의와 함께 사회문제에 대해 무관심할 수 없었고, 이에 대해 나름대로 대응하지 않으면 안될 과제가 주어졌던 것이다.

2) 사회주의 수용과 반종교운동

1920년대 초 국내 민족주의세력과의 이념적·조직적으로 분리한 사회주의세력은 민족주의세력의 주요기반인 종교와 그 세력들에 대해 공격하기 시작했다. 사회주의세력은 사회주의를 대중에게 확산시키는 과정에서 종교를 '방해물'로 인식했기 때문이다.[20] 이것은 사회주의 사상을 대중들에게 보급시키기 위한 일환이었다. 또 사회주의자들은 중국과 소비에트 러시아의 반종교·반기독교운동에 대해 '사회주의 건설의 과정'으로 이해했다. 1920년대에 사회주의자들은 러시아

---

18) 墨峯, 「反宗教運動과 이에 對한 基督教會의 態度를 回顧하는 나의 所見」, 『靑年』, 1927년 2월호, 57~59쪽.

19) 「平壤의 社會運動」, 『개벽』, 1924년 9월호, 64쪽.

20) 社說, 『東亞日報』 1923년 10월 21일자.

와 중국에서 벌어지던 반종교·반기독교운동의 동향에 주목하고 있었다.[21]. 아울러 사회주의자들은 국외의 반종교운동을 이들 나라의 혁명적 상황에 대한 연장선상에서 이해했다. 소비에트 러시아는 사회주의세력에게 세계 공산주의운동을 주도하면서 강력한 사회주의 국가건설을 지향하는 모델이었으며,[22] 중국은 반제국주의를 지향하는 혁명의 성패여부로 그 관심이 집중되어 있었다.[23] 이러한 인식에서 사회주의자들은 국외에서 전개되던 반종교·반기독교운동을 결코 무시할수 없었고, 이를 '社會主義 건설과정'의 하나로 인식했다.

그런데 이같은 반종교운동의 대상은 그들이 민족문제에 대한 방침, 즉 '민족통일전선론'을 어떻게 설정하느냐에 큰 영향을 받고 있었다. 사회주의세력이 식민지적 상황을 어떻게 규정하고, 민족통일전선의 대상을 어떻게 설정할 것인지에 따라 반종교운동의 대상이 다르게 설정되었던 것이다.[24] 이처럼 사회주의세력의 반종교운동은 다수의 종교인들이 포함된 민족주의세력에 대한 방침과 동전의 앞뒷면처럼 연결되어 있었다.

1917년 러시아의 볼세비키혁명 이후 세계 도처에서 유행하게 된 사

---

21) 『東亞日報』 1924년 4월 12일자; 林柱, 「中國非宗敎運動의 現像과 그 原因」, 『開闢』, 1922년 6월호, 51~53쪽; 金星, 「非基督敎大同盟宣言 - 資本帝國主義가 基督敎를 保留하는 그 裏面」, 『開闢』, 1924년 10월호, 56~58쪽 등 참조.

22) 소련의 반종교운동에 관해서는 니콜라스 쩨르노프/위거찬, 『러시아정교회사』, 기독교문서선교회, 1991; 임영상, 「혁명과 종교; 1917~1929」, 『외대사학』 6, 1995 등 참조.

23) 閔斗基, 「國民革命運動과 反基督敎運動」, 『中國國民革命運動의 構造分析』, 지식산업사, 1990; 李時岳외 지음/ 이은자 옮김, 『근대 중국의 반기독교운동』, 고려원, 1992 등 참조.

24) 林京錫, 「高麗共産黨 硏究」, 성균관대 사학과 박사학위논문, 1993, 299~303쪽; 김권정, 「일제하 사회주의자들의 반기독교운동에 관한 연구」, 『崇實史學』 10, 1997, 199~202쪽.

회주의사상은 3·1운동 이후 일제의 '문화정치'라는 식민지 정책 변화와 더불어 지식인들에게 확산되었다. 특히 청년·지식인들에게는 '거친 들불'처럼[25] 거세게 번져 갔다. 그리하여 "입으로 사회주의를 말하지 아니하면 시대에 처진 청년같이 생각"[26]하게 될 정도로, 청년·지식인들에게는 짧은 기간에 급속도로 확산되었다. 또한 1922년 3월에 일어난 중국의 반기독교운동은 『東亞日報』[27]·『開闢』[28]·『新生活』[29] 등의 언론에 소개되었고, 이것은 평소 중국혁명에 관심을 갖고 있던 한국의 지식인들에게 반기독교적 분위기가 형성되는 큰 배경이 되었다.

국내 사회주의자들이 공개적으로 반종교운동을 표명한 것은 1923년 4월 전조선청년당대회(이후 청년당대회)[30]에서였다. 이 대회는 전조선청년연합회에서 탈퇴한 서울청년회가 중심이 되어 개최한 것으로, 여기에는 일반청년단체 이외에도 선천기독교청년회 등 9개의 종교청년단체가 참가했다. 이 자리에서 사회주의자들은 '종교존재를 부인할 것인가'의 여부로 격렬하게 논쟁을 전개한 끝에 종교의의를 부인하기로 가결했다.[31] 이들은 종교를 반대하는 이유로 '허무에서 발생' '天神敎祖의 숭배로 형성' '미신·신앙으로 권위화' '과학의 진리와 배

---

25) 『尹致昊 日記』 8, 1921년 12월 1일(國史編纂委員會, 1987).

26) 羅景錫, 「空京橫事」, 『朝鮮之光』, 1927년 5월호, 76쪽.

27) 社說, 「中國의 非宗敎同盟運動」, 『東亞日報』 1922년 3월 29일자, 4월 12일자.

28) 林柱, 「中國非宗敎運動의 現像과 그 原因」, 『개벽』, 1922년 6월호, 51~53쪽; 金星, 「基督敎大同非盟宣言－資本帝國主義가 基督敎를 保留하는 그 裏面」, 『개벽』, 1924년 10월호, 56~58쪽.

29) 鄭栢, 「中國의 非宗敎運動의 由來와 傾向」, 『新生活』, 1922년 7월호, 61~66쪽.

30) 裵成龍, 「朝鮮社會運動史」, 『朝鮮思想通信』 제858호, 1929년 1월 23일, 131쪽.

31) 京畿道京察部, 「全鮮靑年黨大會禁止ノ件」, 『日帝下社會運動史資料叢書』, 高麗書林, 1992, 20쪽.

치'된다는 무신론적 인식과 '야심적 정복자의 정략과 배치 옹호기관' '피정복자의 마취환몽소'라는 반제국주의 입장에서 종교의 존재의의를 부인하였던 것이다.[32]

종교에 대한 사회주의자들의 태도는 민족문제에 대하여 "민족자결 및 민족독립은 오늘날 무용이다. 무산계급해방을 제1의적 급무로 한다"[33]는 민족통일전선의 방침과 직접적으로 관련되어 있었다. 이는 사회주의자들이 단순히 '종교'를 부정하는 무신론적 관점에서만 비롯되었던 것이 아니라는 말이다. 청년당대회에서는 사회주의세력이 민족주의세력과의 분리와 그 차별성을 부각시키려는 '전술적 차원'에서 종교세력을 비난하였던 것이다. 즉 청년당대회의 반종교선언에는 사회주의세력이 민족주의세력 내에 주요 기반으로 위치한 종교세력을 배척하는 논리와 의도가 내재되어 있었던 것이다.[34]

물론 1924년 조선청년총동맹(이후 청총)에서 종교세력에 대해 "종교적 색채를 띤 청년단체, 혹은 순연한 종교단체 등의 이류 청년단체에 대하여 적대적 태도를 持지 말고 이에 계급의식을 고취하야 자체로 하여금 청년운동의 근본적 정신에 관한 이해를 가지게 하며, 종교는 원리상으로 부인하나 실제에 있어서는 적극적으로 배척치 말고 다만 종교가 민중을 마취케 하야 계급적 각성을 방저하는 폐해를 일반 청년들에게 이해케 한다"[35]라고 결의하여, 기존의 종교세력를 일방적으로 배척하던 인식에서 다소 유연하게 선별하는 방침으로 변화되었던 것도 사실이다.

---

32) 李江, 「朝鮮靑年運動의 史的 考察」(中), 『現代評論』, 1927년 10월호, 20쪽.

33) 『東亞日報』 1923년 3월 29일자.

34) 김권정, 「일제하 사회주의자들의 반기독교운동에 관한 연구」, 204~206쪽.

35) 李江, 「朝鮮靑年運動의 史的 考察」(下), 『現代評論』, 1927년 11월호, 10~11쪽.

그러나 기본적으로 사회주의세력은 1923년 청년당대회를 통해 민족주의세력과의 분리를 선언하고 그 일환에서 민족주의세력의 주요 기반인 종교세력에 대한 비판적 입장의 큰 흐름은 이후에도 그대로 유지되었다고 해도 과언이 아니다. 이런 의미에서 기독교세력은 사회주의세력에 대응하며 민족운동을 전개하기 위해 학연·지연·이념적 지향 등을 통해 형성된 인적관계를 기반으로 하는 조직결성에 나서기 시작했다.

3) 기독교세력의 조직 결성과 그 동향

1920년대 전반 기독교세력을 중심으로 하는 세력결집이 본격화되었다. 기독교세력의 재편에 직접적인 계기가 되었던 것은 국내의 민족운동의 환경변화와 함께 맞물린 해외 민족운동세력의 동향이었다. 국외의 기독교인 안창호와 이승만을 정점으로 하여 개별적, 단체적으로 연결되어 있던 기독교세력이 1920년대 전반에 국내에 독자적인 조직을 결성하게 되었다.

먼저 미국의 흥사단을 거점으로 그 세력이 집결되어 있던 안창호세력은 3·1운동 이후 운동의 확대를 위해 한국인 다수가 거주하고 있는 국내에 흥사단 조직을 건설해야 한다는 필요성이 대두하고 있었다.36) 이것은 해외 민족운동선상에서 경쟁상태에 있던 이승만세력에게도 마찬가지였다. 1920년대 전반기 이승만세력은 구미위원회와 임시정부에서 그 노선상의 한계를 드러내면서 현저하게 약화되어 있었다.37) 이를 만회하기 위해 '동지회'를 결성한 이승만세력은 운동의 국

---

36) 京城地方法院 檢査局 思想界, 「安昌浩 訊問調書」(京高特秘 第1373號의 7 中 別紙)『同友會 關係報告』, 1937년 6월 9일~1938년 1월 10일; 李明花, 『島山 安昌浩의 獨立運動과 統一路線』, 景仁文化社, 2002, 335~352쪽 참조.

내기반강화를 위해 단체결성을 모색하게 되었다.[38]

그리하여 기독교세력은 1925년 경에 크게 흥업구락부(興業俱樂部)와 수양동우회(修養同友會)로 재편되었다.

먼저 흥업구락부는 해외의 이승만과 국내의 신흥우가 국내에 동지회에 준하는 단체를 조직하기로 합의한 데서 결성되었다.[39] 당시 YMCA의 총무 신흥우는 3·1운동 이후 거의 해마다 YMCA와 감리교단의 일로 미국을 다녀오게 될 때마다 하와이에서 이승만을 만나 국내외 소식을 교환했다. 그러던 중 1924년 5월에 해외에 나갔다가 귀국길에 하와이에서 이승만을 만나 국내에 동지회와 같은 단체 결성을 의뢰 받고, 국내에 귀국한 뒤에 조선일보와 서울 YMCA를 주도하는 기독교인들과 기호 지역의 자산가들을 중심으로 1925년 3월에 흥업구락부를 결성했던 것이다.[40]

이 단체는 인원 구성상 크게 세 계열로 이뤄졌다. 신흥우와 홍병선으로 대표되는 서울 YMCA 계열, 이상재·안재홍·박동완·박희도·유억겸 등으로 대표되는 언론·교육가 계열, 그리고 윤치호·김윤수·장두현 등의 기호지역 자본가층 계열 등을 토대로 하여 구성되었다.[41]

한편 이승만세력과 경쟁관계에 있던 안창호세력 역시 1920년대 초

---

37) 고정휴,『이승만과 한국독립운동』, 연세대학교 출판부, 2004, 211~250쪽; 정병준,『우남 이승만 연구』, 역사비평사, 2005, 341~370쪽 참조.

38)「하와이에 동지회 설립」,『新韓民報』1921년 7월 28일자.

39) 朝鮮總督府警務局,『最近における 朝鮮の治安狀況』, 1938, 380~381쪽.

40)『尹致昊日記』9, 1925년 3월 22일(國史編纂委員會, 1987).

41) 흥업구락부 창립회원으로는 이상재·윤치호·유성준·신흥우·이갑성·박동완·오화영·홍종숙·구자옥·유억겸·안재홍·장두현 등 12명이었으며, 단체 간부로 회장에 이상재, 회계에 윤치호·장두현, 간사에 이갑성·구자옥이 선임되었다(高等法院檢事局思想部,「同志會及興業俱樂部の眞相」,『思想彙報』, 1938, 86쪽).

부터 국내 단체의 결성을 모색했다.[47] 흥사단의 이념을 추종하면서도 개별적으로 설립되었던 '수양동맹회'[48]와 '동우구락부'[49]는 1925년 10월 평양에 모여 통합에 동의하고 이듬해 1월에 수양동우회라는 이름의 합동단체로 결합했다.[50]

이 단체는 '도덕적 인격 수련'과 '경제적 실력 양성'을 위한 '비정치적' 수양단체로 규정했다. 수양동우회 내부에도 역시 여러 계열들이 존재하고 있었다. 이광수·김윤경·이윤재 등의 수양동맹회 계열, 조병옥·주요한으로 대표되는 언론·교육가 계열, 그리고 서북지역의 중소자본을 기초로 형성된 중소자본가층 계열들이 수양동우회 내에 일정정도 그 활동을 전개했다.

이와 같이 기독교세력은 1925년 중반 경 흥업구락부계열과 수양동우회계열로 크게 재편·분화되었다. 여기에는 '지역주의'와 '전통적 정서', 그리고 안창호·이승만과 관련된 개인적인 '인적관계'가 크게 작용하고 있었다.

출신배경을 보면, 수양동우회의 경우에는 주로 평안도와 황해도를 중심으로 하는 이른바 자립적 중산층으로 불리던 평민층 출신이 주요 구성원이었던 것에 반해, 흥업구락부는 서울 경기 충청을 중심으로 하는 귀족·관료층·중인층 출신이 그 중심을 이루고 있었다. 또 학력에서도 전자가 서북지역의 학교(대성·오산·숭실·신성·양실)의

---

47) 趙培原, 「修養同盟會·同友會硏究」, 成均館大 史學科 碩士學位論文, 1998, 6쪽.

48) 흥사단 50년사 편찬위원회, 『흥사단 50년사』, 대성문화사, 1964, 52쪽.

49) 「各地 靑年團體」, 『東亞日報』 1923년 1월 26일자; 「동우구락부」, 『東亞日報』 1923년 6월 22일자.

50) 이 때 간부에 선임된 사람들은 김종덕·박현환·김윤경·정인과·조명식·이경선(理事部), 김태진·이윤재·조병옥·김창세·정두현·김여식·박선·김성업·조명식·김병연(議事部), 김동원·유기준(審査部) 등이었다.

출신들이 대부분이었고 학생시절에 안창호·이승훈·조만식의 영향을 받았으며, 미국유학생이 압도적으로 많았다. 반면에 후자는 기호지역의 학교(배재·한영서원·YMCA학당·협성신학교)의 출신들이 많고 미국과 일본 유학생 출신이 섞여 있었다.[51]

기독교 교파로는 전자가 대부분이 보수적인 장로교인데 반해 후자는 주로 진보적인 감리교였다. 운동의 경력에서도 수양동우회의 사람들이 주로 신민회 등 서북지역을 기반으로 하는 애국계몽운동계열과 이후 안창호의 해외 흥사단과 직·간접으로 연결되었던 것에 반해, 흥업구락부는 독립협회 이후 상층 개화자강운동계열로 이승만과 직·간접으로 친분이 있거나 동지회의 노선을 지향하는 인물들이 대부분이었다.[52]

또한 민족운동의 방략에 있어서도 흥업구락부는 밖으로 국제 기독교와의 연대를 활용하여 외교적 독립 또는 독립지원론을 추구하면서 안으로는 전체 인구 80%인 농민층의 개조와 농촌사회의 재건을 통해 산업자본을 축적하고자 하는 실력양성론을 강조하고 있었다.[53] 반면에 수양동우회는 서북지역의 중소자본가의 자본축적을 바탕으로 한 민족자본의 육성을 도모하는 실력양성론을 강조하면서 인격수양과 자아혁신을 통한 민족개조론을 추구하고 있었다.[54]

이처럼 1920년대 전반 기독교세력은 지역 및 학력, 운동방략, 그리고 개인적 인간관계 등을 중심으로 다양한 운동을 펼치는 가운데 조직

---

51) 金相泰, 「1920~30年代 同友會·興業俱樂部 研究」, 서울大 大學院 國史學科 碩士學位論文, 1991, 23~35쪽.
52) 장규식, 『일제하 한국기독교민족주의 연구』, 137~163쪽.
53) 김권정, 「1920~30年代 申興雨의 基督敎 民族運動」, 『한국민족운동사연구』 21, 1999, 146~159쪽.
54) 趙培原, 「修養同友會·同友會研究」, 24~34쪽.

들이 대내외적 운동의 배경 가운데 개별적으로 결성되었다. 1925년에 들어서 기독교세력은 유학과 기독교 활동을 통해 해외에 드나들던 기독교인들이 중심으로 하는 해외의 안창호·이승만세력과 밀접하게 연관된 조직적 기반으로서 크게 흥업구락부와 수양동우회로 재편되었다.

결국 1920년대 전반 기독교세력의 민족운동은 변화하는 대내외적 상황과 조응하며 국내 민족운동의 근거를 마련하고 수립하여 가는 일환 속에서 전개되었고, 이것은 이후 기독교세력이 부문별 민족운동에 적극 참여할 수 있는 물리적 토대가 되었다.

2. 현실문제인식과 기독교 실천론

1) 정의인도론과 실력양성론

3·1운동이후 국내외 변동 속에서 세계가 아무리 변화한다 하더라도 실력이 없으면 개인이나 민족이나 그 존재를 유지하기 어렵다는 실력양성론적 인식이 1920년대 전반 기독교세력에서도 그대로 드러나고 있었다. 이런 인식은 3·1운동 이후 대내외적 상황 변동 속에서 기독교세력이 현실문제에 대한 변화된 인식을 드러내는데 크게 영향을 미치고 있었다.

먼저 1920년대 전반 기독교세력은 정의인도론에 입각하여 국제정치를 인식하고 이를 주장하기 시작했다. YMCA의 총무인 신흥우는 세계 국제질서를 '正義'와 '人道'가 주도하는 '세계개조' 시대로 보고, 제1차 세계대전의 승리는 정의와 인도에 기초한 민주주의의 승리라고 파악했다. 그는 세계 각국이 계급전쟁의 혼란에 빠진 것이 정의인도론의 구체적인 실현인 민주주의를 무시하고 자국의 이익에 따라 움직인 결과라고 비판하고, 민중이 직접 정치에 참여할 수 있는 권리가 보장된 민주주의야말로 계급간의 갈등으로 첨예화된 계급문제를 해결할 수 있다고 주장했다.55)

또 이대위는 국가권력이 갖는 전제주의와 편협주의를 비판하면서, 인민의 권리가 존중되고 인류의 보편적 가치를 중시하고 우선시하는 민주주의에 주목했다.56) 그것은 그가 제1차 세계대전이후 세계 사조가 국가연맹과 인류대동주의로 향하는 것을 민족주의의 발흥의 결과로 보았기 때문이다.57) 즉 그는 민족주의와 함께 민주주의를 편협한 인종적 관점에서 인식한 것이 아니라 침략적 국가주의에 대항할 보편주의적 논리로서 이해한 것이다.

물론 이 전쟁을 경제적 제국주의국가들의 필연적 결과로 보는 시각도 있었고58), 또 1919년 파리강화회의와 1921년 말 워싱턴 군축회의가 세계평화와 민주주의 실현이 아니라 제국주의 국가들의 식민지 획득에 있었던 것이라고 비판한 논자도 있었다. 그러나 정의와 인도에 기초한 국제정세에 대한 우호적인 기대는 이후 대부분의 기독교인들에게 1920년대 내내 지속적으로 언급되었고, 이 과정에서 기독교세력의 역할이 무엇보다도 요구되고 있었다.59)

비록 1921년 말 워싱턴 군축회의가 좌절됨에 따라 기독교세력에 실망을 안겨 주었음에도 불구하고, YMCA 총무 신흥우 같은 사람은 세

---

55) 申興雨, 「듸모크레시의 意義」, 『靑年』, 1921년 3월호, 3쪽.
56) 李大偉, 「社會主義와 基督教의 歸着点이 엇더한가?」, 『靑年』, 1923년 9월호, 10쪽.
57) 李大偉, 「나의 理想하는 바 民族的 敎會」, 『靑年』, 1923년 6월호, 12~15쪽.
58) 石泉, 「思想變遷과 信仰生活」, 『靑年』, 1923년 12월호, 15쪽.
59) 李載甲, 「華府會議의 背景과 그에 對한 覺醒」, 『靑年』, 1922년 4월호, 12~13쪽.

계평화와 정의인도가 결코 거짓이 아니라고 주장하면서 정의인도가 실현 불가능한 것이 아니라 우리가 지구적 정신으로 인내하는 것이 부족하다고 보았다. 이와 함께, 그는 전쟁 이후 계급적 압박과 당파의 투쟁과 타인종·타민족에 대한 착취가 다시 일어나 민주주의가 수포로 돌아간 것처럼 보이나, 그것은 일시적인 현상으로 근본정신을 그대로 남아있다고 역설했다.60) 즉 이같은 인식 속에서 정의인도로 대변되는 세계개조에 대한 전망 속에서 1920년대 전반 기독교세력의 외교운동이 전개될 수 있었던 것이다.

그러나 1919년 파리강화회의와 1921년 말 워싱턴 군축회의에서 한국문제가 전혀 논의되지 못하는 현실에서 '기회에 대비한 준비'로서 실력양성이 필요하다고 보았던 기독교세력은 국제정세의 변화에 기대를 하면서도 이에 전적으로 의지하지 않고 나름대로 자체세력을 준비해야 한다고 주장하기 시작했다. 1921년 미국에서 열린 워싱턴회의에서도 한국문제가 전혀 거론되지 않자 "조선독립은 당분간 절망적임으로 우리들 조선인은 힘써 교육·산업과 문화적 시설에 열중해 실력양성에 주력하지 않으면 안된다"고 하여61), 정의인도론에 입각하여 세계개조에 대한 전망 속에서 펼쳐진 국제적 활동이 실력양성운동과 함께 추진되어야 함을 강조했다.

다음으로, 3·1운동 이후 기독교세력은 일제의 식민수탈정치가 강화되자, 사회경제문제에 대해 깊은 관심과 비판적 접근을 시도했다. 기독교인들은 사회경제문제를 인식하면서 '실력양성론'(實力養成論)을 더욱 구체적으로 주장하기 시작했다.

기독교인들의 사회경제문제 인식은 자본주의제도의 모순에 대한

---

60) 申興雨,「解決이 何處에 在뇨」,『靑年』, 1925년 10월호, 3쪽.

61)「太平洋會議 二對スル金東成 所感」,『朝鮮治安狀況』, 1922, 333쪽.

비판부터 시작되었다. 이대위는 "이러한 계급(주:농민과 노동자계급)이 금일에는 어찌하여 그리 참상을 당하며 그리 압박을 받는가?"라고 질문하면서, 그 원인을 '자본주의 폭행'에서 비롯된 것으로 지적하고, "생산품이 사회공동의 수요로 목표로 삼지 않고 그들의 탐욕을 만족시키는데 지나지 않는다"고 보았다.[62]

그런 의미에서 이대위는 사유재산제도를 죄악을 발생시키는 근본으로 이해하고 사유재산제도의 개량을 주장했다. 사유재산제도의 죄악은 제도가 만드는 것이 아니라 운영하는 사람들이 만드는 것이라고 하여, 그 주장의 이면에는 일제의 강점 하에 일본자본주의 침략으로 인해 자본주의적 모순이 증대되고 있음에 대한 비난이 내재되어 있었다.[63] 이는 일제 식민권력이 한국인들을 위한 사회경제 정책을 전혀 실시하지 않고 일본 자본의 진출만을 모색하고 있다는 강한 반일적 저항의식에서 나온 것이었다.[64]

그러나 기독교세력이 자본주의 제도자체를 전면 부정한 것은 아니다. 자본주의제도가 갖고 있는 한계를 지적하면서도 이를 적극 활용해야 함을 주장했다. 그것은 한국의 경우 자본주의제도 자체가 일제의 침략으로 인해 제대로 성장하지 못했다는 현실인식에서 비롯되었다.

안국선은 우리의 자본주의제도가 제대로 성립되지 못한 상태에서, 사회주의니 계급투쟁, 노동운동을 말하는 것은 현실과 분리된 것임을 강조했다.[65] 그는 우리의 경우에는 노동문제보다 자본문제가 선행되

---

62) 李大偉, 「民衆化할 今日과 農村改良問題」, 『靑年』, 1924년 5월호, 4~7쪽.

63) 李大偉, 「基督敎가 現代資本主義制度에 對ㅎ야 取홀 態度」, 『基督申報』 1924년 1월 10일자.

64) 崔啓哲, 「宗敎의 根本主義와 社會問題」, 『基督申報』 1924년 12월 2일자.

65) 安國善, 「經濟上으로 見한 半島의 將來」, 『靑年』, 1921년 3월호, 13쪽.

어야 함을 지적하고, 경제계의 최대급무가 비상한 자본주의제도의 수립이며 자본을 활용하여 큰 소득을 낳게 하는 수단으로 노동력이 절대 중요함으로 노동력의 확보를 위해 노력해야 한다고 역설했다.[66] 또한 장두현은 기독교인들이 실질적인 이윤획득 증대를 위해 거대한 공장 몇 개를 짓는 것보다 각군(各郡) 각면(各面)에 소소한 기관을 설립하도록 선전하고 장려하여 생산기관의 진흥을 이루어야 함을 강조했다. 이어 그는 이를 통해 중소공업을 육성하여 상공업의 생산력을 증대시켜야 한다고 주장했다.[67]

이처럼 기독교세력은 정의와 인도에 기초한 민주주의의 추구가 세계개조의 이상사회를 향해 나가야 할 방향이라고 인식하면서도 현실의 자본주의 제도의 모순들을 지적했다. 여기에는 간접적으로 이를 방조하고 그러한 모순구조를 심화시키는 일제에게 기대하지 말고, 자주적인 힘으로 건전한 자본주의의 수립과 발전을 통한 근대적 실력을 양성시키는 데에 기독교회와 교인들이 적극 나서야 한다는 의미가 담겨져 있었던 것이다.

2) 기독교 사회개조론의 대두

1920년대 전반 기독교계에는 정의인도론에 기초한 세계개조론이 풍미하면서 '사회개조론'이 크게 대두하기 시작했다. 당시 일반 사회에는 "무엇이든지 개조 두자를 들지 않으면 환영을 받지 못할 정도"로 개조론이 유행 했는데,[68] 기독교계에는 날로 거세지는 일반 사회와 사회주의세력의 기독교에 대한 도전과 비판에 자극을 받으면서 기독교

---

66) 安國善, 「經濟上으로 見한 半島의 將來」, 『靑年』, 1921년 5월호, 6쪽.
67) 「土産運動은 如何이 持續할가」, 『東亞日報』 1923년 2월 20일자.
68) 全春學, 「改造와 愛」, 『基督申報』 1922년 3월 1일자.

의 민족적·사회적 책무감에서 나온 '사회개조론'이 대두되었다.[69]

당시 기독교계의 저명한 민족운동가인 이상재는 '적자생존', '우승열패'를 강조하는 '사회진화론적' 사회현상이 하나님의 뜻에서 벗어난 '죄악된 상태'임을 지적하고, 불합리한 사회현실의 개조가 하나님의 뜻이며, 이런 '사회개조' 활동에 기독교인들이 책임의식을 갖고 적극 나서야 한다고 주장했다.[70] 당시 기독교인들의 사회개조론에는 제국주의적 강권 지배를 거부하고 정의와 인도에 의해 지도되는 새로운 세계를 건설하자는 '현실적 지향'이 담겨 있었다. 이것은 3·1운동 이후 오직 전적인 하나님의 역사 간섭을 통해서만 세계가 재창조될 것이라고 보았던 기독교계의 '초월적' 부흥신앙과는 큰 차이가 있었다.[71]

기독교 사회개조론이 1920년대 전반 기독교인들에게 광범위하게 수용된 것은 개인의 내세신앙을 강조하는 '개인구원'보다 현실의 문제를 외면하지 않고 적극적이면서도 점진적으로 해결하려는 '사회구원'의 의미로 수용되었기 때문이다. 그것은 천국건설이 내세에서만 가능한 것이 아니라 이 땅에서도 가능하다는 논리의 발전으로 기독교인들의 역사와 시대에 대한 강한 책임을 호소하는 것이었다.[72] 기독교인

---

69) 社說「그리스도인의 使命(承前)」, 『基督申報』 1919년 11월 19일자; 社說, 「吾人의 急務」, 『基督申報』 1920년 3월 24일자; 崔志化, 「基督敎에 固有한 精神(二)」, 『基督申報』 1921년 9월 7일자; 社說, 「基督敎와 社會」, 『基督申報』 1922년 6월 7일자; 社說, 「朝鮮예수敎會의 實際運動」, 『基督申報』 1923년 10월 10일자; 社說, 「예수와 社會運動」, 『基督申報』 1923년 10월 24일자; 社說, 「社會에 對한 그리스도敎의 本質」, 『基督申報』 1924년 2월 6일자·13일: 社說, 「그리스도敎의 社會性」, 『基督申報』 1924년 4월 2일자 등을 참조.

70) 李商在, 「上帝의 뜻은 如何하뇨」, 『百牧講演』 2, 博文書館, 1921, 138쪽.

71) 한국기독교역사연구소, 『한국기독교의 역사』 Ⅱ, 기독교문사, 1990, 186~192쪽 참조.

72) 申興雨, 「人生問題」, 『靑年』, 1925년 3월호, 5~6쪽.

들은 예수의 인생관이 '정의'와 '사랑'으로 이뤄진 '하나님 나라'를 이 땅에 실현하는 것이며 '하나님 나라의 건설'이야말로 우리 인생 최고의 목적이 되어야 한다고 강조했던 것이다.

이같은 관점은 사회주의에 대한 인식에도 적극적 적용되고 있었다. 1920년대 초부터 사회주의와 경쟁하던 기독교계에서는 사회주의에 떠밀려 다닐 것이 아니라 금일 기독교회가 사회혁명과 사회진화의 대본영이 되기 위해서는 기독교 자체의 정책을 개혁해야 한다는 적극적 관점이 제기되기 시작했다.[73] 그리하여 이 시기에는 몰려오는 사회주의사상이나 운동을 적대시하지 않고 오히려 기독교와의 유사성, 연계 등을 모색하는 경향들이 나타났던 것이다.

당시 기독교와 사회주의의 관계를 주목하고 이에 대한 입장들을 정리한 대표적인 논자는 YMCA의 학생부 간사였던 이대위였다.[74] 그는 당시 사상적 동향의 큰 축을 기독교와 사회주의로 인식하고 기독교와 사회주의의 연대를 강력히 주장했다. 그는 "기독교 천국이 보편적 우애를 실현하는 것이라면 사회주의도 종국에 인간을 사랑하는 정신에 귀착"된다고 규정하고, 양자가 지향하는 정신과 목적이 동일한 것이라고 역설했다. 즉, 불만불평한 세계를 부인하고 신세계를 조성하고자 함에 기독교사상과 사회주의가 '상동(相同)'함이 있으며, 그 근거로 양자가 현 사회의 제반폐해를 알고 이를 개조하려고 목적하고 있기 때문이라고 밝혔던 것이다.[75]

물론 기독교인들이 사회주의에 대해 무조건 긍정적으로만 인식한

73) 李大偉, 「나의 理想하는 바 民族的 教會」, 『青年』, 1923년 6월호, 11~16쪽.

74) 채현석, 「李大偉의 생애와 활동」, 『일제하 한국기독교와 사회주의』, 한국기독교 역사연구소, 1992.

75) 李大偉, 「社會主義와 基督教 思想」, 『青年』, 1923년 5월호, 9쪽.

것은 아니다. 특히 사회주의세력의 폭력적 방법에 대해서는 기독교인들이 대개 비판적이었던 것이 사실이다.[76] 그러나 이 시기 기독교인들은 사회주의에 대해 대체로 우호적인 인식을 갖고 있었다. 이들은 기독교와 사회주의를 '가치균등'하게 비교하고 기독교와 사회주의 양자가 그 지향하는 목적과 방향에서 일치한다고 보았다. 사회주의를 적극 인식하기 시작한 기독교인들은 사회주의세력의 반종교운동을 의식하면서도 이를 기독교세력의 새로운 운동 방향과 접목시키고자 하였던 것이다.

이렇게 사회와 민족에 대한 기독교인의 책임과 실천을 강조하는 기독교 사회개조론은 자연스럽게 국제사회의 변동을 예의주시하며 자력을 키우면서 독립의 기회를 모색한다는 현실의 실력양성론으로 연결되어 나타날 수 있는 것이었다. 예를 들어, 홍병선은 '세계가 힘이 강한 자가 약한 자를 멸하고 자기만을 위한 이기적 세계이기 때문에 지상천국의 건설을 위해서 종교와 교육방면에 힘써 실력을 쌓아서 기독교적 정의의 힘과 사랑의 힘이 필요하다'[77]고 주장했다. 즉 기독교적 가치의 실현은 말에 있지 않고 이를 현실적으로 이룰 수 있는 실력이 있어야 함을 강조하고, 대중을 계몽·각성시키는 교육과 종교방면에서의 '실력양성'이 무엇보다 필요함을 역설했던 것이다.

이런 인식은 민족대표 33인으로 3·1운동의 참가했다 옥고를 치른 남강 이승훈이 동아일보 기자와 인터뷰한 내용에서도 보다 직접적으로 잘 드러나고 있었다.[78]

---

76) 一記者, 「貧窮論」, 『靑年』, 1922년 7·8월호; 송창근, 「돈만 있으면 살 것인가」, 『基督申報』 1923년 11월 21일자; 송창근, 「자기의게로 도라가자」, 『新生命』, 1924년 3월; 金昶濟, 「社會主義와 基督敎」, 『新生命』, 1923년 9월호, 17~27쪽; 전영택, 「우리의 今日을 救할 者 누구냐」, 『新生命』, 1924년 3월, 2~10쪽.

77) 洪秉璇, 「煩悶에서 自由로, 自由에서의 煩悶으로」, 『靑年』, 1923년 9월호, 6~7쪽.

장차 나의 할 일은 나의 몸을 온전히 하나님에게 밧치어 교회를 위하야
일할 터이니 나의 일할 교회는 일반 세상 목사나 당로(장로)들의 교회가
아니라 온전히 하나님이 이제부터 조선민족에게 복을 내리시려는 그 뜻
을 바다 동포의 교육과 산업을 발달 식히고자 하오

이승훈은 자신이 앞으로 일할 '교회'(敎會)가 단순히 일반적인 '종
교조직'이 아니라 한국인의 교육과 산업을 발달시키는 현장이라고 보
았으며, 교육과 산업 방면의 투신이야말로 곧 하나님께 받은 소명이라
고 분명하게 이해하고 있었던 것이다. 이같은 그의 사회개조론적인 신
앙관은 3·1운동 이후 기독교계에 풍미한 내세신앙이나 신유의 은사
를 강조하는 기복신앙과는 거리가 먼 것으로 항상 현실의 당면한 문제
를 해결해 나가는 적극적인 개혁이념의 성격을 띠며 자주적인 실력양
성을 위한 원칙을 제공해 주었던 것이다.

이처럼 1920년대 전반 기독교세력에서 제기된 사회개조론은 기독
교 가치가 결합되어 민족주의진영에서 주장하던 민족실력양성론으로
연결될 수 있었던 것이다. 이런 인식을 바탕으로 기독교세력은 3·1
운동 이후 사회개조적 관점에서 민족주의세력의 실력양성운동에 적
극 참여하게 되었던 것이다.

3. 외교독립운동과 민족실력양성운동 전개

1) 미국 의원 시찰단 환영회와 태평양회의

3·1운동 이후 일제의 식민정책의 변화와 함께 '정의인도'와 '세계
개조'의 분위기 속에서 국내 기독교세력은 외교적 방면에서 활발히 움

---

78) 「獨立宣言事件의 一人 最終으로 李寅煥씨 假出獄」, 『東亞日報』 1922년 7월 22일자.

직이기 시작했다. 먼저 3·1운동 직후 기독교세력의 활동은 가장 먼저 1920년 미국의원 시찰단 환영과 관련되어 전개되었다.

이런 활동을 주도한 기독교인들은 주로 중앙YMCA 기독교계 인사들이었다. 이들은 하와이의 이승만과 밀접한 연관을 관계를 맺고 있었다. 기호출신으로 독립협회의 활동으로 함께 투옥된 경험과 옥중에서 기독교로 개종, 그리고 YMCA의 창립멤버 및 핵심인물로 3·1운동 이후에는 주로 실력양성운동에 참여하고 있었다. 이렇게 YMCA 인사들이 해외 무대에서 해외의 세력들과 유기적 관계를 맺고 국내의 '국제적 창구' 역할을 할 수 있었던 것은 특히 북미YMCA 국제위원회와 창립초기부터 깊은 '유대 관계'를 형성하고, 줄곧 인적·재정적 지원과 국제적 지원을 받고 있었던 데서 비롯된 것이다.[79]

1920년 8월 24일 미국 하원의원단이 관광삼아 상해를 거쳐 한국에 오게 되었을 때, 민족운동세력은 이를 독립운동의 '기회'로 활용하고자 했다. 이는 기독교세력도 마찬가지였다. 국외에서는 여운형이 미 하원의원단에게 태극기와 외교청원서를 전달하였고, 상해임시정부는 "대한민국임시정부청원서"를 이들에게 전달하려다 실패로 끝났다.[80]

서울에 도착한 미 하원의원단을 조직적으로 맞이한 것은 중앙 YMCA 기독교 인물들이었는데, 이들은 "미국 의원 시찰단 환영회"를 조직했다. YMCA의 윤치호, 이상재, 신흥우는 미 의원단이 서울에 도착하자 방문하여 이들을 환영회에 초청했으나, 일제의 저지로 뜻을 이루지 못했다. 그러나 공식적인 미하원의원단의 환영은 좌절되었으나, 그 위원단 일행 중 헐스맨(H.S. Hersman)이 환영식에 혼자 나타남에 따라 미 하원의원단 환영행사를 가까스로 할 수 있었다.[81] 결국 미 하

---

79) 김권정, 「1920~30年代 申興雨의 基督教 民族運動」, 144~145쪽.

80) 박찬승, 앞의 책, 170~171쪽.

원의원단의 환영식과 외교운동은 현실적으로 일제의 철저한 방해로 실패로 끝났으나, 이런 활동을 통해 한국민들의 독립의지를 다시 한번 환기시켰다는데 의미가 있었다.

기독교세력의 국제적 활동은 1921년 워싱턴 군축회의 이후에도 지속적으로 전개되었다. 워싱턴 회의가 한국문제의 거론을 기대하던 많은 한국인들에게 실망감을 준 것이 사실이었으나, 기독교세력은 이에 굴하지 않고 이후 기독교 조직인 기독교청년회(YMCA)를 통해서 더욱 적극적으로 독립지원과 지지를 호소하는 국제적 활동을 펼쳐 나갔다.

그 가운데 하나가 일본 YMCA에 예속되었던 한국 YMCA를 독립시킨 일이었다. 한국 YMCA는 합병 이후 1913년 4월 반강제적으로 일본 기독교청년회 동맹에 가입되어 그 독립단체권을 상실당했다.[82] 이에 기독교운동을 통해 독립운동의 국제적 지원을 획득하기 위해 한국 YMCA가 일본 기독교연합회에서 반드시 독립해야 한다고 판단한 YMCA 인사들은 1922년 5월 일본 YMCA으로부터 한국 YMCA와 학생 YMCA의 독립권을 획득하고,[83] 이어 1924년 YMCA세계 동맹에 한국 YMCA를 독립단체로 정식, 가입시키는데 성공했다. 한국 YMCA가 세계기독교계에서 일본 YMCA의 통제로부터 벗어나 독자적으로 활동할 수 있는 근거를 만들었다는 점에서 높이 평가할 만하다.

이같은 국제적 활동을 주도한 인물은 이상재, 윤치호, 신흥우 등이었다. 한국 YMCA가 일본 YMCA로부터 분리되면서 해외의 이승만 밀접한 관계를 지닌 신흥우를 중심으로 한 국내 기독교세력들이 세계 YMCA 연맹·기독교학생연맹의 국제대회를 명목으로 합법적인 해외

---

81) 「難言의 失望, 意外의 歡喜」, 『東亞日報』 1920년 8월 26일자.
82) 전택부, 『한국 기독교청년회 운동사』, 정음사, 1978, 177~182쪽.
83) 전택부, 위의 책, 281~287쪽.

및 미국여행이 가능해졌고, 국제무대에서 이승만과 접촉했던 것이다.[84] 특히 신흥우의 활동은 더욱 적극적이었다. 1921년 8월 하와이에서 개최된 범태평양교육회의에 참가했던 그는 미국을 비롯하여 뉴질랜드·일본·중국 등 10여 개 나라 사람들이 참석한 가운데[85] 일본의 교육정책을 날카롭게 비판하기도 했다.[86] 귀국한 뒤에 그는 그해 9월에 박영효·윤치호·김동성과 함께 범태평양조선협회를 조직했다.[87] 그해 10월 하와이에서 개최되는 세계 신문기자대회에 김동성을 파견했는데, 김동성은 정한경과 함께 세계 기자신문기자대회에 참석한 후 11월에 워싱턴 군축회의에 참석하기도 했다.

이런 국제 기독교청년회(YMCA)를 중심으로 펼쳐졌던 기독교세력의 국제 활동이 가장 두드러졌던 것은 1925년 6월 30일 하와이에서 열린 「범태평양문제연구회」에서였다. 다수의 한국인들과 함께 한국대표로 참석한 「범태평양문제연구회」는 원래 YMCA 명의로 소집된 것이었지만, 나중에는 YMCA와 상관없이 태평양 각국의 종교문제 이외에 미일간의 문제를 토론하려는 회의로 변했다.[88]

한국측의 기조연설을 맡은 신흥우는 이 자리에서 일본의 '同化政策'의 실상, 民族資本의 형성을 가로막는 조선은행의 기능, 그리고 한

---

84) 이승만의 국내세력에 대해서는 고정휴, 『이승만과 한국독립운동』, 연세대학교 출판부, 2004; 정병준, 『우남 이승만 연구』, 역사비평사, 2005 등을 참고할 것.

85) 미국이 이 시기에 민간단체를 내세워 태평양 지역의 평화를 주장한 것은 이민문제로 나빠진 일본의 국민감정을 무마하는 동시에 소비에트 러시아의 동아시아에 대한 영향력 확대를 견제하려는 의도의 일환이었다. 고정휴, 「태평양문제연구회 조선지회와 조선사정연구회」, 『역사와 현실』 6, 역사비평사, 1991.

86) "Speechs by Dr. Cynn", 1921. 8(전택부, 『人間 申興雨』, 기독교서회, 1971, 353~363쪽).

87) 「신흥우 환영회」, 『東亞日報』 1921년 9월 18일자.

88) 申興雨, 「布哇를 갓다온 前後左右」, 『靑年』, 1925년 9월호, 4~5쪽.

국농민을 희생시키는 동양척식주식회사의 역할, 이에 발생한 조선 농민의 만주로 이주와 중국인과의 마찰 등을 열거하고, 이것은 정치적 문제가 아니라 인도적 차원에서라도 반드시 해결되어야 한다고 강조하고 이에 대한 참가국의 적극적인 협조와 도움을 요청했다.[89] 이처럼 신흥우는 연설을 통해 일본의 식민지 한국에 대한 정책의 불평등과 차별성을 날카롭게 비판하고 일제의 지배에 억눌린 한국인의 요구를 주장하여 한국독립운동의 지원을 호소하였던 것이다.[90]

태평양문제연구회를 마치고 귀국한 신흥우는 1925년 11월 28일 서울에서 태평양문제연구회 조선지회를 창립했다.[91] 이러한 공개적 단체의 조직은 "일미 양국의 관계가 점점 긴장하여 가므로 태평양문제라면 일미양국의 문제인 것 같이 되었다"고 하여,[92] 이는 얼마 안 있어 태평양을 중심으로 몰아닥칠 지 모를 '미일전쟁'에 대비하자는 의도에서였다.

그러나 기독교세력의 국제적 활동은 1925년을 정점으로 이후 대폭 약화·위축되었다. 1925년 이후 국내 YMCA 농촌사업을 본격적으로 추진하게 되었다는 점, 그리고 이후 태평양문제연구회 대회의 참석범위가 '국가단위'로 제한되면서 국가 주권이 없는 한국인의 참석이 사실상 불가능해졌기 때문이다.[93]

---

89) "Speechs by Dr. Cynn", 1925.7(『人間 申興雨』, 364~369쪽); 宋鎭禹,「太平洋會議에서 申興雨 氏 演說」,『東亞日報』1925년 7월 31일자).

90) 신흥우를 비롯한 YMCA 임원들은 동양척식주식회사(東洋拓植株式會社)를 '백해무익'한 것이라고 비난했다(『朝鮮日報』1926년 2월 9일자).

91) 『東亞日報』·『朝鮮日報』1925년 11월 30일자.

92) 「太平洋關係의 諸問題를 硏究할 必要로 創立하엿다는 委員某氏의 談」,『朝鮮日報』1925년 11월 30일자.

93) 고정휴,「태평양문제연구회 조선지회와 조선사정연구회」, 317~318쪽.

1920년대 전반 기독교세력이 전개했던 국제적 활동은 자국의 힘과 역량을 확보하지 못한 상황에서 우리의 운명을 미국으로 상징되는 세계열강에 의존했다는 한계를 지적할 수 있을 것이다. 이런 의미에서 당시 미국에 한국의 독립을 호소하는 국제적 활동이 현실적으로 아무런 실효를 거둘 수 없는 것이었다. 그러나 미국은 당시 한국인들이 독립을 호소할 수 있는 유일한 '세계 강국'이었다. 미국은 유럽과 아시아에서 전제정치를 피하거나 자민족 독립운동의 조직을 위해, 그리고 생계를 위해, 19세기 말 이래 많은 이민들이 몰려든 나라였다.

　　그렇기 때문에 미국정부가 시종일관 한국문제를 백안시하고 무시했음에도 불구하고, 미국사회의 다원적 성격을 최대한 활용하여 한국인들은 개인적으로, 단체로서, 정치가·종교가·언론인들과 접촉하면서 한국의 독립에 대한 지원을 구할 수 있었고 실제로 많은 도움을 받았다. 이 때 기독교는 가장 강력한 매개체 역할을 담당했다.[94] 기독교세력은 이런 미국의 이중성을 누구보다도 정확하게 파악하고 있었다. 미국이 민주주의를 내세우면서도 국익을 위해 물불을 가리지 않는 '제국주의', '인종차별주의' 국가라는 점을 정확하게 인식한 이들은 세계기독교와 연결된 국내 기독교계를 십분 활용하여 독립기반의 모색을 위한 국제적 활동을 전개할 수 있었던 것이다.

　　요컨대 1920년대 전반 기독교세력의 국제 활동은 태평양을 중심으로 미국과 일본의 대립적 구도 속에서 형성되는 틈을 활용하여 국제무대에서 조선의 독립 가능성과 열강의 독립운동에 대한 지원획득을 모색했고, 다른 한편으로는 민족의 독립을 자력으로 쟁취할 수 있는 실력을 준비하는 실력양성운동이 전개되었던 것이다.

---

94) 李載甲, 「華府會議 背景과 그에 대한 覺醒」, 『靑年』, 1922년 4월호, 12~13쪽; 김권정, 「1920~30年代 申興雨의 基督敎 民族運動」, 150~152쪽.

2) 기독교세력의 민족실력양성운동 전개

3·1운동 이후 일제가 이른바 '문화정치'를 표방하면서 최소한의 언론·집회·결사·출판의 자유가 제한적으로 허용되었고, 이 때 간행된 여러 잡지와 신문에는 이른바 '개조론'과 함께 실력양성론이 강력하게 제기되었다. 일제가 허용한 합법적 공간을 적극 활용하며 일제와의 직접적인 충돌과 거리가 있는 사회경제적 측면에서 다양한 실력양성운동이 전개되기 시작했다.

일제가 이른바 '문화정치' 차원에서 한민족을 말살하고 일본의 하층민으로 포섭하기 위한 식민지 교육을 강화하고자 했다. 이에 민족의식과 독립정신을 심어주고 식민지적 상황을 각성시키려고 하는 민족주의세력은 일제의 식민지 교육에 저항하고 '조선인본위'운동을 전개하기 위해 '민립대학건립운동(民立大學建立運動)'을 전개했는데,[95] 이 운동에 기독교세력이 참여했다.

1922년 11월 발기인 47명이 모여 '조선민립대학기성준비회'를 개최하였고, 1923년 3월에는 민립대학기성회 총회가 개최되었다.[96] 이 과정에 기독교인들이 참여했는데, 강매·김완진·김일선·김정식·박승봉·박희도·유성준·이갑성·이상재·이승훈·장두현·조만식·허헌 등이 그들이었다. 이들은 대개 YMCA 임원 또는 회원을 활약하던 이들로 105인 사건이나 3·1운동 민족대표 등으로 민족운동에 참여한 사람들이었다. 창립총회에서 이상재가 중앙집행위원장에, 유성준이 상무위원으로 선출되었다.[97] 기성회 중앙부 집행위원으

---

95)「민립대학의 필요를 제창하노라 -富豪의 一考를 促함」,『東亞日報』1922년 2월 3일자; 이명화,「民立大學 設立運動의 배경과 성격」,『한국독립운동사연구』5, 한국독립운동사연구소, 1991.

96)『東亞日報』1922년 11월 30일자.

로 선출된 조만식 같은 경우에는 이갑성·강인택 등과 함께 평안남북
도 기성회 지방부를 조직하고 취지선전, 회원 및 회금 모집을 독려하
기 위해 평양에서 민립대학선전강연회를 개최했으며,[98] 이후 평안도
지방을 책임지고 순회하며 '민립대학기성회' 지방부의 설립을 위한
강연을 주도적으로 전개했다.[99] 이외에도 많은 기독교인들이 각 지역
을 순회하며 운동의 취지를 설명하고 회원과 기금을 모집하는 지방 책
임자와 연사로 활발하게 활동하였다.

　그러나 이 운동은 큰 홍수와 가뭄, 그리고 잇달은 흉작 등으로 모금
실적이 부진했고, 일제가 민족의식 및 민족적 각성을 고취한다고 판단하
고 대학설립에 대한 방해공작으로 인해 결국은 실패로 끝나고 말았다.

　민립대학설립운동과 함께 1920년대 전반 기독교세력이 적극 추진
한 운동은 물산장려운동이었다. 3·1운동 이후 일제의 식민통치방식
이 1910년대 '무단정치'에서 '문화정치'라는 다소 유연한 정책으로 전
환되어 식민지 조선인들의 숨통이 다소 트이게 되었고, 억압적 제국주
의의 식민지하에서 인도 독립운동을 이끌고 있던 간디의 경제독립을
지향하는 비폭력적 저항방식이 식민지 조선인들에게 하나의 새로운
운동방식으로 소개되기 시작했다.[100] 즉 기독교세력은 식민지 권력이
허용한 합법적 틀 안에서 장기적이고 지속적인 '점진적' 실력양성주
의을 모색하게 되었다. 이 과정에서 현실적이며 장기적인 민족운동의
방식으로 '민족경제자립'을 지향하는 물산장려운동이 추진되었다.

　1920년 7월 30일 평양 예수교서원에서는 50여명의 기독교인들이

---

97) 『東亞日報』 1924년 4월 4일자.
98) 『東亞日報』 1924년 4월 11일자.
99) 『東亞日報』 1924년 6월 8일자.
100) 이옥순, 『식민지 조선의 희망과 절망, 인도』, 푸른 역사, 2006, 91~111쪽.

모인 가운데 조선물산장려회 발기인회가 개최되었다.[101] 여기에는 임원으로 참여한 조만식을 비롯해 이덕환, 김동원, 김성업, 김형숙, 김형식, 오윤선 등 평양기독교계의 저명한 지도자들이 망라되었다. 이들은 "우리의 빈약한 원인이 무엇인가, 자작자급치 아니함이라"[102]하여, 물산장려운동의 목표를 '민족경제의 자립'에 두면서 평양 지역의 물산장려운동을 시작했다.

그러나 일제 당국과 일제 상인의 압력으로 결실을 보지 못하고,[103] 2년 뒤이어 1922년 6월에 평양 장대현교회에서 조선물산장려회가 발족하여 공식적으로 출발하게 되었다.[104] 회장으로 선출된 조만식은 "정치적으로 일본의 예속화를 면치 못하더라도 경제의 자급자족 길을 타개하는 것이 민족이 해결할 수 있는 유일의 길"[105] 이라고 하여, 물산장려운동이 경제분야에서의 민족운동 일환임을 선언했다. 이 운동은 우리 민족의 생산기관을 발전시켜 민족 산업을 일으키고 민족 실력을 양성하려는 민족의 경제적 민족운동이었다.

이처럼 평양 물산장려운동을 주도한 조만식을 비롯한 이들 평양의 기독교인들의 인식은 '자가반성(自家反省)' 차원에서 빈곤의 원인을 우리의 역사나 전통문화에서 찾기보다 구체적으로 '자작자급(自作自給)'이라는 경제적 원인에서 찾았고, 일제의 국가적 지원이나 보호가 불가능한 상태에서 우리 민족의 산업진흥을 위해 '물산장려운동'에 전념해야 한다는 자주적인 인식을 드러낸 것이었다.

---

101) 『東亞日報』 1920년 8월 6일자.

102) 「朝鮮物産奬勵會 趣旨書」, 『東亞日報』 1920년 8월 23일자.

103) 『東亞日報』 1920년 8월 23일자.

104) 『東亞日報』 1922년 6월 26일자.

105) 趙靈岩, 『古堂 趙晚植』, 政治新聞社, 1953, 22쪽.

특별히 조만식과 함께 물산장려운동을 주도한 중소상공입의 경영자 대부분이 평양기독교계 널리 알려진 기독교계 지도자들로 도산 안창호계열의 동우구락부 인사들이기도 했다.[106] 이같이 평양기독교인들과 산업 활동의 결합은 실용적인 기독교정신이 산업에 적용되어 기독교인들의 경제에 대한 적응을 쉽게 했고 기독교인들의 친화력과 단결력이 상권의 확장과 보호를 성공적으로 이루게 한 것이라고 볼 수 있을 것이다.[107]

평양에 이어 1923년에는 서울에 조선물산장려회가 조직되었으며, 그 자매단체로 '토산애용부인회'(土産愛用婦人會)가 조직되었다.[108] 이를 통해 조선물산장려운동은 민족운동의 일환으로 전국각지로 불길처럼 퍼져 나갔다. 토산애용·국산장려·소비절약·금주단연 등 각종 운동이 이런 연장선상에서 힘차게 전개되었다.[109] 그러나 얼마 못가 이에 위기의식을 느낀 일제의 방해공작과 사회주의자들의 비판, 그리고 악덕상인과 부도덕한 업자들의 농간으로 침체되고, 1930년대 초 잠시 다시 회복기미를 보이다가[110] 침체되고 말았다.

그러나 평양 YMCA를 중심으로 조만식이 이끌고 있던 평양의 물산장려운동은 일제의 방해공작과 사회주의자들의 비판에도 불구하고, 1930년대 말 일제의 탄압으로 조선물산장려회 간판이 내려지는 그 순간까지 거의 전 기간동안 큰 기복없이 지속적으로 민족경제자립의 대원칙 속에서 줄기차게 전개되었다.[111]

---

106) 장규식, 앞의 책, 140~141쪽.

107) 趙璣濬, 『韓國資本主義成立史論』, 大旺社, 1973, 510~511쪽.

108) 『東亞日報』1923년 1월 22일자, 2월 7일자.

109) 장규식, 앞의 책, 258~265쪽.

110) 방기중, 「1920·30년대 조선물산장려회 연구」, 『國史館論叢』 67, 1996, 130~140쪽.

한편, 1920년대 전반 대부분의 기독교인들 활동은 사회경제적 분야에 집중되었다. 반면에 초기 사회주의자들과 연계되어 사상운동을 전개하는 기독교인들도 있었다.112) 이들은 초기사회주의자들과 손을 잡고 사회주의사상을 비롯한 신사상을 민족해방운동의 이론으로 소개하고 전파하는 활동을 전개했다. 그러한 산물이 『新生活』 잡지였다.113)

신생활사는 1922년 1월 박희도·이승준의 발기로 "무산대중의 황량한 사장을 春日和暢의 花園으로 개조, 혁신할" 것을 표방하면서 창립되었다. 이사겸 사장에 박희도, 이사에는 강매·김명식·김원벽·이경호·이승준·민관식 등이 선출되었고, 기자에는 신일용·이성태·정백 등이 선임되었다.114) 이 조직은 크게 3·1운동에 참여했던 기독교 민족운동가들(박희도, 강매, 김원벽, 이승준)과 초기 사회주의자들(김명식, 신일용, 이성태, 정백)로 구성되어 있었다. 즉 『신생활』은 기독교세력과 초기 사회주의세력의 연합적 성격을 띠며 탄생된 잡지로,115) 조선 '최초의 사회주의재판'을 일으키는 '신생활필화사건'116)의 모체가 되기도 했다.

『신생활』과 관련하여 눈에 띄는 인물은 창립자이며 사장이었던 박희도이다.117) 그는 YMCA의 학생부 간사의 신분으로 3·1운동의 33

111) 『朝鮮日報』 1937년 3월 6일자.

112) 박정신, 「기독교와 한국역사」, 『근대한국과 기독교』, 민영사, 1997, 223~224쪽.

113) 『新生活』에 대해서는 Michael Robinson, "Sinsaenghwal and the Early Korean Marxism", Read at the Annul Meeting of the Association for Asian Studies, Washington D.C., 1984를 참고 할 것. 그러나 여기서는 기독교세력에 대해 어떤 설명도 찾아 볼 수 없다.

114) 『東亞日報』 1922년 1월 15일자.

115) 김권정, 「<新生活>에 대한 검토」, 『한국기독교역사연구소소식』 25, 1996년 10월 1일자.

116) 「朝鮮 初有의 社會主義裁判」, 『東亞日報』 1922년 12월 17일자.

인의 서명자 중의 한 사람이었으며, 3·1운동과 관련되어 투옥생활을 했던 인물이었다. 그는 잡지의 필진으로 적극적 활동을 한 것은 아니었지만 잡지를 만드는데 필요한 간행자금을 지원하고 『신생활』을 이끌고 나가는 데 결정적인 지도력을 발휘했다. 박희도와 함께 필진으로 참여하는 김원벽·강매 역시 3·1운동 당시 박희도와 함께 서울 지역의 만세운동을 주도했던 기독교인들이었다.[118] 따라서 『신생활』은 일부이기는 하지만 기독교인들이 이념적 차이를 초월하여 사회주의를 비롯한 새로운 사상을 소개하는 일에 적극적으로 활동하면서 초기 사회주의자들과 결합하고 있었다는데 그 의미가 있겠다.

또한 1923년 사회주의세력이 청년당대회를 통해 민족주의세력과의 분리를 선언하자, 기독교세력은 민족실력양성운동의 일환으로 농촌운동과 절제운동을 추진하기 시작했다. 이것은 기독교세력이 1923년을 기점으로 사회주의세력과 조직적, 이념적, 운동적 분리를 하고 있음을 보여준다. 사회주의세력이 1924년 4월에 "노동자·농민계급을 해방하여 완전한 신사회의 건설"을 표방하며 '조선노농총동맹'을 창립하고[119] 노동자·농민에 대한 세력확대에 나선 것에 대한 대응의 일환이었다.

1920년대 전반 기독교세력은 1923년 경부터 구체적으로 경제문제에 관심을 갖고 농촌사업을 준비하기 시작했는데, 그것은 1923년 청

---

117) 3·1운동 민족대표로 참여했던 박희도는 투옥되어 있다가 1921년 11월 4일 박동완·최성모·신석구·신홍식 등의 기독교인들과 함께 만기출옥했다(『基督申報』1921년 11월 9일자). 그는 출옥하자마자 활발히 활동을 재개하기 시작하여 기독교세력의 중심적 인물로 다시 떠오른다.

118) 金良善, 「三一運動과 基督敎界」, 『三·一運動 50周年紀念論集』, 東亞日報社, 1969, 242~246쪽.

119) 『東亞日報』1924년 4월 16일, 17일자.

년당대회 이후 사회주의세력이 공공연히 반종교을 선언하며 국내 민족운동의 주도권 확보를 위해 각지에 조직된 농민단체를 기초로 농민층을 끌어들이려는 위해 활동에 대한 대응의 일환이였기도 했다.[120] 당시 YMCA 총무인 신흥우는 1923년 겨울 서울 부근 농촌에서 약 3개월간 농촌에서 농민들과 먹고 자고 하면서 농촌사정을 구체적으로 조사하며 농촌사업의 필요성을 더욱 분명하게 인식하고 이를 준비하기 시작했다. 이를 통해 그는 "우리는 모든 국민들의 경제적 향상과 사회적 단결과 정신적 소생을 도모한다"라는 강령을 발표하기도 했다.[121]

이와 함께 1923년 5월부터는 금주·금연·공창폐지 등을 통한 소비절약과 도덕성 회복을 내용으로 하는 기독교계의 절제운동이 본격적으로 시작되었다. 이것은 1923년 5월 세계기독교여자절제회(世界基督教女子節制會)에서 파송된 틴링(C.I. Tinling)이 각지를 순회하며 강연한 것이 계기가 되었다.[122] 이어 1924년 8월에는 YWCA의 총무인 유각경이 회장에, 부회장은 김선, 총무에 손메례 등으로 하는 「조선여자기독교절제회」가 조직되었다.[123] 이후 절제운동은 한국기독교의 대표적인 사회운동, 의식운동으로 성장, 지속되었다.[124]

3) 기독교 청년운동과 여성운동의 흐름

3·1운동 이후 일제가 그 동안 식민지 한국인들에게 철저하게 금지시켰던 언론·집회·결사의 자유가 제한적 차원에서 허용되면서 국

---

120) 이런 문제의식에서 1923년 1월부터 YMCA 기관지인 『靑年』에 경제문제를 다룬 글이 게재되기 시작했는데, 그것은 李石泉의 「最近 基督教人의 經濟觀」이었다.

121) 전택부, 앞의 책, 334~336쪽.

122) 『基督申報』 1922년 2월 15일, 22일, 3월 1일자.

123) 「조선여자기독교절제회연합회」, 『基督申報』 1924년 9월 10일자.

124) 한국기독교역사연구소, 『한국기독교의 역사』Ⅱ, 232~235쪽.

내에서는 일제의 무단통치하에서 억눌렸던 한국민들의 정치의식들이 폭발하면서 수많은 단체가 '우후죽순(雨後竹筍)'으로 결성되었고, 그 가운데 청년단체의 결성과 청년운동이 가장 활발하게 전개되었다.[125]

이런 상황은 기독교계에서도 예외가 아니었다. 3·1운동 당시 가장 큰 피해를 당했던 기독교세력도 조직적 정비를 통해 그 활동이 시작되었는데,[126] 한말 이래 기독교 세력의 민족운동 '통로'가 되었던 기독교청년회(YMCA)를 비롯한 기독교 청년단체가 주도하는 기독교청년운동이 1920년대 전반 활발하게 펼쳐졌다.

당시 YMCA를 비롯한 기독교청년단체는 제도권 교회와 다른 집단적 성격이 있었다. 단체의 회원이 대개 20~30대 청년들로 구성되었기 때문에 이들은 사회문제에 대해 관심을 갖고 능동적으로 참여할 수 있었다. 기독교 사회단체였던 관계로 일반교회들이 부딪히는 종교적 문제들을 피할 수가 있었기 때문에 사회문제와 관련된 프로그램을 자유롭게 진행할 수 있었다. 특히 YMCA의 경우에는 국제 YMCA와의 유기적 관계를 맺고 국내의 '국제적 창구' 역할을 했는데, 특히 북미 YMCA 국제위원회와 창립초기부터 깊은 '유대 관계'를 형성하고, 줄곧 인적·재정적 지원과 국제무대에서 한국인의 목소리를 내는데 큰 지원을 받고 있었다.[127]

---

125) 이균영, 「1920년대 각종 사회단체의 형성과 민족운동」, 『일제식민지시대의 민족운동』, 한길사, 1988, 89~97쪽.

126) 3·1운동 이전까지 기독교세력의 조직적 토대는 기독교 학교들이었다. 3·1운동이후에는 폭발적으로 각 교단의 청년회, 즉 엡윗청년회(감리회)와 면려청년회(장로회) 등이 조직·확대되어 상대적으로 중요한 조직공간의 역할을 담당했다.

127) 노치준, 「일제하 한국 YMCA의 기독교 사회주의사상 연구」, 『일제하 한국기독교와 사회주의』, 한국기독교역사연구소, 1992, 67~71쪽; 김권정, 「1920~30년代 申興雨의 基督教 民族運動」, 144~145쪽.

이런 성격 때문에 YMCA를 비롯한 기독교청년단체는 일제 식민권력의 강압적 통제나 압제로부터 어느 정도 자유로운 상대적 자율성을 형성할 수 있었다. 이에 기독교 청년단체는 종교조직인 "교회"를 활용하기보다 별도의 또 다른 단체를 결성하거나 '인적 관계'를 활용하여 민족운동단체에 참여하는 '전술'을 채택하고 있던 기독교세력에게 아주 적합한 활동공간이 되었던 것이다.

1920년대 가장 활발한 활동을 전개한 기독교 청년단체는 YMCA였다. 1920년 2월에 신흥우가 윤치호를 뒤이어 YMCA의 총무에 선출되면서 YMCA운동이 활성화되기 시작했다.[128] 그와 함께 소년부·학생부 간사로 홍병선,이대위가 각각 임명되었다.[129] 이들은 신흥우와 함께 이후 YMCA의 막강 진용을 이루며, YMCA운동을 끌고 가는 핵심적 역할을 담당했다. 1920년대 전반 YMCA가 중요하게 추진했던 사업은 지방청년회 조직과 학생운동의 확장이었다. YMCA의 지방청년회 가운데 가장 먼저 조직된 것이 1918년에 조직된 함흥YMCA였는데, 3·1운동 이후 선천·평양·대구 교남·광주·원산·전주·재일본 동경 YMCA 등 지방YMCA가 조직되었다.[130] 이들 지방청년회는 YMCA운동의 확장과 발전을 가져왔을 뿐만 아니라 사회주의 청년회에 밀리던 기독교청년세력의 활동공간을 제공하였고, 나아가 그 지역 사회의 사회운동과 민족운동을 주도하는 센타의 역할을 담당했다.

특히 1921년 3월에 창립된 평양YMCA는 "전세계 인류의 자유와 행복을 위하야, 인도정의의 기치를 높이 들고, 지상천국을 바라본다"라는 취지를 내세우며 탄생했는데, 여기에는 조만식을 비롯하여 김득수·

128) 『尹致昊日記』8, 1920년 2월 9일.(國史編纂委員會, 1987)
129) 「會況」, 『青年』, 1921년 3월호, 38쪽.
130) 전택부, 『한국 기독교청년회 운동사』, 276~277쪽.

김동원·오윤선 등 평양기독교계의 대표적인 지도자들이 망라되어 참여했다.131) 평양지역이 다른 어떤 지역보다 기독교회의 교세가 월등하게 성장했음에도 불구하고 이제까지 기독교 사회기관이 존재하지 못했던 상황에서 평양 YMCA는 평양지역을 비롯한 서북지역의 기독교계 및 민족운동을 이끌어 가는 대표적인 거점이 되었다.

이와 함께 학생YMCA도 대폭 확장되었다. 1921년 말, 현재 전국 12개 학교에 학생YMCA가 조직되었고, 1925년 말에는 18개로 늘어났다. 광성고보, 오산고보, 신흥중학, 마산 호신중, 목포 영흥중, 경성의전, 배재고보, 숭실전문, 감리교신학, 연희전문, 광주 숭일중, 대구 계성중, 선천 신성중, 평양 숭일중, 대구 교남중, 평양 숭인중 등의 학생YMCA는 기독교 학생들의 계몽과 사회봉사를 주도하고 각 지방YMCA와 연대하여 기독교정신에 입각한 운동들에 적극 동참했다.132) 이들 학생 YMCA 출신들 가운데는 이후 YMCA운동에 본격적으로 뛰어들거나 기독교운동과 민족운동을 주도하는 지도적 인물들로 성장했다.

또한 1920년대 전반 '조선여자기독교청년회'(YWCA)가 창립되었다. YWCA는 기독교적 여성교육과 여성운동의 실천이 필요하다는 문제인식에서 출현했다. YWCA의 창립은 1922년 중국 북경에서 열린 세계기독교 학생청년회 총회에 김활란과 김필례가 다녀온 것이 결정적인 계기가 되었다.133) 대회에 참석했던 두 사람은 세계기독교청년들의 사명을 확인하고 YWCA의 결성이 무엇보다 중요함을 다시 한번 깨닫게 되었다.134) 이 대회에 참석했던 일본 YWCA 총무가 한국의 기

---

131) 「平壤基督敎靑年會의 設立」, 『靑年』, 1921년 4월호, 36쪽.

132) 전택부, 위의 책, 279~280쪽 표 참조.

133) 『基督申報』 1922년 4월 12일자.

134) 김활란, 『그 빛 속의 작은 생명』, 여원사, 1965, 98~101쪽.

독교 여성지도자들를 만난 뒤에 독자적인 조선여자기독교청년회의 설립에 적극 찬성한다는 확답을 해주었기 때문이다.[135)]

그리하여 기독교여성지도자들의 YWCA의 창립작업은 이들의 귀국과 함께 곧바로 시작되었다. 이들은 1922년 4월부터 하령회와 토론회를 시작으로 준비작업에 들어갔다. 드디어 이듬해 8월에는 30여개의 기독교여성청년회가 참여한 YWCA가 결성되었다.[136)] YMCA와 함께 또 하나의 전국적인 기독교 사회단체가 출현함으로써 기독교세력의 활동 폭도 그만큼 넓어지게 되었다. YWCA는 문맹퇴치를 통한 여성의식개혁운동, 여성권위회복운동, 여성생활개선운동을 전개하는 주도적 기관이 되었다.[137)] 이후 YWCA는 1920년대 사회주의여성들과 협동하여 근우회를 탄생시키는 민족주의 여성세력의 유력한 토대가 되었다.

1920년대 전반 YMCA와 YWCA의 주요 활동은 『청년』지 발간을 통한 기독교 정신에 기초한 사상, 문예, 학술지식의 보급활동과 일요강화 · 성경반 · 전도강연 · 특별기도 · 특별집회 등의 개최를 통해 종교문제에 국한하지 않고 일반 사상 문제를 광범위하게 다루는 것이었다.[138)] 특별히 여름에는 하령회를 개최하여 전국의 수많은 기독청년들을 집중적으로 교육하고 각성시키는 과정에서 당시 기독청년으로 사회에 대한 책임의식과 민족의식을 고취하는 활동을 펼쳤기 때문에 항상 성황리에 개최되는 진기록을 남겼다. 이외에도 체육사업으로

---

135) 김필례, 「하령회의 유래」, 『YWCA월간』, 1956년 7월호, 14~18쪽.

136) 『基督申報』 1923년 9월 10일자.

137) 천화숙, 『한국 여성기독교사회운동사』, 혜안, 2000, 166~188쪽; 윤정란, 『한국 기독교 여성운동의 역사』, 국학자료원, 2003, 90~97쪽.

138) 전택부, 위의 책, 299~307쪽.

실내운동, 야외운동, 체조, 농구, 유도 등의 프로그램을 운영하고 각종 대회를 유치·개최함으로서 한국근대 체육활동에 또한 선구자적 역할을 담당하기도 했다.[139]

이외에도 1920년대 전반 각 교단 청년회로 엡윗청년회와 면려청년회가 활동을 전개했다. 한국기독교 청년단체 중에 가장 먼저 창립된 감리교의 엡윗청년회(1897년)는 교육분야에서 두드러진 활동을 보였다. 부인들과 문맹 아동에 대한 교육과 토론회·강연회를 통한 의식계발 및 금주운동, 절제운동이 강조되었다.[140] 예를 들어, 인천 내리엡윗청년회의 경우를 보면, 1920년부터 1926년 사이에 16회의 강연회와 13회의 토론회를 개최했는데, 그 내용은 청년의 사명, 여성 문제, 위생 문제, 자녀 문제 등으로 "엡윗청년회가 청년의 사명감을 각성시키고 사회를 계몽하고 교화시키며 인천 지역 사회의 청년운동과 민중계몽사업에 앞장서고, 주도적 역할을 담당하는 것이었다. 또 인천여자야학과 청년야학도 설립하기도 하였다.

또 1920년대 전반 당시 한국교회 최대 교세를 가진 장로교회의 교단 청년단체인 면려청년회가 설립되어 활동하기 시작했다는 점이다.[141] 청년운동이 타 지역에 비해 활발했던 경북지역 내 안동에서는 각종 청년회가 조직되었는데, 1920년 4월 안동교회에서 안동기독교청년회로 설립된 것이 한국장로교 면려청년회의 첫 출발이었다. 안동

---

139) 김장환, 「YMCA 사회체육활동에 관한 연구」, 『한국체육학회지』, 1989; 김재우, 「일제하 지방 YMCA의 체육활동에 관한 고찰」, 『한국체육학회지』, 2002.

140) 조이제, 『한국 감리교청년회 100년사』, 감리교청년회100주년 기념사업위원회, 1997, 124~127쪽.

141) 3·1운동 이전에도 면려회가 있었으나, 이것은 각 교회 자체의 활동이었던 것에 반해 장로교회 전체의 통일적인 조직체로 성립된 것은 안동교회 면려회가 첫 출발이었다.

을 중심으로 선교활동을 하던 안대선(安大善, W.J. Anderson) 선교사는 안동교회에 국제적으로 조직되어 있던 면려회를 장로교 청년단체로 처음 조직하게 되었다.[142] 이후 장로교 청년단체로 면려회는 전국에 걸쳐 조직화 되어 있던 장로교회를 중심으로 조직되기 시작했다. 이것은 1920년대 전반 이후 기독교 청년운동이 더욱 크게 활성화되는 데에 기여했다는 점에서 그 의의가 있다고 볼 수 있을 것이다.

1920년대 전반 면려청년회의 주된 활동은 주로 교양 함양을 위한 토론회, 강연회, 강습회, 노동야학, 부인야학 등과 신앙생활을 위한 기도회, 전도회, 면려예배의 상시화 등이었다. 예컨대, 안동교회의 면려회를 살펴보면, 신앙생활을 위한 훈련, 회원들 간의 친교, 교양 함양과 절제운동 등이 주요활동이었다. 면려회가 다른 기독교 청년단체가 차이가 있었던 것토론·연설·운동·음악 같은 서도 다른 청년회와 같이 할 수 있으나 우선 성경을 연구하고, 불완전한 청년을 훈련시키고, 목사를 도와 교회에 유익이 되어야 한다는 점이었다.[143] 즉 면려청년회의 방침은 교양보급·인격향상·계몽운동 차원의 활동보다도 먼저 확고한 신앙을 우위에 두는 것으로 세계적으로 진행되던 면려운동의 연장선상에서 이루어진 것이었다.

이처럼 1920년대 전반 장로교의 면려청년회와 감리교의 엡윗청년회는 단체적 활동을 진행해 가는 동안 전조선을 아우르는 연합조직을 이루기 위해 노력했다. 엡윗청년회는 1921년 4월 예수교청년연합회가 조직되어 찬성 회원을 모집하고 조직의 확장을 도모하고 순회강연단을 조직하여 각 지방을 돌며 청년들의 의식을 깨우쳤다. 1924년에

---

142) 김남식,『한국기독교면려운동사』, 성광문화사, 1979, 118~123쪽.

143) 김 덕, 「1920~30년대 기독청년면려회 연구」,『한국기독교와 역사』18, 한국기독교역사연구소, 2003, 210~213쪽.

는 남감리회 엡윗청년회연합회가, 1928년에 미감리회(북감리회) 엡윗청년회 전국연합회가 각각 조직되어 활동했다.[144] 반면에 면려회는 1921년 6월 경북지방면려청년연합회가 조직된 이래 지역단위의 면려회 조직이 확산되더니, 1924년 12월 기독청년면려회 조선연합회의 결성으로 이어지면서 명실상부한 전국적인 기독청년단체로 자리를 잡아갔다.[145]

이처럼 1920년대 전반에는 한말이래 기독교 민족운동의 통로가 되었던 YMCA의 조직이 정비·확장되었고, 기독교여성들의 계몽과 기독교 여성세력의 결집의 일환에서 YWCA가 창립되었으며, 교단 기독청년회로 감리교의 엡윗청년회의 활동이 두드러지게 나타났다. 특히 당시 가장 큰 교세를 갖추고 있는 장로교에 기독청년단체로 면려청년회가 결성됨으로써 이 시기 기독교 청년층의 활동공간의 확대와 기독교 청년단체의 활동이 더욱 활성화되는 큰 계기가 마련되었다. 이것은 1920년대 전반 기독교세력이 3·1운동으로 상실된 민족운동의 역량을 재건하고 정치사회세력으로 나설 수 있는 토대를 쌓는 조직적 힘으로 작용했다.

---

144) 조이제, 위의 책, 112~117쪽.
145) 기독청년면려회의 1920년대 중반 이후 활동에 대해서는 김 덕, 위의 글, 219~238쪽을 참조할 것.

제3장 기독교세력의 민족문제 인식 전환과 민족운동

1. 1920년대 후반 기독교 민족운동의 배경

1) 사회주의세력의 반기독교운동 전개

1923년 청년당대회에서 시작된 반종교운동은 1925년이 되면서 새로운 국면으로 접어들게 되었다.[1] 이것은 1925년 조선공산당과 고려공산청년회가 결성되면서 반기독교운동이 본격적으로 전개되었기 때문이다. 그렇다면, 당시 사회주의세력의 반기독교운동 논리는 무엇이었을까?

첫째, 사회주의자들은 기독교와 외국선교사를 "제국주의 침략"과 관련시켜 공격했다. 당시 기독교계가 기독교의 공헌으로 자부하던 '의료선교'와 '교육선교'에 대해, 그것은 '자본주의' '제국주의'의 침략을 합법화시키는 수단에 불과한 것이라고 비판했다. 사회주의자들은 제국주의국가인 미국이 침략의 발판으로서 '기독교'를 이용하고 있다는

---

1) 당시 화요파의 이론가인 배성룡은 1925년을 반기독교운동의 '新紀元'으로 논평했다. 裵成龍, 「朝鮮社會主義運動의 槪觀」, 『東亞日報』 1926년 1월 7일자. 반기독교운동의 배경과 1925년 이전의 반종교운동에 대해서는 나의 글, 「일제하 사회주의자들의 반기독교운동에 관한 연구」, 『숭실사학』 10, 1997을 참조할 것.

인식에서 비롯되었다.[2] 즉 사회주의자들은 미국인 선교사의 선교행위를 미국 자본가의 조선에 대한 '침투로 확보'로 규정했다. 그리고 학교와 병원 등의 설립이 모두 여기에서 비롯되고 있다고 보았다.

둘째, 사회주의세력은 '인간해방'을 위하여 자본주의를 옹호하는 '마취제'로서의 종교, 특히 기독교에 대한 배척운동을 주장했다.[3] 그들은 자본주의하에서의 종교는 민중의 억압구조를 더욱 가중시키는 수단이 되기 때문에, 종교와 인간해방은 결코 양립될 수 없다고 인식했다.[4] 또한 종교는 과학이 발달하면 모든 사람이 종교에 대해 정당한 지식을 갖게 되어 필연적으로 소멸될 것이라는 '종교사멸론'을 주장하는 등[5], 사회주의자들은 '인간해방'과 관련시켜 반기독교운동의 필요성을 역설했다.

셋째, 사회주의자들은 기독교가 민중을 열악한 현실로부터 분리시켜서 '비정치화', '몰 역사화'시킴으로 민중의 현실 변혁적 잠재력을 말살시키고 있다고 비난했다. 그들은 기독교가 민중에게 '보수주의'와 '개인주의'를 전파하여 현실을 등한시하게 만들어버렸다고 비판했다.[6] 이것은 기독교회와 기독교인의 사회현실에 대해 무관심을 촉진하는 결정적 계기가 되었다고 보았다.[7] 따라서 사회주의자들은 기독교가 민중들을 현실과 분리하게 함으로써 대중운동에 방해가 되고 있다고 비판했다.

---

2) 朴憲永, 「歷史上으로 본 基督敎의 內面」, 『開闢』63, 1925년 11월호, 64~70쪽.

3) 『東亞日報』1925년 5월 19일자, 1926년 8월 6일자.

4) 裵成龍, 「反宗敎運動의 意義」, 『開闢』63, 1925년 11월호, 57~61쪽.

5) 李廷允, 「反宗敎運動에 대한 觀察」, 『開闢』63, 1925년 11월호, 75~81쪽.

6) 堅志洞人, 「예루살렘의 朝鮮을 바라보면서」, 『開闢』, 1925년 7월호, 58쪽.

7) 韓偉健, 「等閑視할 수가 없다」, 『開闢』, 1925년 11월호, 73~74쪽; 『朝鮮日報』 1925년 12월 25일자, 1926년 1월 7일자.

이상과 같은 기독교에 대한 비판은 기독교의 신자구성에 대한 계급적 인식을 기초로 하고 있었다. 사회주의자들은 조선의 기독교인들이 계급적으로 볼 때, '중산계급'에 위치하고 있다고 파악했다.[8] 그러므로 사회주의자들은 기독교가 제국주의와의 투쟁을 회피하고, 현실 변혁적인 운동을 반대하며, 자본주의 사회를 지지하는 주요한 토대가 된다고 인식했다.

요컨대 이 시기 사회주의자들의 반기독교운동론은 '반제국주의'·'반자본주의'라는 차원에서 기독교의 '사회적 기능' 측면에 집중되었다. 여기에는 사회주의혁명 이후 종교가 자연히 소멸될 것이라는 '종교사멸론'이 내재되어 있었다.

당시 반기독교운동을 주도한 세력은 서울청년회와 대립상태에 있던 화요회였다.[9] 이들은 1925년 전조선민중운동자대회를 주도적으로 개최했다. 이 대회에서는 반종교운동의 대상으로 기독교가 구체적으로 채택되었다.[10] 이들은 "신앙의 미신성을 기초로 하여 자본주의제도에서 민중의 계급적 해방을 방해하고 있으며 '제국주의 침략의 除隊'로써 기능하고 있다"고 주장하여 반기독교운동을 '반제국주의''반자본주의' 차원에서 제기했다. 또 반기독교운동의 구체적 방법으로는 "종교가 아편임을 선전하고, 기독교의 정체를 철저히 폭로하며, 종교교육을 반대한다"라는 지침이 채택되었다.[11] 이것은 이 시기의 반기

---

8) 「一大轉換期에 선 宗教界의 昔今」, 『開闢』 57, 1925년 3월호, 47~49쪽.

9) 1925년 4월에는 화요회, 북풍회, 조선노동당 및 무산자동맹회 등의 4단체가 공산당 결성을 위한 조직 정비의 목표 아래 '4단체 합동위'를 구성함으로써 '화요파'가 조직되었다. 이렇게 조직된 화요파의 핵심단체는 화요회였다(金昌順·金俊燁, 『韓國共産主義運動史』 2, 청계연구소, 1986, 441쪽).

10) 김권정, 위의 글, 207~208쪽.

11) 京高秘 第1692號, 「全朝鮮民衆運動者大會集會禁止關件」, 『情報綴』 第1冊 別紙

독교운동이 '선전'을 통한 '사상투쟁' 뿐만 아니라 '기독교 정체를 철저히 폭로한다'는 '대중투쟁' 차원으로까지 전개되었음을 보여준다.

반기독교운동은 화요회 사회주의자들의 주도로 창립된 조공과 공청의 지도를 받는 사회주의 청년단체에 의해 전개되었다. 이 때 반기독교운동을 전개했던 청년단체는 신흥청년동맹12)과 한양청년연맹13)이 대표적이었다. 신흥청년동맹은 1924년부터 이미 종교문제에 대해 토의하였고14), 이어 1925년 5월 정기총회에서는 "종교는 대중의 마취제이므로 이를 철저히 배척하되 제일착으로 기독교를 적극적으로 반대하자"15)고 결의하는 등 사회주의 청년단체로는 처음으로 반기독교운동을 공식적으로 제기했다. 또한 1925년 중반 한양청년연맹은 화요회계열의 신흥청년연맹과 북풍회계열의 경성청년회를 연맹회원으로 받아들인 이후,16) 조선공산당과 고려공산청년회의 '청년합법단체'로서 핵심적 역할을 수행했다. 그리하여 1920년대 중반 반기독교운동은 한양청년연맹이 중심이 되어 중앙지역에서 본격적으로 전개되기 시작했다.

1925년 10월 21일 서울에서는 약 3천여 명의 기독교인들이 모여 제2회 조선주일학교대회를 열 예정이었다17). 이에 맞서 한양청년연맹은 10월 25일과 26일 양일간 서울에서 '기독교는 미신이다' '양면양이의

第2號, 1925년 4월 21일(金昌順・金俊燁, 앞의 책, 282~283쪽에서 재인용).

12) 이 단체에 대해서는 박철하, 「1920년대 전반기 사회주의 청년운동과 고려공산청년회」,『역사와 현실』 9, 역사비평사, 1993 참조.

13) 「사회운동단체의 현황-단체・강령・사업・인물」,『開闢』 67, 1926년 3월호, 51쪽.

14)『東亞日報』 1924년 9월 16일자.

15)『東亞日報』 1925년 5월 19일자.

16)『東亞日報』 1925년 8월 9일자.

17)『東亞日報』 1926년 10월 7일자.

기독교' '지배계급의 기독교' '기독교의 미망' '악마의 기독교' '현하 조선과 기독교의 독해' 등의 제목을 내걸고, 반기독교대회와 반기독교강연회를 전개하고자 했다[18].

그러나 한양청년연맹의 반기독교대회 및 강연회는 일본 경찰의 사전 금지로 개최되지 못했다. 이에 따라 사회주의자들은 기독교에 대한 공격의 강도를 더욱 높이기 시작했다. 조선주일학교대회 개최 목적을 "자아의식이 없는 어린아해를 마취하여 중독자가 되게 하기 위해 그 책임자인 교사를 모아 개최한"[19]것이라고 본 사회주의자들은 "어찌하여 경찰이 종교는 비상히 옹호하면서 그를 반대하는 회합은 금케 되었는가?"라고 하여, 기독교가 일제의 비호를 받고 있다고 공격했다. 이것은 전국적으로 사회주의적 색채를 띤 집회나 강연이 철저하게 금지 당하는 상황에서[20] 대규모 기독교집회의 개최가 가능한 것은 기독교세력이 일제와 모종의 협력관계에 있기 때문에 가능한 것 아닌가 하는 강한 의문에서 제기된 것이었다.[21]

이렇게 1920년대 사회주의자들의 반기독교운동은 1925년 말부터 1926년 초에 본격적으로 전개되어 그 절정을 이루었다. 예를 들어, 신흥청년동맹이 1925년 12월 25일 크리스마스를 기해 반기독교대회를 소집한 것을 비롯하여,[22] 한양청년연맹은 1926년 1월 임시대회에서

---

18) 『東亞日報』 1924년 10월 27일자.

19) 「主日學校大會」, 『開闢』 63, 1925년 11월호, 3쪽.

20) 金璟載, 「文化運動者의 擡頭」, 『開闢』 64, 1925년 12월호, 54~55쪽.

21) 그러나 그것은 일제가 기독교를 보호하려고 한 것이 아니었다. 일제의 종교집회 허용은 단순히 '신앙의 자유'에 따라 기독교의 종교행사를 허용한 것에 불과한 것이고 반기독교 강연 및 대회는 일제의 '치안유지' 차원에서 금지시킨 것에 지나지 않았던 것이다. 이는 종교집회를 허용하고 난 뒤에도 일제가 기독교의 상황을 계속 감시하며 경계하고 있다는 점에서도 더욱 분명히 드러났다.

22) 李 江, 「朝鮮青年運動의 史的 考察評論」, 『現代評論』, 1927년 11월호, 21쪽.

그 해 12월 25일을 '반기독데이'로 정했다.[23] 또 함경남도 북청청년연합회는 1926년 2월 "반종교운동을 하되 크리스마스를 기념으로 할 것"이라고 결정했다.[24] 그리하여 1925년 후반부터 1926년 초까지 전국에 걸쳐 사회주의 사상단체나 청년단체들은 강연회·연설회 등에서 기독교에 대한 비판을 주요한 주제로 삼고 있었다.[25]

기독교에 대한 비판이 전국적으로 확산되는 가운데 각 지역에서는 반기독교 강연과 연설회를 둘러싸고, 기독교를 비판하는 사회주의자들과 이에 대응하는 기독교인들 간의 충돌이 계속적으로 일어났다. 그 과정에서 사회주의자들은 '치안소란죄'로, 또는 기독교인들에게 고소를 당하여 일제 경찰에 체포·투옥되거나 재판을 받는 일들이 발생했다.[26] 이러한 양자간의 물리적인 충돌사건은 일반 사회에 비상한 관심을 불러 일으켰고, 전국적으로 반기독교운동이 고조되는 주요한 원인이 되었다.

그러나 반기독교운동은 1926년 중반 이후 민족주의 좌파와 사회주의자들의 민족협동전선론이 구체적으로 표면화되면서 가라앉기 시작했다. 그것은 사회주의세력이 민족주의세력의 중요 기반이 되는 기독교세력을 배척하면서 민족협동전선 논의에 나설 수는 없었기 때문이다. 민족협동전선논의는 1926년 초부터 2차 조공에 의해 추진되기 시작했으며, 여기에 기독교 민족주의자들이 참여하기 시작했다.[27]

---

23) 『東亞日報』 1926년 1월 5일자.

24) 『東亞日報』 1926년 2월 16일자.

25) 각 지역의 반기독교운동의 양상에 대해서는 이준식, 앞의 글, 30~31쪽의 「표1」·「표2」 참조.

26) 반기독교운동과 관련하여 각지에서 기독교인들과 반기독교운동자간에 물리적 충돌이 일어났다. 『時代日報』 1925년 11월 14일, 11월 30일, 12월 26일, 1926년 1월 5일, 5월 8일, 5월 16일자; 『東亞日報』 1926년 2월 16일, 3월 5일, 6월 4일자.

그렇다면, 화요회 사회주의자들이 반기독교운동을 전개한 근본적 배경은 무엇이었을까?

1925년 당시 화요회는 "맑스주의는 각 나라의 조건에 맞게 실행되어야 하며, 비타협적 민족주의자만이 '일시적' 협동이 가능하다"[28]라고 파악했다. 이들은 코민테른에서 제기하는 반제통일전선론을 수용하면서도 민족주의 좌파와의 협동에 대해서는 '일시적'이라는 단서를 달고 있을 정도로 매우 제한적인 입장을 갖고 있었다.[29] 즉 화요회계는 민족주의 좌파와의 협동을 '상설적'인 것으로 생각하지 않았고, 협동의 대상도 철저히 한정시키는 제한적인 통일전선론을 갖고 있었다. 이것은 종교 가운데 민족해방관념이 없다고 판단한 기독교만을 반종교운동의 대상으로 삼은 주된 이유가 되었던 것이다.[30]

1926년 여름에 이르러 민족협동전선론이 보다 본격화되기 시작했다. 1926년 7월에는 조선민흥회가 신간회와 유사한 민족협동전선의 한 형태로 결성되었다.[31] 이와 더불어 중국과 일본의 정세변화에 힘입어 1926년 11월 사회주의자들의 '정우회 선언'[32]이 나오게 되었다.

---

27) 梶村秀樹・姜德相 編, 『現代史資料』29(みすず書房, 1972), 42~43쪽.

28) 李在華・韓洪九, 「治安槪況(1925)」, 『韓國民族解放運動史資料叢書』2, 경원문화사, 1988, 287~288쪽.

29) 최규진, 「통일전선의 개념과 운용방식」, 『史學論叢』, 논총간행위원회, 1995, 794~797쪽.

30) 高等法院檢事局思想部, 「朝鮮共産黨事件重要書類證據物」, 『朝鮮思想運動調査資料』1, 1932, 34쪽. 화요회계가 중심이 된 조선공산당은 "조선 내에서 천도교와 대종교는 민족해방관념이 있으나 반면에 기독교와 불교는 단체로서 민족해방관념이 없으나 개인은 관념이 있는 자가 있다"고 하는 관점에서, '배척'과 '견인'의 이중적 방침을 기독교에 대해 적용하고 있었다.

31) 이균영, 『신간회연구』, 역사비평사, 1993, 73~94쪽.

32) 『朝鮮日報』 1926년 11월 17일자.

이런 상황에서 민족주의 좌파세력과 사회주의세력의 연합이 더욱 구체화되었고 결국 1927년 2월에 민족연합체인 新幹會가 출범하였던 것이다.[33]

이처럼 민족협동전선론이 구체화됨에 따라 1926년 중반 이후가 되면 사회주의자들의 반기독교운동은 공식적으로 철회가 된 것으로 보인다. 1926년 7월 함북청년총연맹은 사교의 박멸은 주장하면서도 "기독교・불교・천도교의 이해와 연결의 촉진"[34]을 주장했다. 1926년 말에는 경성청년연합회 역시 '종교단체'에 대한 협동전선의 건의문을 청총에 제출하기도 했다.[35] 이것은 반기독교운동의 주도단체인 한양청년연맹도 예외가 아니었다. 1926년 12월 "전 민족을 잘 포용할 새로운 방침을 수립하지 않으면 안 되겠으므로 민족운동과 제휴한다는 것을 전제로 방침안을 건의하기로 결의"[36]하는 등 민족문제에 대해 변화된 인식을 보였던 것이다.

그러므로 민족협동전선이란 민족적 대과제 앞에서, 그리고 비타협적 민족주의자들의 협동이 불가피한 상황에서, 또한 개별적이지만 상당수의 기독교 민족주의자가 이런 활동에 적극 참여하고 있는 상황에서 국내 사회주의자들은 더 이상 반기독교운동을 지속할 수 없게 된 것이다.[37]

---

33)『朝鮮日報』1927년 2월 16일자;『東亞日報』1927년 2월 17일자.

34)『東亞日報』1926년 7월 27일자.

35)『東亞日報』1926년 12월 19일자.

36)『東亞日報』1926년 12월 18일자.

37)『朝鮮之光』, 1927년 7월호에 실린 文袁泰의「宗教問題에 대한 批判」이란 글에서는 '宗教의 滅絶'을 위해 종교 자체와의 투쟁을 강력하게 주장하면서도 오히려 종교적 광신을 견고히 할 수 있다는 이유에서 신중하게 접근할 것을 주장했다. 이런 논조는 반종교적 논리를 고수하면서도 현실적으로 당시 종교에 대한 사회주의자들의 변화된 인식을 반영하는 것이었다.

2) 기독교세력의 반기독교운동 대응

1925년과 1926년 중반까지 격렬하게 발생하였던 사회주의세력의 반기독교운동은 기독교세력이 사회주의세력을 인식하는 데 결정적인 영향을 미치고 있었다. 1920년대 중반 반기독교운동에 대해 기독교회와 기독교인들은 다음과 같이 인식하고 있었다.

먼저 사회주의자들의 비판에 대해 철저하게 냉소적이고 비판적으로 인식하면서 사회주의자들의 공격을 오해에서 비롯되었다고 보고 이를 반박하는 입장이었다. 이 입장은 기독교 공동체의 지도자들과 보수적 평신도들의 상당수가 지니고 있었던 것으로 보인다.

이들은 반기독교운동이 왜 일어나야 했는지에 대해 의문을 제기하고,[38] 한결같이 반기독교운동이 기독교에 대한 무지에서 비롯되었다고 비판하였다. 이들은 사회주의자들이 기독교에 대한 비판을 하기 전에 먼저 기독교를 보다 철저하게 이해할 것을 주장하였다. 그리하여 이들은 "기독교의 眞髓도 모르고 교회가 조선의 대한 과거의 공헌도 몰라보고 함부로 날뛰는 무리의 말을 들을 가치가 있어야 귀를 기울이지오. …… 輕擧妄動을 自行取之하는 그들의 말은 들을 가치가 없지 않으오"[39]라는 말로 기독교를 반대하는 사회주의자들의 행동에 대해 '무절제한 행동'·'경거망동', 그리고 '몰상식한 행동' 등으로 일축하는 태도를 보이거나,[40] 기독교 반대에 동요하지 말고 이러한 운동 자체에 대해 대응할 필요조차 느끼지 못한다는 입장을 보이기도 하였으며,[41]

---

38) 安慶綠,「反基督敎運動에 關하여」,『開闢』1925년 11월호.

39) 墨峯,「反宗敎運動과 이에 對한 基督敎會의 態度를 回顧하는 나의 所見」,『靑年』, 1927년 1월호, 42쪽.

40) 申洪植,「反基督敎運動에 對한 感想」,『基督申報』1926년 3월 24일자.

41) 韓錫源,「反基督敎運動에 關하여」,『開闢』, 1925년 11월호, 72쪽.

사회주의자들이 기독교를 제대로 알지도 못한 채 반대와 파괴를 일삼고 있다고 비판하였다.[42]

다음으로 반기독교운동에 대해 부분적으로 그 타당성을 인정했던 입장이다. 이러한 입장을 가졌던 사람들은 주로 교회 내에서 활동하던 사람들이기보다는 교회 밖에서 활동하던 사람들로서, 이를테면 YMCA·YWCA 등과 같은 사회단체에서 사회운동이나 민족운동에 적극적으로 참여하고 있던 인물들이었다.[43]

그리하여 윤치호 같은 경우에 반기독교운동이 "기독교회의 폐해를 제거하고 기독교인들의 신앙을 올바로 가질 수 있도록 도울 것이라고"[44] 하여, 반기독교운동이 기독교에 어느 정도 긍정적 역할을 할 수 있다고 보았다. 또한 YMCA의 총무였던 신흥우는 반기독교운동의 실제적 원인으로 기독교계의 민중에 대한 경시를 지적하였는데, 기독교회가 "기독의 주의와 사상으로 인격의 가치를 삼지 않고 다수의 사람이 인격의 가치를 망각하고 재산으로, 혹은 권세로나 혹은 학식으로써 本位를 삼아서 인생관을 삼았고 이로 말미암아 기독교인의 논리상 평등이나 형제주의 수포가 되고 결국은 자본과 세력과 지식에 토대를 한 계급차별주의로 돌아가고 만다"[45]고 경고하여 기독교계의 반성을 촉구하였다.[46] 또한 사회주의자들이 비판하는 기독교는 '가짜기독교'를 비판하는 것으로 금일 기독교도로써 반성할 이유가 충분히 있으며,[47]

---

42) 社說, 「徹底하라」, 『神學世界』, 1925년 6월호, 2쪽.

43) 1920년대 중반 기독교 민족주의세력은 동우회와 흥업구락부로 나뉘어 활동하고 있었는데, 이들은 대체로 사회주의자들의 반기독교운동에 대해 부분적이지만 그 타당성을 인정하는 입장을 보이고 있었다.

44) 『尹致昊日記』, 1925년 10월 25일자.

45) 申興雨, 「反基督敎運動에 對하야(續)」, 『靑年』, 1925년 12월호, 3쪽.

46) 申興雨, 「反基督敎運動에 對하야」, 『靑年』, 1925년 11월호, 4쪽.

반기독교운동의 주원인이 기독교리에 있는 것이 아니라 부패한 교회와 기독교인들에게 있다고 보았다.[48] 따라서, 이들은 대체로 사회주의자들이 예수의 정신이나 사상 및 기독교리의 근본적인 부분이 잘못되었기 때문에 반대한 것이 아니라 이를 신앙으로 믿고 있던 기독교인들과 기독교회의 폐단때문에 기독교를 반대한다고 인식하고[49], 기독교의 폐단에 대한 비판은 이후 기독교계에 "긍정적 역할"[50]을 할 것이라고 기대하고 있었다.

이러한 사회주의자들의 반기독교운동의 여파는 YMCA에서 농촌사업을 추진하고 장로교·감리교에서 농촌운동을 착수하는 데에 큰 영향을 미치고 있었다.[51] 1927년 일제는 그 "보고서"에서 "사회주의자들의 일파가 치열하게 반종교의 열기를 일으켜 그 세력을 무시할 수 없게 되자 그에 대한 대책에 부심·연구한 결과 …… 농촌의 교화에 그 힘을 경주하였다"[52]고 판단하고 있을 정도였다.

기독교계의 조직적 차원에서 반기독교운동을 대응하였던 사례는 잘 보이지 않지만, 기독교계의 움직임들이 전혀 없었던 것은 아니었

---

47) 金允經,「反基督教運動을 보고서」,『眞生』, 1926년 6월호, 2~7쪽.

48) 金京河,「反基督教運動에 鑑하야 우리 教人의 自省을 促함」,『基督申報』1926년 1월 13일자.

49) 張聖山,「反基督教運動에 대하야(八)」,『基督申報』1928년 3월 14일자.

50) 墨峯, 앞의 글, 61쪽.

51) 기독교 농촌운동에 대해서는 다음과 같은 연구서들이 있다. 전택부,『한국기독교청년회운동사』, 정음사, 1978; 민경배,「기독교농촌사회운동」,『한국기독교사회운동사』, 대학기독교출판사, 1987; 신주현,「1920년대 한국 기독교인들의 민족운동에 관한 一考察」,『韓國基督教史研究』14, 1987; 한규무,「日帝下 韓國長老教會의 農村運動」,『吳世昌教授華甲紀念 韓國近現代史論叢』, 간행위원회, 1995; 장규식,「1920~30년대 YMCA농촌사업의 전개와 그 성격」,『한국기독교와 역사』4, 1995.

52) 朝鮮總督府警務局 保安課,『朝鮮の治安狀況』, 1927.

다. 먼저 1925년 12월28일부터 29일까지 서울에서 '조선 기독교계 대표자 협의회'가 열리게 되었는데,[53] 이 협의회는 한국인 30명, 선교사 30명 총 60명이 4개 분과로 나뉘어 있다. 4개 분과 중 제1분과에서는 주로 한국교회 청년들의 사상적 불안과 사회문제에 대해 논의하였다.[54] 여기서 참석자들은 좌익계열이 신문·잡지·소책자 등을 통해 종교를 노골적으로 공격하고 있으며, 이 공격은 경제적 곤란으로 가중되고 있다는 데 의견을 모으고 좌익계열의 반종교·반기독교적 공격에 맞서 한국교회는 교회 청년들로 하여금 불신자 학생과 청년들을 지도할 만한 능력을 길러주기 위해서 기독교 서적 및 해설책의 출판·보급해야 한다고 결의하기도 하였다.

다음으로 1926년 6월 미감리회 조선연회에서 배형식 목사는 '교회형편조사위원회'의 보고를 통하여, "朝鮮 現社會 風潮가 複雜하여 여러가지 주의를 宣傳하는 중 우리 基督敎會에 대한 社會 觀念이 異常하여 間接 直接間에 非難과 打擊을 受하는 此時에 우리는 그 태도를 敵對視로 간과치 말고 현 思潮를 敎會化로 引導할 방침을 각 교역자들은 硏究하여 明年 年會敎會形便調査委員會에 報告할 것"[55]을 요청하였다.

이들 대응모습에서 주목되는 것은 사회주의의 빠른 확산과 사회주의자들의 반기독교운동에 대해 교회 차원에서 이를 '적대적' 또는 '전투적'으로 인식하거나 이를 물리적인 방법을 통해 해결하고자 하였던 것이 아니라, 사상적 측면에서 이에 대한 대처방안을 연구하여 극복할 것을 제시하고 있다는 점이다. 또한 대처방안의 방향이 바로 '교회화'

---

53) 『朝鮮基督敎奉役者會議』, 1925년 12월 28일~29일, 조선호텔.

54) 전택부, 앞의 책, 344~348쪽.

55) 「예수美監理會 朝鮮年會錄」(19회), 1926, 51쪽.

또는 '기독교화'를 지향하고 있다는 점은 1920년대 중반 이후 기독교적 관점에서 사회주의와의 차별성을 부각시키며 기독교 자체의 운동 논리를 추구하는 경향과 연결되어 있었다.

이 시기에 기독교인들은 사회주의자들로부터 공격을 당하면서 이전의 다분히 '낭만적인 접근'에서 벗어나기 시작했다. 이제는 기독교 사회운동론이 거론되고 새로운 지향점들을 사회주의에서 찾는 것이 아니라 기독교 자체 내에서 찾는 쪽으로 그 방향을 선회한 것이다. 그리하여 이 시기 기독교인들은 이전의 사회주의와의 일치점 내지 유사성을 직접적으로 찾기보다는 기독교 사회운동의 방법론에 대한 논의들을 전개하여 기독교와 사회주의와의 차별성을 부각시키고 기독교 속에서 사회주의적 요소를 발견하고자 하는 인식이 나타났다.

사회주의자들이 전조선주일학교대회에 맞서 반기독교강연회와 반기독교대회를 개최하려고 하였다는 소식이 전해지자 기독교계 대표적 언론매체였던 『基督申報』에서는 "어찌하여 목적이 동일한 기독교를 반대하는가?"[56]라고 반문하는 기사를 실었다. 여기에는 기독교의 지향논리가 철저한 현실인식에 근거한 것으로 사회주의의 '共産'과는 그 지향점이 전혀 다르다는 사실과 기독교가 추구하는 방향과 공산주의가 추구하는 방향 사이에는 큰 유사점이 있지만, 그 주체와 방법에서는 큰 차이가 난다는 주장이 실려 있었다.[57] 즉 기독교는 인간 사회의 발전과 성장을 가로막거나 인간으로 하여금 자신들의 의지를 망각하게 하지 않으며, 오히려 인간의 성장 욕구와 발전 의지를 더욱 향상시키기 때문에 생활 측면에서 비기독교인들 보다 물질적 풍요를 누릴 수 있음이 강조되었다. 이것은 앞에서 보았듯이 "진정한 사회주의가

---

56) 社說, 『基督申報』 1925년 11월 11일자, 12월 9일자.

57) 社說, 「反基督敎運動을 보고」, 『基督申報』 1925년 11월 11일자.

있으면 비록 기독교인이 아니라도 나는 그를 기독인과 同一히 간주하겠다"고 천명하였던 『基督申報』의 논조가 매우 달라졌음을 알 수 있다. 이는 반기독교운동을 전개하는 사회주의자들에 대해 진정한 사회주의자로 보지 않겠다는 '강경한 선언'과도 같은 것이었다.

앞에서 살펴본 것처럼 사회주의자들의 반기독교운동에 대한 기독교 내의 상이한 입장은 이후 기독교계의 사상적 경향과 맞물려 있었다. 1920년대 중반 이후 기독교계에서는 기독교 사회운동의 방법론에 대한 논의가 활성화되고 있었는데, 여기에 반기독교운동에 대해 비판적이었던 기독교계 지도자나 보수적 평신도들도 보다는 반기독교운동에 대해 부분적으로 그 타당성을 인정하고 이를 수용하고자 했던 논자들이 중심적으로 참여하고 있었다. 따라서 사회주의자들의 반기독교운동은 전자인 기독교계의 지도자들 및 보수적 평신도들보다 후자인 평소 기독교에 대해 문제의식을 갖고 있던 기독교인들에게 자기반성과 각성58)을 하게 만들었으며, 식민지 민족현실을 인식케 하는 데 큰 자극과 충격을 주었던 것이다.

3) '예루살렘' 국제선교대회와 사회복음

1925년경 이후 기독교 사상계에는 새로운 사상적 요소들이 수용되고 있었다. 그것은 '기독교사회주의'와 '사회복음주의'였다. 이들 사조들은 당시 기독교운동의 새로운 방향과 방법론을 모색하고 있던 기독교인들에게 운동의 전환과 실천을 위한 계기를 제공해 주었다. 이에

---

58) 1925년 평양에서 개최된 하령회에서 "기독교는 얼마나 제국주의적인가? 기독교가 얼마나 동양의 가난한 나라들을 자본주의와 손잡고 착취하고 있는가? 왜 소위 기독교 국가라는 것이 그렇게 눈에 띄게 군국주의적인가?" 하는 비판적 반성이 기독학생들 사이에서 일어나기도 하였다 W. L. Nash, "Student Conference of the Korean YMCA National Council", *The Korea Mission Field* 1927.1, p.15.

각성된 폭넓은 지적 탐구들은 기독교인들의 문제의식을 심화시키고 성숙시키는 계기가 되었다.

그리하여 1920년대 중반부터는 일본의 대표적인 기독교사회주의자 하천풍언(賀川豊彦)의『愛와 勞動』[59]・『基督教社會主義論』[60] 등이 번역되어『基督申報』・『靑年』・『眞生』・『新生』 등의 기독교 언론매체에 게재되기 시작했다. 하천풍언의 기독교사회주의에 관한 글들은 당시의 기독교 사회운동 방법론을 논의되는 데 영향을 미쳤다.

그리하여 1930년대 초반 한 사회주의자가 농촌운동을 전개하던 기독교인들을 가리켜 "하천풍언을 따르는 '기독교사회주의자'"[61]라고 언급했을 정도로 하천풍언의 사상은 1920년대 중반이후 기독교인들의 사회참여와 관련하여 기독교 사상계에 큰 영향을 미쳤다.

또 강명석(姜明錫)・김강(金剛) 등을 중심으로「공상적 경제사상」[62],「기독교사상연구」[63] 등과 같은 사회경제적 '공산적 기독교'의 지향을 담은 글이 자주 게재되었다. 특별히 강명석의 경우 "상시몬은 민중의 절대적 평등대우는 배척하였으니 그것은 절대적 평등이 불평등한 현 경제사회보다 폐해가 더욱 있기 때문이었다"[64]고, 주장하여 공상적 사회주의자 상시몽을 통해 사회주의의 '절대평등'의 개념을 비판하기도 했다.

특히 이들 논자들은 기존의 종교를 극복할 수 있는 새로운 '신종교

---

59) 賀川豊彦,「愛와 勞動」,『靑年』, 1925년 4월호, 6~8쪽.

60) 賀川豊彦 저, 赤城學人 역,「기독교사회주의론(1~7)」,『基督申報』1927년 4월 20일~5월 4일자.

61) 金務新,「打倒基督教社會主義者」,『批判』21・22, 1933년 3월호, 34쪽.

62) 姜明錫,「經濟思想의 變遷과 今日의 朝鮮敎會」,『基督申報』1927년 9월 21일자.

63) 金剛,「기독교사회사상연구(6)」,『基督申報』1928년 2월 1일자.

64) 姜明錫,「空想的 經濟思想論」,『靑年』, 1927년 7・8・9월호 연재.

(新宗敎)'의 출현을 추구했다. 예를 들어 당시 역사적 상황을 사회적
· 종교적으로 '전환기인 위기'로 파악한 김강은 러시아의 반종교운동
에 대해서 "종교를 배척하는 것이 아니라 과거의 허위를 배척하고 있
다"고 전제하고 "舊社會에는 필연적으로 舊宗敎를 一掃함과 동시에
新社會를 유지할 만한 새로운 信力이 생길 것"이라고 전망하고, 앞으
로 "新信力의 合同이 스스로 민중적으로 化할 것이며 민중적 力은 필
경 진정한 正義人道의 權化로 변하여 一大의 新宗敎的 출현"이 기
대된다고 했다.[65] 그는 '新宗敎의 출현'과 함께 '時代와 合하는 新信
仰'[66]이 무엇보다 필요하다고 하여, 한국 기독교의 자기갱신과 개혁을
주장했다.

이같은 기독교의 사회참여에 관한 논의 속에서 '민중'의 개념도 등
장했다. 김창제는[67] '民衆의 宗敎'[68]라는 글을 통해 기독교를 '민중종
교'의 역사적 바탕 위에 다시 세워야 한다고 주장했다. 그는 기독교 역
사의 고찰을 통해 초대 기독교의 시작이 바로 '민중'을 중심으로 하여
비롯되었다고 파악하고, 기독교의 민중적인 전통을 오늘날 다시 복원
하는 것이 기독교가 지향해야 할 방향이며 현재의 내부적 문제점을 해
결할 수 있는 지름길임을 강조했다. 이러한 관점은 자본주의의 모순과
폐해에 대한 비판에서 나온 것이며,[69] 교회의 '물질주의화'와 '유산계
급화'에 대한 자가 반성적 고찰에서 나온 대안이었다.[70]

---

65) 金剛, 「轉換期를 압헤둔 敎會」, 『基督申報』 1927년 4월 27일자.

66) 金剛, 「轉換期를 압헤둔 敎會」, 『基督申報』 1927년 5월 4일자.

67) 김권정, 「金昶濟의 생애와 개혁사상」, 『한국기독교와 역사』 7, 한국기독교역사
연구소, 1997 참조.

68) 金昶濟, 「民衆의 宗敎」, 『靑年』, 1926년 2월호, 12~14쪽.

69) 金昶濟, 「信仰과 能力」, 『靑年』, 1926년 10월호, 18쪽.

70) 金昶濟, 「敎會의 反省을 求함」, 『靑年』, 1928년 5월호, 1~2쪽.

이렇게 기독교인들은 철저하게 기독교 자체 내에서 사회주의적 요소들을 발견하고자 했다. 이는 이전보다 사상적 깊이와 문제의식이 더욱 성숙되었음을 의미했다. 예컨대, 기독교인들은 예수를 사회개량가, 혁신가 또는 혁명가의 기분을 지닌 인물로서 유물론자의 사상과 행동을 가졌던 인물로 묘사하거나[71] 예수와 사회주의자의 유사성을 강조하여 기독교 속에서 사회주의가 발견될 수 있음을 강조했다.

그리고 기독교인들은 예수의 정신이 2000년전부터 공산적이었고[72] 이에 따라 사유재산권을 부정했다고 평가했다.[73] 사회주의의 근본 주장은 기독교 교리 중에 우주 만물이 개인의 사유물이 아니라 조물주인 "神의 供託物"이라고 하는 의도와 공명되는 것이 있다고 평가하기도 했다.[74] 나아가 어떤 필자는 "聖書中에 諸般 社會問題가 多數記載되어 있다"[75] 전제하고, 성경 속에서 보이는 사회주의적 경향들을 설명하여 오히려 기독교에 사회주의적 근거가 있음을 주장했다.[76]

한편, 1928년은 기독교 민족운동사에서 하나의 획기적인 분기점이 될 만한 해이다. 지금까지 농촌운동을 시작하지 않았던 장로교·감리교, 그리고 YWCA가 이 해부터 농촌운동을 시작했기 때문이다. 일제 하에서 가장 큰 현안이 농촌문제였다는 점을 감안해보면, 이제까지 농촌문제에 대해 일정한 거리를 두고 있던 제도권 교회가 비로소 농촌문제의 해결을 위해 뛰어든 것은 그 자체로서 의미가 있는 것이었다.

---

71) 李大偉, 「社會革命의 예수」, 『靑年』, 1928년 6월호, 7쪽.

72) 김종필, 「사회문제에 대한 예수의 견해」, 『신학세계』, 1927년 2월호, 62쪽.

73) 최계철, 「기독교와 사회주의(8)」, 『基督申報』 1928년 2월 1일자.

74) 일기자 역, 「유태고전에 출현한 사회사상」, 『基督申報』 1926년 7월 21일자.

75) 김응순, 「社會問題와 基督敎會」, 『靑年』, 1927년 3월호, 152~154쪽.

76) 노치준, 「일제하 한국YMCA의 기독교 사회주의사상 연구」, 『일제하 한국기독교와 사회주의』, 한국기독교역사연구소, 1993, 80~81쪽.

그렇다면, 장로교와 감리교는 어떤 배경에서 농촌운동에 참여하게 되었을까? 그것은 1928년에 개최된 '예루살렘 국제선교대회'(International Missionary Council, 이후 예루살렘대회)가 그 직접적인 원인이었다.[77] 이 대회는 한국기독교인들이 사회의식을 형성하고 이에 대해 직접적으로 실천할 수 있는 계기를 제공했다.

이 대회는 1928년 3월24일부터 4월8일까지 2주간 예루살렘에서 개최되었다. 총 50개국에서 231명의 대표가 참석한 이 대회에는 피선교지국에서도 대표들이 처음으로 참석했는데, 이들의 수가 기독교 선교국의 참가수와 비교해 적지 않은 것이 가장 큰 특징이었다.[78] 1921년 선교사들의 국제적 단체로 출발한 국제선교협의회(IMC)는 이 대회 이전까지만 해도 선교국 선교사들만이 참석하는 모임이었다. 그러다가 1928년 예루살렘대회부터는 피선교지국의 기독교대표들에게도 문호가 개방되었던 것이다.[79]

이는 피할 수 없는 역사적 현상이었다. 피선교국의 기독교가 기독교 선교국 만큼이나 성장한 것을 의미했기 때문이다. 또 기독교 선교국이 피선교 기독교를 현실적으로 무시할 수 없게 된 현실의 반영이기도 했다. 특히 예루살렘대회는 한국기독교계에 특별히 의미가 있었다. 이 대회에 참여할 수 있었던 것은 '연합운동'의 열매였기 때문이다. 1918년 결성된 '예수교장감연합협의회'가 1924년에 '조선예수교연합공의회'로 바뀌었는데,[80] 이 단체는 1925년 국제선교협의회(IMC) 회장 모트(J.R. Mott)의 내한을 계기로 개최한 1925년 '조선기독교봉역자의

---

77) 한국기독교역사연구소,『한국기독교의 역사』II, 1990, 217쪽.
78) 鄭仁果,「예루살렘代會에 參席하고(三)」,『基督申報』1928년 6월 20일자.
79) 정인과,「예루살렘國際宣敎會에 參席하고서」,『基督申報』1928년 6월 6일자.
80) 한국기독교역사연구소, 위의 책, 64~69쪽.

회'(朝鮮基督敎奉役者議會)에서 국제선교대회의 한국대표들을 선출
했다.[81] 여기서 예루살렘대회의 한국대표로 선출된 사람은 신흥우
(YMCA)·양주삼(감리교)·정인과(장로교)·김활란(YWCA)·노블
(감리교)·마펫(장로교)등 모두 6명이었다.[82]

한편 예루살렘대회는 "天地에 사랑과 平和의 世界를 建設하자는
理想과 예수의 犧牲的 奉仕主義를 模本한다는 基督敎國으로 基督
敎人으로 現代科學知識을 낫낫치 利用하야 서로 殺害하기를 宏壯
히 하였던"[83] 제1차세계대전의 뼈아픈 경험에서 비롯되었다. 이것은
세계 기독교인들에게 깊은 자성과 인식의 전환을 가져오는 출발점이
되었다. 이는 거듭되는 선교국과 피선교국간의 갈등, 기독교계 내부의
다툼과 분쟁, 형식에 치우친 교회의 제도와 보수적인 교리해석 등으로
는 시대가 요구하는 기독교의 역할을 제대로 할 수 없다는 철저한 자
기반성에 기초한 것이었다.

그런 의미에서 이 대회에서는 기독교의 사명, 타종교와의 대화, 선
교국과 기성교회와 피선교국간의 관계, 종교교육, 산업문제, 인종문
제, 농촌문제 등에 관한 폭넓은 안건이 논의되었다.[84] 예루살렘 대회
에서 논의된 안건들은 당시 세계기독교의 흐름이 어디로 향하고 있는
가를 한 눈에 보여주었다. 이 대회에 참석했던 한국대표들은 깊이 있
는 발표와 심도 있는 토론들 속에서 깊은 인상과 영향을 받았는데, 그

---

81) 『朝鮮基督敎奉役者會議』, 1925년 12월 28일~29일; 「국제선교연맹참가준비회」,
　　『基督申報』 1926년 1월 6일자. 서울 조선호텔에서 열린 이 모임은 선교사와 한
　　국교회 지도자 대표가 각각 31명식 동수(同數)로 모여 기독교계의 여러 문제들
　　을 논의했다는 점에서 의미가 있다.
82) 「國際宣敎聯盟會에 參席할 朝鮮代表들의 출발」, 『基督申報』 1928년 2월 8일자.
83) 金活蘭, 「예루살렘代會와 今後 基督敎」, 『靑年』, 1928년 11월호.
84) 梁柱三, 「예루살렘會議의 特色」, 『基督申報』 1928년 7월 11일자.

중에 한국대표들의 가장 큰 눈길을 끈 것은 역시 농촌문제였다.[85] 특히 이 대회에서는 미국의 사회학자인 브루너(E. S. Brunner)가 한국 농촌의 경제·사회·종교적 상황을 조사하여 작성한 Rural Korea[86]가 회의보고서로 채택되어 아시아·아프리카의 농촌선교에 대한 토론의 주 대상이 되었던 것이다.

한국대표들의 충격은 이루 말할 수 없는 것이었다. 따라서 여기에 참여한 사람들은 당시 대표적인 한국교회의 지도자들로, 이들은 이 대회를 통해 세계 기독교 역사의 큰 흐름이 어느 방향으로 향하고 있는가를 확인하고, 한국에서 전개할 농촌운동의 방향까지 암시를 받을 수 있었다.

예루살렘 대회의 주제와 방향을 가장 잘 정리한 사람은 한국대표로 예루살렘대회를 직접 참석했던 김활란이었다.[87] 그는 이 대회를 주제를 다음과 같이 정리했다.

먼저 토착화문제였다. 기독교적 진리가 영원한 것이나 시대와 인종과 개인의 사회배경과 정신상 관습에 따라 변하지 않을 수 없고, 피선교국의 신앙노선이 기독교 선교국의 신앙노선과 차이가 난다고 해서 이를 억압하거나 통제할 수 없다는 것이다. 즉 복음의 진리는 사회 문화적 배경에 따라 독자적으로 이해되어야 한다는 토착화의 정당성이었다.

다음으로 기독교 선교국과 피선교국간의 관계문제이다. 피선교국에 재정적으로 후원한다는 이유로 기독교 선교국에서 이를 장악하거나 통제할 수 없는데, 그것은 기독교 선교국이나 피선교국이 모두 천

---

85) 정인과, 「예루살렘대회에 참석하고(三)」, 『基督申報』 1928년 6월 20일자.

86) 한국기독교역사연구소에서 영인한 *The Christian Mission in Relation to Rural Problems*의 100~208쪽에 실려 있다.

87) 金活蘭, 「예루살넴代會와 今後 基督教」, 『靑年』, 1928년 11월호.

국을 지상에 건설하는 사업에 협력하는 '동업자'이기 때문이다. 이제 선교국과 피선교국은 주종관계가 아니라 동등한 입장의 동역자 관계임을 확인했다.

끝으로는 기독교의 실제화와 사회화의 문제였다. 기독교가 "개인구원을 위한 복음뿐이 아니라 일반사회를 구원하는 복음"임에도 불구하고 기독교가 이기적 개인윤리와 개인적 구령운동에 치우치고 있는데, 이것의 가장 큰 이유는 기독교의 실제화와 사회화가 이루어지지 않았기 때문이다. 즉 기독교의 실제화와 사회화야말로 '사회구원'을 이루는 첩경이 된다는 사실을 강조했다.

이렇게 김활란은 한국기독교회가 "장차 세계적 사회문제까지 불간섭주의를 가지고 방관할 것이 아니라 맹렬하게 나서서 권장할 것은 권장하고 반항할 것은 반항할 것이니 즉 기독교를 개인에 있어서 단체에 있어서 사회화와 실제화한다는 것이다"라고 하여, 한국기독교회가 나아갈 방향이 기독교의 '실제화'와 '사회화'에 있음을 지적했다. 즉 김활란은 세계기독교의 사조인 '사회복음주의'를 적극 수용하고 한국기독교의 나아갈 방향을 제시하였던 것이다.

이처럼 1928년 예루살렘대회는 기독교계의 사회문제에 대한 시각과 인식을 전환하는 결정적인 계기가 되었다. 이들은 기독교의 실제화라는 차원에서 농촌과 농민의 중요성을 더욱 자각하고 국내에 돌아와 언론에 예루살렘대회에 대한 소감을 발표하기에 이르렀다. 또한 이것이 자극이 되어 양주삼·김활란 등은 당시 농촌사업에 성공을 거두고 있던 정말(丁抹, 덴마크)을 방문했다. 이 방문은 농촌운동을 전개할 수 있는 구체적인 사업계획을 배울 수 있고 이후의 농촌운동에 대한 방향을 설정할 수 있는 계기가 되었다.[88]

이와 같이 1928년 예루살렘대회는 한국기독교가 나아가야 할 방향이 기독교의 실제화와 사회화에 있음을 확인시켜준 자리였다. 그것은 3·1운동이후 한국기독교계에서 끊임없이 제기되던 사회참여문제를 정리하는 계기가 되었으며, 기독교계가 이를 실제적인 실천운동으로 전개해 나갈 수 있도록 하는 하나의 대외적 추동력이 되었다고 하는 점에서 큰 의미가 있겠다.

2. 민족문제 인식 전환과 실력양성론

1) 식민경제구조 확대와 농촌 궁핍화

1920년대 중반 무렵 식민지 한국 인구의 80%인 농민들이 거주하는 농촌사회는 심각하게 피폐화 되어 있었다. 1910년대이래 회사령, 토지조사사업 등을 통해 구축된 일제의 살인적인 식민지 수탈정책이 1920년대 들어 더욱 강화된 결과였다. 한국에 대한 식민지 수탈체제를 확립한 일제는 1920년대에 들어와 이른바 문화정치라는 기만적 정책변화 속에서 본격적인 '이식자본주의'의 발전을 도모했다.[89] 이에 한국사회경제의 몰락현상은 더욱 현저하게 대두했다. 철저하게 민족차별정책에 기초한 일제의 사회경제정책으로 인해 한국인들의 자본축적이 현실적으로 어렵게 되었으며, 그로 인해 한국사회가 전반적으로 빈곤과 궁핍함으로 빠져 들어갔던 것이다.[90]

---

88) 양주삼, 「農民의 樂園인 丁抹」, 『基督申報』1928년 11월 7일자.

89) 朴慶植, 『日本帝國主義의 朝鮮支配』, 청아, 1986 참조.

90) 金容燮, 「日帝 强占期의 農業問題와 그 打開方案」, 『韓國近現代農業史硏究』, 一潮閣, 1992 참조.

여기에 농촌사회는 일제의 지주제의 강화로 인하여 자작농의 몰락과 소작농의 급증, 농가부채의 증가에 직면해 있었다. 계속되는 자연재해와 1920년대 말 농업공황과 세계대공황이 연달아 겹치면서 농민들은 계속되는 궁핍으로 인해 절망적 상태에 처해 있었다.[91]

이런 농촌사회의 상황은 곧 한국교회 전체 75%를 차지하는 농촌교회의 위기의식으로 연결되었다. 즉 농촌사회의 붕괴는 곧 한국교회의 붕괴로 연결될 수 있었기 때문에 농촌교회의 어려움은 기독교회의 어려움을 가중시킨 가장 큰 요인이 되었다.[92] 이에 대해 기독교회에서는 농촌문제를 외면할 수 없었고, 기독교회가 빈농·빈궁의 원인을 분석하고 대책을 세우기 위해 철저하게 사회화해야 한다는 목소리가 제기되었다.

이런 농촌문제를 어떻게 해결할 것인가? 하는 것이 문제였다. 기독교인들은 일제가 한국민들의 총체적인 활동을 억압하는 상황에서 무엇보다 조직적이고 체계적인 인적·재정적 토대와 이를 바탕으로 한 단체적 운동이 필요함을 절실히 인식했다. 이들은 이것이 정치적·경제적 약자인 한국인의 단결과 연대를 통해서만 가능하다고 보았고, 그것이 바로 농촌운동이었다.

1920년대 중반 이후 기독교계는 대내외적인 비판과 사상적 동향에 큰 영향을 받으면서 당면한 문제의 해결을 위한 보다 더 실제적인 '현실운동'을 적극 모색하기 시작했다는 점이다.

열악한 사회경제적 현실 속에서 기독교세력은 실제적인 현실운동으로서 당면한 농촌문제의 해결을 위한 운동의 필요성을 제기하기 시작했다. 예컨대, 신흥우는 "우리는 過去 數年間 硏究하여 보니 思想

---

91) 강만길, 『고쳐쓴 한국현대사』, 창작과 비평사, 1994, 120~128쪽.

92) 金良善, 『韓國改新敎史硏究』, 기독교문사, 1972, 154쪽.

運動이 無限한 必要로 생각하겠으나, 그러나 그것만으로는 우리 民族의 幸福의 全部를 保障한다고 하기 어렵겠으며, 또 이 運動은 비교적 極少數의 都市靑年에 對함이요, 우리 民族 最大數를 가진 村民에게 對하여는 等閑視하는 것이라고 아니할 수 없는 故로 작년부터 所謂 農村事業이라는 데에 着手하여 京城과 각 地方에서 進行 經營 中이요"라고 하여93), 기독교계의 농촌운동이 소수의 특정계층을 위한 운동이 아니라 전체 다수를 위한 것이며, 현실과 분리된 운동이 아니라 철저하게 실제의 삶을 변화시킬 수 있는 운동이라고 확신했다.

따라서 기독교세력은 기독교계에 대한 일반사회의 비판과 사회주의 도전, 그리고 이들의 반기독교운동 등에 대한 대응차원에서 농촌운동에 적극 가담하게 되었다.94)

따라서 기독교 민족운동가들은 일제와 정치적으로 불필요한 대립과 갈등 없이 전체 인구의 80%가 되는 농민의 경제적 문제를 해결하고 이들의 근대적 의식과 민족의식을 고취한다면 장기적인 독립을 앞당기는 계기가 될 것이라고 확신했던 것이다. 또한 이것은 반기독교운동을 전후하여 기독교계 내에 논의되던 현실문제에 대한 접근논의와 그 맥락을 같이 하고 있다는 점에서 종교인식과 민족문제인식이 하나로 결합되어 있음을 보여준다.

요컨대, 1920년대 중반 이후 기독교세력은 사회주의세력의 반기독교운동과 이에 대응한 기독교계의 사회주의 인식 등을 배경으로 민족문제를 새롭게 인식하기 시작했다. 그 구체적 배경이 되었던 것은 사회・경제적 문제였다.

한국교회 전체의 70%를 차지하는 농촌사회의 궁핍화는 곧 한국교

---

93) 申興雨, 「朝鮮日報 社說을 읽고」, 『靑年』, 1926년 2월호, 10~11쪽.
94) 朝鮮總督府 警務局 保安課, 『朝鮮の 治安狀況』, 1927, 362~363쪽.

회의 붕괴로 연결될 수 있던 것이다. 그만큼 농촌교회의 어려움은 기독교회의 어려움을 가중시킨 가장 큰 요인이었다.[95]

2) 민족문제 인식 전환과 농촌경제자립론

1920년대 중반 이후 기독교세력은 실력양성운동의 일환에서 농촌문제 해결이 그 무엇보다 중요하다는 사실을 깨닫기 시작했다. 기독교인들의 민족문제인식의 전환은 1920~30년대 대표적인 기독교 민족운동가인 신흥우와 조만식을 통해 살펴볼 수 있다.

국제회의에서 한국의 독립문제 상정을 기대했지만 번번히 일본의 방해와 세계열강으로부터 독립을 보장받는다는 것이 어렵게 되자, YMCA 총무 신흥우는 세계열강에 대한 기대도 중요하지만 自力으로 독립을 해야 할 필요성을 자각하게 되었다.

> 최초는 국제연맹이나 구미 여러 외국의 간섭 등에 의하여 외부적으로 조선의 독립을 촉진하고 실현시킬 예정이었지만 이들 외부적인 힘은 아무래도 믿을 만 하지 못하다는 것이 점점 판명되어 이러한 타력 본원으로 불가하다고 생각하게 되었으며, 다음으로는 조선 민중 전체가 학문적으로나 경제적 실력의 양성에 힘을 기울이고 이들에 대하여 독립의식을 주입 고취하여 그렇게 함으로써 이 종합적 실력에 의하여 어떤 시기에 조선의 독립을 실현하려는 것이었습니다.[96]

라고 하여, 신흥우는 전체 인구 80%이상인 농민들 대부분이 절대빈곤에 빠져 있다고 인식했다. 그는 소작인이 비참하게 죽도록 일해도 먹을 수 없고 입을 수 없을 정도로 농촌이 파탄되었다고 비판하고, 빈민

---

95) 金良善, 『韓國改新教史研究』, 154쪽.

96) 「興業俱樂部事件關聯 申興雨 訊問調書」, 『思想彙報』 16, 1938년 9월호, 130~131쪽.

소작농을 위해 아무런 시설이 없기 때문에 소작농이 밤낮 일해도 죽을 수밖에 없게 되었다고 주장했다.[97] 이런 현실인식의 결과, 그는 "대전 이후에 과학문명에 실패를 지적하야 온 세계는 새로운 생의 원리로 정의 인도를 크게 제창하고 선전하여 왔다"고 평가하고, "정의인도가 실현되려면 실제세력으로 더불어 나가야만 할 것이며, 정의인도가 혼이면, 실제세력은 체이다"라고 하여,[98] 실제적 실력에 의해 뒷받침되지 않는 정의인도는 현실적으로 무력할 수밖에 없다는 실력양성론적 신념을 확립했던 것이다.

그러나 신흥우의 인식은 단순히 현실인식에서만 나온 것이 아니었다. 이것은 그가 갖고 있던 기독교적 신앙노선과 결합된 것이었다. 그는 기존의 고정적 교리의 신앙노선에서 벗어나 산적한 사회문제를 기독교적 사랑에 입각하여 사회적 정의를 구현하려는 사회복음주의를 지향하고 있었다.[99]

신흥우는 기독교의 신앙이란 자기와 인류 전체의 운명을 개척, 향상시키는 것이며, 종교의 원칙은 영원하기 때문에 변함이 없지만 그 개인이나 사회의 배경이나 지식정도에 따라 변하며 거기에 따라 원칙의 해석과 적용방법이 얼마든지 달라질 수 있다고 인식했다.[100] 이같은 기독교관은 구체적 삶과 분리될 수 없는 것이었고, 그것은 항상 현실의 당면한 문제를 해결해 나가는 적극적인 개혁이념인 동시에 점진주의적 실력양성주의 성격을 띠고 있었다.

97)『東亞日報』1927년 6월 24일자.

98) 申興雨,『우리의 活路』,『靑年』, 1927년 10월호, 6쪽.

99) 김상태,「일제하 신흥우의 '사회복음주의와 민족운동론」,『역사문제연구』1, 1996; 김권정,「1920~30年代 申興雨의 基督敎 民族運動」,『한국민족운동사연구』21, 한국민족운동사연구회, 1999 등 참조.

100) 申興雨,「良心의 解放」,『靑年』, 1926년 1월호, 3~6쪽.

이 같은 1920년대 중반 민족문제 인식에 대한 전환은 일제하 대표적인 기독교 민족운동가인 조만식과 그의 그룹들에게도 나타났다. 조만식은 "우리의 독립운동이 너무 기회주의적이고 감정적이며, 철저한 계획도 없이 맹목적으로 일본 경찰들과 맞서고 있다"고 주장하며 보다 현실적이고 장기적인 민족운동의 방법론을 모색하기 시작했다.

> 우리는 어리석게도 어떠한 구체적이고 적극적인 계획 없이 일본의 군사력과 싸우고자 했다. 따라서 나와 일군의 동료들은 조만식과 함께 독립운동에 대한 우리의 방안을 만들고자 노력했다. 이러한 의욕적인 분위기 속에 우리는 인도 간디의 무저항주의운동에 대한 소식과 사이토 총독의 이른바 문화정치에 접했다. 여기에서 우리는 독립운동의 가장 효과적이고 능동적인 길을 발견했다. 농촌운동이었다. 인구의 80%가 농민이었기 때문에 조국을 구하는 가장 유력한 방안은 농민을 교육시키고 스스로 자립하게 하는 것이었다. 이 운동은 일본과의 사이에 정치적 긴장 때문에 골치아플 이유도 없었다. 농촌개혁에 의해 경제생활이 회복되면 우리 민족의 자유는 미구에 뒤따를 것이라고 생각했다.[101]

조만식의 현실문제 인식은 사회문제에 대해 외면하거나 별 대책 없이 지내는 기독교회에 대한 강한 비판의식에서 더욱 강화되었다. 조만식은 1920년대 중후반 기독교가 빈사상태 또는 수면상태에 놓여 있다고 보고, 민족경제의 자립과 재건을 위해서 자본가가 주도하는 도시의 산업진흥도 중요하지만 빈민과 빈농을 구제하고 그들의 실생활을 향상시키는 것이 가장 중요한 문제라고 주장했다.[102] 예수가 주장한 복음의 진정한 정신을 사회구원으로 파악한 그는 '기독교회나 기독교인

---

101) 배민수, 『Who Shall Enter the Kingdom of Heaven?』(1951), 대한예수교장로회 총회 농어촌부, 1994, 301~302쪽.

102) 曹晩植, 「基督敎와 實生活」, 『靑年』, 1927년 9월호, 6~10호.

들의 모든 복음적인 선교사업이 현실사회와 실생활과 따로 분리할 수 없다'고 하여, 기독교가 가난과 궁핍이 가득한 실생활과 동떨어진 내세의 '천당설'만을 말할 것이 아니라 현실문제의 해결을 위해 경제문제 적극 나서야 한다고 강조했다.[103] 따라서 이런 강조점들은 조만식의 기독교관이 기독교 민족운동세력의 점진주의적 실력양성주의와 결합되어 있음을 상징적으로 보여준다.

요컨대 신흥우, 조만식과 같은 기독교 민족운동가들은 민족문제인식을 통해 '독립준비론적 사고'와 방향을 정립했다. 이는 일제와 정치적으로 불필요하게 대립과 갈등 없이 우리가 전체 인구의 80%가 되는 농민을 계몽하여 근대적 의식과 민족의식을 고취한다면 장기적인 독립을 앞당기는 계기가 될 것이라는 확신에서 비롯된 것이다. 또 이것은 반기독교운동을 전후하여 기독교계 내에서 논의되던 현실문제에 대한 접근논의와 그 맥락을 같이 하고 있다는 점에서 종교인식과 민족문제인식이 하나로 결합되어 있음을 보여준다.

3. 사회경제운동과 기독신우회운동

1) 국제무대 활동과 사회경제운동

1920년대 중반 경 크게 흥업구락부와 수양동우회로 분화된 기독교 세력은 민족운동을 전개하기 시작했다. 이때 기독교세력의 민족운동을 주도하고 나선 것은 흥업구락부계열이었다. 흥업구락부계열은 기호지방에 기반을 두고 중앙YMCA를 중심으로 한말이래 기독교 민족운동을 주도했다.[104] 이것은 흥업구락부가 교세 측면에서 장로교에

---

103) 方基中, 『裵敏洙의 農村運動과 基督敎思想』, 연세대 출판부, 1999, 98~102쪽.

비해 열세인 감리교에 기반을 두고 있으면서도 중앙의 정치적·사회적 명망가들이 다수 포함되어 있었던 것이 중요한 배경이었다.105)

1920년대 중반 흥업구락부의 민족운동은 크게 외교운동과 농촌운동 분야에서 전개되었다. 먼저 이들의 외교적 활동이 가장 두드러졌던 것은 1925년 6월 30일 하와이에서 열린 「범태평양문제연구회」106)에서였다.

이 대회에 참석하여 한국측 기조연설을 맡은 신흥우는 일본의 '同化政策'의 실상, 民族資本의 형성을 가로막는 조선은행의 기능, 그리고 한국농민을 희생시키는 동양척식주식회사의 역할, 이에 발생한 조선 농민의 만주로 이주와 중국인과의 마찰 등을 열거하고, 이것은 정치적 문제가 아니라 인도적 차원에서라도 반드시 해결되어야 한다고 강조하고 이에 대한 참가국의 적극적인 협조와 도움을 요청했다.107) 이처럼 한국인들을 연설을 통해 일본의 식민지 한국에 대한 정책의 불평등과 차별성을 날카롭게 비판하고 일제의 지배에 억눌린 한국인의 요구를 주장하며 한국독립운동의 지원을 호소했다.108)

태평양문제연구회를 마치고 신흥우와 유억겸이 귀국하자 흥업구락부계열은 1925년 11월 28일 서울에서 얼마 안 있어 태평양을 중심으

---

104) 이에 대해서는 전택부의 『한국 기독교청년회 운동사』 제 4부와 6부를 참조할 것.

105) 고정휴, 「태평양문제연구회 조선지회와 조선사정연구회」, 『역사와 현실』 6, 1991 참조.

106) 「태평양문제연구회」, 『東亞日報』 1925년 6월 11일자; 申興雨, 「布蛙를 갓다온 前後左右」, 『靑年』, 1925년 9월호, 4~5쪽.

107) 「Speechs by Dr. Cynn」, 1925.7(전택부, 『人間 申興雨』, 기독교서회, 1971, 364~369쪽); 宋鎭禹, 「太平洋會議에서 申興雨 氏 演說」, 『東亞日報』 1925년 7월 31일자.

108) 신흥우를 비롯한 YMCA 임원들은 동양척식주식회사(東洋拓植株式會社)를 '백해무익'한 것이라고 비난했다(『朝鮮日報』 1926년 2월 9일자).

로 몰아닥칠 지 모를 '미일전쟁'에 대비하자는 의도에서[109] 태평양문제연구회 조선지회(이후 조선지회)를 창립했다.[110] 이런 공개적 단체는 "일미 양국의 관계가 점점 긴장하여 감으로 태평양문제라면 일미 양국의 문제인 것 같이 되었다"고 하여, 결성된 것이다.

그러나 흥업구락부계열의 외교활동은 1925년을 정점으로 이후 대폭 약화·위축되었다. 태평양문제연구회 대회의 참석범위가 '국가단위'로 제한되면서 국가 주권이 없는 한국인의 참석이 사실상 불가능해졌기 때문이다.[111] 이는 일제가 식민지 조선이 독자적인 조직을 갖고 태평양회의에 적극 대처하고자 하는 움직임을 포착하고 이를 억압하기 위한 활동을 전개한 결과였다.

그리하여 1927년 7월 하와이에서 열린 제2차 태평양회의에서는 회원자격을 국가단위로 변경했다. 일제가 이를 회원이 될 수 있다고 인정하지 않는 한, 국가 주권이 없는 한국은 태평양회의 회원자격을 가질 수 없게 된 것이다. 이에 따라 일제에 대한 항의 차원에서 1929년 8월에 신간회 중앙집행부는 일본에서 개최되는 태평양문제연구회에 한국인의 출석을 반대한다는 입장을 표명하기도 했다.[112] 또 신간회 경성지회 집행위원장인 조병옥 역시 한국대표의 태평양문제연구회 참가를 반대했다.[113]

한편 중앙YMCA를 중심으로 한 흥업구락부계열은 일제가 허용한 '합법적' 공간 내에서 조선독립의 기반을 모색하며 사회주의세력의

---

109)「太平洋關係의 諸問題를 硏究할 必要로 創立하엿다는 委員某氏의 談」,『朝鮮日報』1925년 11월 30일자.
110)『東亞日報』·『朝鮮日報』1925년 11월 30일자.
111) 고정휴, 위의 글, 317~318쪽.
112)『東亞日報』1929년 2월 9일자.
113)『東亞日報』1929년 8월 9일자.

반기독교운동을 대응하는 차원에서 실력양성운동을 전개했다.114) 이 것은 전체 인구 80%인 농민들이 빈곤으로 죽게 생겼다는 인식의 결과였는데,115) 실력양성운동을 통해 독립의 기반을 모색하던 흥업구락부계열로서는 외면할 수 없는 현실이었다.

1923년부터 준비되기 시작한 YMCA의 농촌사업은 북미 YMCA 국제위원회의 인적·재정적 지원을 받으면서,116) 1925년부터 본격적으로 시작되었다. YMCA의 농촌사업은 전국으로 확산되는 동시에 외국인 전문농업간사가 선정되어 효율적이고 체계적으로 추진되었다. 흥업구락부계열의 실질적 리더인 동시에 YMCA 총무로 농촌사업을 이끌던 신흥우는 소작농의 생활과 지위를 향상시켜 자작농으로 만드는 '自作農創定'이 농촌문제 해결의 핵심이라고 주장했다.117) 그는 그 대안으로 농촌재편의 일환으로 中小農民을 주축으로 하는 토지개혁과 협동조합론을 강조했다.118) 이것은 일제의 농업정책이 日本人 위주, 大地主·大資本 중심으로 하는 상황에서 YMCA 농촌사업은 실력양성운동의 일환으로 일제의 농업정책에 저항하며 중소농민의 생활경제를 안정시켜 민족자립경제의 수립을 지향했던 것이다.119)

이외에도 흥업구락부계열은 신흥우의 주도로 1926년 2월 28일 '基督敎硏究會'를 결성했다. 여기에는 '기독교 개혁'에 동조하는 홍종숙·

---

114) 朝鮮總督府 警務局 保安課, 『朝鮮の 治安狀況』, 1927, 362~363쪽.

115) 申興雨, 「農村事業에 就하야」, 『新民』, 1925년 5월호, 12~15쪽; 『東亞日報』 1927년 6월 24일자.

116) 「農村에 天堂建設」, 『東亞日報』 1925년 2월 14일자.

117) 申興雨, 「根本的 解決은 自作農創設에」, 『朝鮮之光』 82, 1929년 1월호, 61~62쪽.

118) 申興雨, 「우리의 활로」, 『靑年』, 1927년 10월호, 4~5쪽.

119) 장규식, 「1920~30년대 농촌사업의 전개와 그 성격」, 『한국기독교와 역사』 4, 1995; 김권정, 「1920~30年代 申興雨의 基督敎 民族運動」 참조.

박희도·박동완·김활란·유각경 등이 동참했다. 기독교연구회의 주된 토론은 기독교 민중화, 생활의 간소화, 산업기관의 시설, '조선적' 기독교의 설립에 관한 것이었다. 그 해 4월에는 다시 모여 산업기관의 시설문제, 기독교의 조선적 정신화문제 등에 대해 심도 있게 논의했다.120) 이런 논의는 1927년 YMCA연합회에서 "교회진흥"을 위해 평신도운동을 통한 신자 배가운동과 교파통일 추진, 그리고 '조선적' 정신의 교회운동의 전개를 결의하는데 반영되기도 했다.121)

요컨대 흥업구락부계열은 태평양을 중심으로 이민문제를 둘러싸고 미국과 일본 사이의 대립적 구도 속에서 형성된 틈을 활용하여 태평양문제연구회를 통해 조선의 독립 가능성과 열강의 독립운동에 대한 지원획득을 모색했고, 다른 한편으로는 민족의 독립을 자력으로 쟁취할 수 있는 실력을 준비하는 민족실력양성운동122)을 전개하게 되었다. 즉 흥업구락부계열은 기독교계 대내외의 활동과 사회참여 의식의 각성을 주도하면서 자신들의 영향력을 더욱 확대해 나갔다.

한편, '민족개조론'을 표방하며 결성된 수양동우회계열은 대중적 활동은 하지 않고, 주로 회원의 교양과 단체 이론선전 등을 중심으로 활동을 전개했다. 그것은 스스로가 '정치·시사에 간섭하지 않는 수양단체'로 규정한 결과였다.123) 그 가운데 집중적으로 관심을 갖고 추

---

120) 『基督申報』 1926년 4월 28일자.

121) 「第五回 朝鮮基督教靑年會聯合會 定期大會」, 『基督申報』 1927년 1월 5일자.

122) 이 시기 흥업구락부의 실력양성운동은 반자치운동의 일환으로 민립대학기성운동 부활논의로도 나타났다. 1926년 3월에 흥업구락부원인 안재홍·구자옥·박승철 등은 이종린·한기악 등과 만나 민립대학기성회운동의 부활방법에 대해 논의하였고, 이후 흥업구락부원인 이갑성이 그 기초위원으로 선정되어 활약했다(『東亞日報』 1926년 3월 6일자).

123) 姜東鎭, 『日帝의 韓國侵略政策史』, 한길사, 1980, 405쪽.

진했던 것은 기관지『東光』의 발행이었다.[124] 이 잡지는 1926년 5월에 주요한의 책임 편집 아래 창간호를 발간했다. 수양동우회는『東光』의 창간호에서 "무엇보다도 우리는 남보다 도덕적으로 큰 결함이 있는 것을 깨달아야 한다"라고 하여,[125] 우리 민족의 도덕적 결함에 대한 수양이 무엇보다 필요함을 강조하고, 민족적 개조론에 입각한 실력양성단체임을 분명히 밝혔다.

『동광』에는 민족성개조, 인격 훈련을 주장하는 글들이 실렸는데, 주로 안창호, 이광수, 주요한, 김윤경, 이윤재 등이 주요 필진으로 수양동우회의 이론을 주장했다. 수양동우회는 우리 민족적 성격의 결함을 허위, 나태, 교만이라고 지적하고, 무실・역행・충의・용기의 4대 정신을 무장하고 덕・체・지를 수양하여 인격을 함양하는 것이 민족적 결함을 극복하는 길이라고 주장했다.[126]

이런 인식아래 수양동우회계열은『동광』을 통해 민족개조론・준비론을 기초로 하여 '신문화를 건설하고 이상적 사회를 조성하는 것'이야말로 민족적 목표가 되어야 한다고 강조했다. 그것을 달성하기 위해서는 개인의 인격 함양이 필요하며. 인격함양은 동맹의 힘, 즉 조직적 단결로 통해 이룰 것을 주장했다.[127] 그런 인격함양・단결훈련은 도덕적 수양만을 의미하는 것이 아니라 교육과 산업부문에까지 미치는 자본주의적 근대화를 추구하는 실력양성론이었다.[128]

---

124) 이명화,「興士團遠東臨時委員部와 島山 安昌浩의 民族運動」,『한국독립운동사연구』8, 1994, 243~244쪽.

125) 사설,「무엇보다도」,『東光』, 1925년 5월호.

126) 사설,「自助와 互助」,『東光』, 1926년 10월호; 주요한,「信用 健康 知識」,『東光』, 1929년 3월호; 이윤재,「우리의 수양운동」,『東光』, 1927년 2월호.

127) 김윤경,「인격의 함양」,『東光』, 1926년 9월호.

128) 안창호,「오늘의 일은 오늘에」,『東光』, 1926년 11월호;「오늘의 조선학생」,

이처럼 1920년대 중반 흥업구락부와 수양동우회에 포진한 기독교세력은 실력양성운동을 전개했다. 그런데, 여기서 주목되는 점은 1920년대 중반 민족운동진영에서는 민족협동전선론이 대두하여 민족주의세력과 사회주의세력의 협동요구가 제기되고 있음에도 불구하고 실력양성운동을 이끌던 대부분의 기독교세력은 여기에 별 반응을 보이지 않는다는 것이다.

그것은 기독교세력이 반기독교운동을 통해 사회주의세력을 어느 정도 체험하였고, 사회주의세력의 논리와 운동방법에 대해 비판적 인식이 큰 원인으로 작용했기 때문이다. 이 과정에서 기독교세력은 기독교적 가치에 기초한 민족운동을 모색을 하게 되었으며, 당면한 민족·현실문제의 타개를 위해 최대한 일제와의 대립하지 않는 상태에서 현실운동을 전개하고자 하였던 것이다. 즉 기독교세력은 사회경제적 현실인식과 사회주의세력의 반종교적 태도를 체험하면서 현실문제에 대해 보다 점진적인 해결을 도모하는 독립준비론적 차원에서 실력양성운동에 집중하게 되었던 것이다.

따라서 기독교세력은 사회주의세력을 타도해야 할 적대적 대상으로 생각하지 않았지만, 당면한 민족문제, 현실문제를 타개하는데 있어 사회주의세력과의 연대가능성보다 기독교운동의 방향과 방법이 더욱 '현실적'으로 필요하다고 판단했다. 그래서 이들은 실제적 활동의 실천을 통한 실력양성의 중요성을 확신하고 이에 충실하고자 했던 것이다.

이런 생각은 YMCA 총무 및 흥업구락부계열의 리더로 당시 기독교 실력양성운동을 이끌었던 신흥우의 인식에서 보다 상징적으로 드러난다. 조금 지난 뒤의 일이지만, 1930년대 초 신간회 해소 직후 신흥우

『東光』, 1926년 12월호; 「조선청년의 용단력과 인내력」, 『東光』, 1927년 1월호.

는 "현실투쟁의 운동을 하지 않으면 도저히 그 운동이 발전될 수 없다"고 파악하고,[129] 무엇보다 민족단체들은 합법운동, 타협운동으로 여겨지던 '현실운동'을 목표로 해야 한다고 주장했다. 이어 그는 "민족주의는 언제나 민족주의자와 결합하고 사회주의자는 또 사회주의자끼리 결합해야 한다"고 주장하여,[130] 민족협동전선에 대해 부정적인 견해를 들어냈다. 이런 인식 때문에 흥업구락부계열의 기독교인들이 민족협동전선체인 신간회(新幹會)에 대거 참여했음에도 불구하고 신흥우는 신간회에 들어가지 않았던 것이다.

결국 1920년대 중후반 기독교세력은 반기독교운동을 통한 사회주의세력에 대한 이해와 당면한 민족·현실 문제 인식을 통해 일제와의 정면 대결이나 충돌의 가능성을 최대한 줄이면서 민족의 실력을 양성하여 독립을 준비하는 운동들을 전개해 나갔던 것이다.

2) 기독청년 면려운동과 여성운동

1920년대 후반 기독교 청년운동은 기독교세력이 주도하던 다양한 민족운동의 기반조직의 성격을 벗어나 독자적인 활동에 본격적으로 나서기 시작했다. 1920년대 전반 기독교세력이 참여한 주요 운동의 하부주체로는 YMCA·YWCA나 감리교청년회단체인 엡윗청년회, 그리고 장로교 청년단체인 기독청년면려회가 있었다.

1920년대 중반이후 청년운동의 주요 특징 가운데 하나는 1924년 전국적 연합조직을 결성한 기독청년면려회가 교회 내적인 종교적 범주를 넘어서 확고한 신앙훈련과 함께 사회문제에 적극 대응해 나가기 시작했다는 점이다. 한국교회 교세에서 가장 큰 대중단체였던 기독청년

---

129) 申興雨, 「現實鬪爭으로」, 『彗星』, 1931년 7월호, 7쪽.

130) 申興雨, 「現實鬪爭으로」, 8쪽.

면려회가 구심점을 확보했다는 사실을 의미한다. 이것은 1923년 이후 가시화되었던 사회주의세력의 반기독교운동을 비롯하여 선교사배척운동·신비적 부흥운동에 대한 비판 등 일반사회의 기독교에 대한 비판이 거세어지는 가운데 장로교회 내에서는 당시 청년운동의 흐름과 더불어 사회주의 확산에 대한 대응과 경계, 그리고 세계면려운동의 일환으로서 조선내 면려운동의 위상부여라는 차원에서 이루어진 결과였다.[131]

기독청년면려회 조선연합회는 1924년부터 각 부서를 두고 지방을 순회하며 면려청년회를 선전하고 지회 조직을 촉구하는 한편, 금주·단연, 폐창운동을 주도하였으며[132] 기관지『진생』(眞生)을 발행하였다. 1925년 9월에 첫 발행된『진생』은 매호마다 당면한 교회와 사회문제에 대한 논의, 새로운 신학사조의 소개 등을 소개했는데, 특히 기독교에 대한 사회의 비판을 통해서 자기반성을 촉구하는 한편 사회문제와 장래에 대한 관심을 표명했다.[133] 당시 기독교사회운동으로 진행되던 농촌문제, 금주·단연, 경제·실업에 대한 내용을 두루 게재하여 면려운동의 방향을 제시하였다.

기독청년면려회운동에는 1928년 무렵 조선연합회 지도부가 확대되고『진생』의 집필진에 새로운 인물이 대거 참여하였다. 1928년 이들은 조선예수교장로회 청년수양회(이하 장로교청년수양회)를 주도적으로 개최함으로써 YMCA·YWCA당시 기독교민족운동이 거점이 되고 있던 수양동우회계열의 인물들이 대부분이었다. 정인과, 이대위,

---

131) 김 덕, 「1920~30년대 기독청년면려회 연구」,『한국기독교와 역사』18, 한국 기독교역사연구소, 2003, 212~214쪽.
132) 안대선·이대위 공저,『勉勵會指南』, 1933, 5쪽.
133) 김 덕, 위의 글, 217쪽.

최성곤, 이용설, 김윤경, 송창근, 전영택, 한치진, 이윤재, 이만규 등이었다.134) 이들은 『진생』의 집필진에 참여하며 기독교와 경제, 기독교의 사회사업, 경제운동, 농촌문제, 교육문제에 대한 글들을 적극적으로 게재하며 기독청년면려운동의 방향성을 제기하였다. 이 과정에서 주목되는 점은 이 시기 수양동우회 자체는 대중활동을 자제한 채 이론활동에 머무르고 있었던 것에 반해 이 단체에 적을 두고 있는 구성원들은 기존의 수양동우회를 그대로 둔 채 기독청년면려운동에 적극 참여하고 있다는 것이다. 이는 기독교 세력이 자신이 소속된 종교조직을 그대로 놔둔 채 다른 종교대중단체나 일반단체에 참여하는 사회참여 방식이 그대로 적용하고 있음을 보여준다.

새롭게 확대된 면려운동 지도부는 1928년 장로교청년수양회에서 계독부의 역할을 강화하여 금주·단연운동을 좀 더 조직적으로 전개하고자 했으며, 1929년 18회 총회에서 2월 첫째주일을 면려주일을 제정하여 전국교회가 지키도록 했다.135) 이들 운동 지도부는 1929년에 만국연합회에 가입하고, 1930년 독일 베를린에서 개최된 세계면려대회에 조희염과 안대선을 파견하여 세계면려운동과 유대를 강화하고자 하였다.136) 이를 통해 면려운동방향을 사회에 대한 관심과 이에 대한 해결 목적으로 확대하였으며, 당시 실제생활에 대한 관심과 참여를 촉구하며 이를 개선하는 운동의 방향으로 나갔다. 이런 바탕으로는 1928년 국제 예루살렘대회 이후 고조된 '기독교 신앙의 실제화와 사회화'의 영향속에서 기독청년면회회는 농촌운동을 전개하였다.

---

134) 趙培原, 「修養同盟會·同友會研究」, 成均館大 史學科 碩士學位論文, 1998, 「부록 : 구성원의 인적사항」을 참조할 것.

135) 「소식란」, 『眞生』, 1928년 9월호, 82쪽.

136) 安大善, 「伯林世界大會의 印象」, 『眞生』, 1930년 10월호, 44쪽.

한편, 1928년 예루살렘대회를 계기로 장로교와 감리교, 그리고 YWCA에 농촌부가 설치되었다.[137] 1920년대 중반부터 기독교계에서는 이미 YMCA가 농촌사업을 본격적으로 추진하고 있었다. 한국기독교 최대 교세를 지닌 장로교를 비롯한 감리교, YWCA가 농촌부를 설치했다는 사실은 그만큼 농촌문제의 궁핍화로 인한 농촌교회의 침체가 이제는 도저히 외면할 수 없는 분명한 현실이었음을 인정한 결과였다.

장로교회 농촌부는 예루살렘대회를 다녀온 수양동우회원인 정인과 목사의 건의로 1928년 8월에 설립되었다.[138] 더불어 감리교도 1928년 10월에 평의 건의로 농촌사업위원회를 구성하고 농촌사업부에 설치하였는데,[139] 이를 주도한 것은 당시 한국에 들어와 선교활동을 하던 북감리회였다. 이와 함께 YWCA도 1928년 농촌부를 설립했다. 1927년부터 이미 평양YWCA에서는 농촌부녀자들을 위한 교육활동을 전개하고 있었으나, 본격적인 농촌운동은 1928년 김활란이 예루살렘대회를 마치고 돌아와 농촌부를 창립하면서 시작되었다.

그런데 YWCA 농촌부 설립에서 주목된 점은 농촌부 설립과 기독교여성세력의 근우회 탈퇴가 동시적으로 나타났다는 것이다.

1923년 8월에 창립된 YWCA를 중심으로 결집되었던 기독교여성세력은 1920년대 중반 민족협동전선의 대두에 따라 사회주의여성세력과의 협동에 나섰다. 그 결과 1927년 5월 기독교청년회관에서는 기독교여성세력과 사회주의여성세력의 협동체로서 槿友會가 창립되었다.[140] 근우회는 "조선여자의 확고한 단결을 도모함" "조선여자의 지

---

137) 한규무, 『일제하 한국기독교 농촌운동(1925~1938)』, 한국기독교역사연구소, 1997을 참조할 것.
138) 『조선예수교장로회 총회 제17회 회록』, 1928, 41쪽.
139) 『제21회 조선기독교 미감리회 연회회록』, 1928, 53쪽.

위향상을 도모함"등을 골자로 하는 운동의 방향을 표방하여, 여성의 지위향상과 단결을 통해서만이 한국여성들이 안고 있는 이중적 모순을 극복할 수 있다고 주장했다. 이처럼 기독교여성들이 사회주의여성과 함께 할 수 있었던 것은 근우회가 지향하는 협동전선의 노선에 동의했기 때문이다.[141]

그러나 창립초기부터 근우회 활동을 활발하게 전개한 기독교여성들은 1928년 중반을 전후로 하여 운동의 방향을 농촌계몽운동으로 전환하기 시작했다. 가장 큰 원인은 1928년 예루살렘대회였고, 여기에는 1928년 중반 경부터 근우회가 좌익노선으로 편향되기 시작한 것도 그 배경이 되었다.

1928년 5월 정기대회를 전후로 근우회가 사회주의 노선으로 편향되기 시작했다. 사회주의여성들은 조선혁명 단계를 부르조아 민주주의 획득단계로 설정하고 근우회의 방향을 조선여성의 사회주의화를 달성에 맞추기 시작한 것이다.[142] 여기에 근우회 내 사회주의 여성세력의 갈등이 표면화되는 등 근우회는 민족협동전선의 의미를 상실한채 전조선의 이익과는 거리가 멀어지게 되었다.[143] 이에 임시대회를 기점으로 기독교여성세력은 대부분 탈퇴를 했다. 탈퇴한 여성들은 김활란·홍애시덕·최활란 등이었고, 유각경은 남아 있었지만 1929년 이후에는 활동을 하지 않았다.

이처럼 근우회가 1928년 중반에 들어 좌익노선으로 편향된 길을 걷

---

140) 『東亞日報』 1927년 5월 29일자.
141) 기독교여성들의 근우회 활동에 대해서는 윤정란, 「한국 기독교 여성들의 근우회 탈퇴배경에 관한 연구」, 『한국기독교와 역사』 8, 1998, 186~192쪽 참조.
142) 윤정란, 위의 글, 202~208쪽.
143) 『朝鮮日報』 1929년 1월 1일자.

고, 이 과정에서 사회주의 여성들 간에 근우회 정책을 둘러싼 분쟁이 발생하자, 기독교여성들은 근우회를 집단적으로 탈퇴하게 되었다. 기독교여성들이 탈퇴할 수밖에 없었던 것은 이념을 초월하여 창립된 근우회 내에서 활동할 수 있는 공간을 상실 당한 것이 큰 이유였다.

이에 예루살렘대회를 통해 기독교의 실제화와 사회화에 대한 방향을 잡았던 기독교여성세력은 비현실적이라고 판단한 근우회를 과감하게 탈퇴하여 '실제적'이고 '민중적'인 농촌운동으로 나가게 된 것이다. 이는 김활란이 "조선민중의 8할 이상이 사는 농촌, 사천여년을 내버려두고 오늘도 내버려두는 저 농촌 형제들에게 우리는 우리 청년회의 정신을 가지고 들어가야겠다"[144]고 주장한 것과 그 맥락을 같이 하는 것이었다.

3) 기독교계 협동전선과 기독신우회운동[145]

1928년 예루살렘대회를 계기로 기독교계에는 신앙생활의 사회화와 실제화가 시대적 과제로 대두했다. 이것은 한국기독교계가 거부할 수 없는 거대한 역사의 흐름이었다. 기독교세력은 변화되는 기독교계의 방향에 적극 호응하며 이를 주도하여 나갔다. 이것은 기독교계의 변화상이 3·1운동이후 지속적으로 자신들이 제기해오던 기독교계의 사회와 민족에 대한 책임을 실천하자고 하는 논리와 방향에 맞아떨어졌기 때문이다. 신간회에 참여하지 않은 대다수의 기독교세력은 기독교계에서 일어난 사회화 실제화의 일환에서 전개되던 농촌운동에 적극 참여하기 시작했다.

---

144) 金活蘭, 「朝鮮 女子 運動의 今後」, 『青年』, 1930년 2월호, 4쪽.
145) 신간회 내 기독교 세력과의 동향에 따른 기독신우회의 성격은 다음 4장 2절을 참조할 것.

기독교의 '사회화''실제화'에 대한 요구는 기독교계의 연합적 사업을 추동시키는 원동력이 되었다. 기독교회가 연합적으로 이 일을 감당하지 않으면 안 된다는 인식이 기독교계에 확산되면서 연합문제가 크게 제기되었다. 이것은 국제선교회(IMC) 회장인 모트의 방한을 계기로 모인 조선예수교연합공의회 임시대회(1929년 4월 29일~30일, 중앙YMCA회관)에서 '조선사람의 행복과 조선사람의 감정과 생활을 위한 전도' '현대 조선사람을 진실노 만족케 할만한 전도'를 위한 성안과 계획을 마련하는 본격적인 첫 모임에서 구체적으로 제기되었다.[146] 이 자리에서는 제4부 분과토론을 통해 교파와 당파, 노소의 구별을 초월한 '정신상 단합과 사업상 협동'이 결의되었다.[147]

이에 따라 1924년 창립된 「조선예수교연합공의회(이후 공의회)」의 역할이 대폭 강화되었고,[148] 그 실질적인 역할을 감당하며 본격적인 활동을 시작했다. 그것은 예루살렘대회에서 만국선교연맹에 공식 가입한 공의회가 이제 세계교회와 동등한 관계를 가질 수 있는 근거를 확보했고, 당시 기독교계의 교파나 단체를 초월하여 연합운동을 이끌 만한 기관이 존재하지 않았다는 점도 중요한 이유가 되었다.

이 대회를 통해 공의회는 인도·중국·일본에서 공의회 단체가 물질상·정신상 수많은 역할을 담당하고 있다는 사실을 확인하고 기독

---

146) 社說, 「聯合公議會 臨時大會에 臨하야」, 『基督申報』 1924년 4월 17일자. 이 사설에서는 "朝鮮사람을 幸福스럽게 하랴면 예수敎도 朝鮮사람의 예수敎가 되여야 하고 敎會와 敎會의 모든 經營이 朝鮮사람의 것이 되는 날에야 그 目的을 成就할 줄노 確實히 밋는다"고 하여, 이번 대회가 우리 민족을 예수의 천국으로 인도하는 '조선적 기독교' 건설의 계기가 되기를 축원했다.
147) 「朝鮮耶穌教聯合公議會 後報(一)-(二)」, 『基督申報』 1929년 4월 24일, 5월1일자; 社說, 「協同運動을 促進함」, 『基督申報』 1929년 5월 1일자.
148) 『朝鮮예수教長老會總會 第14回 會錄』, 1925, 43쪽.

교의 시대적 역할을 새삼 중요하게 깨닫게 되었다.[149] 특히 이들은 이런 역할을 감당하기 위해서 교파와 당파, 그리고 지역주의까지 가세하여 복잡하게 얽혀 있는 한국기독교계의 난맥상을 극복해야 함을 확인하고, 이를 위해서는 연합운동이 무엇보다 필요하다는 것을 확신하게 되었다. 그러나 이전까지만 해도 공의회는 상설한 사무실과 사업을 운영할 총무가 없었고 재정적으로도 대단히 열악한 상황이었다.[150] 이 대회에서 참여했던 한국대표들은 특히 양주삼을 비롯한 인물들은 귀국하여 총무를 선출하고 사무실을 구입하며 재정을 확충하는 등 본격적인 연합운동 차원에서 실질적인 공의회의 활성화를 추진하기 시작했다.

여기서 주목되는 것은 이런 공의회를 주도한 세력은 중앙YMCA에 포진한 흥업구락부계열이었다는 점이다. 국제선교회(IMC) 회장 모트의 방문을 계기로 열렸던 1925년 '朝鮮基督教奉役者會議'를 주도했던 것은 중앙YMCA였다. 이를 통해 흥업구락부원들은 교계내의 영향력을 확대하였고, 민족운동의 위상을 한층 강화시켜 나갔다. 이런 배경에서 흥업구락부계열은 1928년 예루살렘대회 이후 1930년대 초까지 공의회를 주도하며 기독교계의 연합운동을 이끌었다.

흥업구락부계열은 기독교계의 '사회참여적' 분위기를 바탕으로 하면서 농촌운동을 더욱 효율적으로 전개하기 위해 YMCA·YWCA·장로교·감리교, 그리고 조선예수교연합공의회 등이 연합한 '農村事業協同委員會(이후 위원회)'[151]를 주도적으로 조직했다. 이것은 당시 농촌운동을 전개하던 기독교회의 각 단체가 협력하여 조직한 것이

---

149) 양주삼, 「聯合公議會長報告」, 『基督申報』 1928년 10월 31일자.

150) 양주삼, 「朝鮮耶穌教聯合公議會에 對하야」, 『基督申報』 1929년 1월 16일자.

151) 全弼淳, 「農村事業協同委員會」, 『基督申報』 1929년 10월 2일자.

지만, 그 소속된 인사들 대부분이 기독교 민족운동의 경험과 명망성을 지닌 YMCA · YWCA에 소속된 홍업구락부계열이라는 점에서도 확인되는 바이다.152) 위원회의 활동은 주로 농촌사업지도자 강습소 설치와 농사강습회의 개최 등으로 전개되었다.

한편 1928년 예루살렘대회의 영향은 1929년 5월 31일 출범한 기독신우회(基督信友會)를 통해 보다 구체화되었다.153) 모두 89명의 저명한 기독교 민족 · 사회운동가들이 거의 총망라하여 서명한 선언을 통해 창립된 기독신우회는 사회문제에 대한 적극적인 참여를 주장했다. 이 단체는 1928년 수양동우회 조병옥의 혁신운동에 동조하는 중앙 YMCA회원과 기독교계 청년 · 학생 약 60여명을 규합하여 비밀결사체로 조직된 '기독신우회'라는 청년단체가 그 모체가 되었는데,154) 조병옥이 예루살렘대회를 다녀온 정인과와 함께 기독교 민족 · 사회운동가를 총망라하여 결성한 것이다. 그의 정치적 의도는 광범위한 기독교 민족운동세력의 결집에 있었다.

기독신우회 결성이 지닌 역사적 성격은 1920년대 중반에 분화되었던 기독교 정치사회세력이 하나로 다시 결합했다는데 그 의미가 있었다. 즉 홍업구락부계열과 수양동우회계열로 양분된 기독교 민족운동세력이 계파를 초월하여 하나의 협동전선으로 결성된 것이다. 나아가 정치운동으로 신간회에 참여했던 기독교세력과 신간회에 참여하지 않고 실력양성운동을 전개하던 기독교세력이 기독교의 '사회화'와 '실제화'의 이름아래 다시 한 공간에서 결합하였던 것이다.155)

---

152) 한규무, 『일제하 한국기독교 농촌운동1925~1938)』, 88~89쪽.

153) 『基督申報』에서는 큰 기대를 갖고 기독신우회의 창립에 대해 보도했다(「基督信友會 創立」, 『基督申報』 1929년 6월 5일; 사설, 「基督教勢力의 動力」, 『基督申報』 1929년 6월 12일자).

154) 장규식, 『일제하 한국기독교민족주의 연구』, 혜안, 2001, 199쪽.

1929년 5월 "전세계 기독교도의 당면한 문제는 기독교의 신앙상 동력을 사회세력으로 화하여 이것을 인간생활 전체의 문제의 해결에 공함에 있다"[156]로 시작한 기독신우회 선언문의 핵심은 기독교의 '민중화'와 '실제화'였다. 여기에서는 기독신자의 단결, 천국건설, 사회죄악의 제거, 사회복음주의의 중흥을 표방하는 '기독주의론'이 주장되었다. 기독신우회 선언에 채택된 내용들은 예루살렘대회에서 중요하게 제기된 이념과 동일한 것으로 당시 기독교가 성취해야 할 과제들이었다.

기독신우회의 출범은 기독교계 대내외적으로 큰 반향을 일으키며, 대대적인 환영을 받았다. 기독교계의 대표적 신문인 『基督申報』는 기독신우회의 결성을 "그리스도주의를 실제화하여 죄악의 세상을 폐하여 버리고 하나님의 나라를 건설하려 한다"고 평가하고, "조선의 그리스도신자들의 시대에 순응하여 마땅히 행할 절실한 운동이다"라고 하여, 기독신우회의 앞길을 축하했다. 일반 신문인 『東亞日報』와 『조선일보』에서도 기독신우회에 대해 기독교인들의 "民族的 一力量"의 구성하는 "前衛的 結成"[157]또는 "前衛的 運動"[158]이라고 극찬했다.

이처럼 1920년대 후반 사회적 사명을 강조하는 세계기독교와의 국제적 연대를 통한 각성과 신간회 및 실력양성운동을 통한 정치·사회의식의 자각을 배경으로 3·1운동이후 지속된 기독교세력의 민족운

---

155) 「基督信友會 發起人·幹部」, 『基督申報』 1929년 6월 12일자. 89명의 발기인 가운데 24명이 신간회 본부와 지회에 간부급으로 참여한 인사들이었다.
金性業 趙炳玉 趙鍾完 金永燮 朴容羲 朴熙道 吳華英 兪珏卿 兪億兼 李東郁
鄭春洙 崔錫柱 桂炳鎬 金應集 金思牧 白南薰 裵恩希 薛命和 曺晚植 宋春根
李嘉順 李舜基 姜俊杓 黃致憲 (24명)

156) 「基督信友會 宣言」, 『基督申報』 1929년 6월 12일자.

157) 「朝鮮基督教의 使命」, 『東亞日報』 1929년 6월 5일자.

158) 「基督教信友會」, 『朝鮮日報』 1929년 6월 3일자.

동은 1929년 기독신우회의 결성을 통해 그 전기를 마련했다.[159]

그런데 기독신우회의 출범과 관련하여 현저하게 눈에 띄는 점은 이 단체의 결성을 조병옥, 정인과 등과 같은 수양동우회계열이 주도한다는 것이다. 비록 기독신우회에는 흥업구락부계열도 참여한 것이 사실이지만, 기독신우회의 이사회와 평의회를 수양동우회와 서북기독교 출신 인사들이 장악하고 있다는 점에서 단체적 주도권은 서북기독교를 기반으로 하는 수양동우세력이 잡고 있었다.[160]

이것은 이 시기부터 기독교세력의 민족운동진영 판도가 변화했음을 의미하는 것이다. 한말이래 기호지방을 기반으로 두고 기독교세력의 상층부를 이루며 기독교 민족운동의 중심부를 장악해 왔던 흥업구락부세력을 밀어내며 기독교 민족운동의 중심부에 이들 세력이 진출한 것이다. 이제부터는 서북지역을 기반으로 수양동우회 기독교세력이 기독교 민족운동의 주도권을 장악했음을 상징적으로 보여준다.

이런 일이 가능했던 것은 당시 수양동우회 기독교세력의 조직적 근거지가 되고 있던 서북 지역의 장로교회가 1928년 예루살렘대회를 계기로 사회문제에 직접 뛰어들었기 때문이다. 1928년 8월 장로교회는 농촌부를 설치했다. 또한 여기에는 기독교면려청년연합회와 주일학교대회 등을 서북기독교계가 주도하고 있던 것도 큰 배경이 되었다.

그러나 기독신우회는 오래 가지 못해 침체되고 말았다. 그 주된 원인은 이 단체가 너무 '졸속'으로 조직되었기 때문으로 보인다. 그로 인

---

159) 맑스주의에 대응하는 '기독주의 사회운동'의 선언은 이후 농촌운동 절제운동 등의 방면에서 적지않은 반향을 불러 일으켰다. 기독신우회에 평의원으로 참여한 조만식을 정점으로 1929년 후반 배민수 유재기 등 평양의 기독청년 학생들이 모여 결성한 기독교농촌연구회가 그 대표적인 경우였다(방기중, 앞의 책, 125~133쪽 참조).

160) 「基督信友會 宣言」, 『基督申報』 1929년 6월 12일자.

해 예루살렘대회의 영향을 받으며 제기된 새로운 개혁단체에 대한 치밀한 준비와 확고한 방침이 부족했고, 그래서 실제로 단체를 운영할 주체가 불분명했던 것 같다.

이런 점은 기독신우회의 활동이 거의 없었다는 점에서도 확인되었는데,[161] 당시 한 독자가 기독신우회의 '비활동성'을 날카롭게 꼬집고 단체원의 책임과 분발을 촉구했다는 점에도 저간의 상황을 이해 수 있을 것이다.[162] 이와 함께 기독교계 일부에서의 "현재 교회조직을 부인하고 표현되는 반동단체이니 혹은 市靑年會나 勉勵會 엡윗靑年會를 대상하고 일어나는 단체이니 하는 添設"[163]과 같은 비난도 방해요소였을 것이다.

그러나 침체의 큰 원인은 기독신우회가 서북지역 출신을 중심으로 형성된 세력이 주도했다는 점과 당시 국내 최대 기독교 단체인 YMCA와 흥업구락부의 주도그룹인 신흥우 그룹이 빠져 있었다는 점이다. 이런 점은 실질적인 운동을 전개하는데 결정적인 취약점이 될 수밖에 없었을 것이다.

사실상 기독교계의 협동전선체를 가장 먼저 구상한 것은 흥업구락부의 리더이자 YMCA총무인 신흥우였다. 그는 1928년 예루살렘 국제선교대회를 다녀온 직후 같이 동행했던 수양동우회계열의 정인과에게 기독교 '혁신단체'의 결성을 제의했다. 그러나 정인과는 이에 대해

---

161) 활동이 전혀 없었던 것은 아니다. 다음은 기독신우회의 활동에 관한 기사이다. 「基督信友會의 職工慰安音樂大會」, 『基督申報』 1929년 11월 27일; 「基督信友會定期大會」, 『基督申報』 1930년 6월 4일; 「基督信友會 京城支會大會」, 『基督申報』 1930년 6월 18일자.

162) 金愚植, 「基督信友會發起人 諸位씌」, 『基督申報』 1930년 9월 17일자.

163) 李容尙, 「基督信友會를 代表하야 金愚植氏에게 드림」, 『基督申報』 1930년 10월 1일자.

"100년이 지나야 가능한 일"이라고 일언지하에 거절하고서는,164) 얼마 안 있어 신흥우가 제시했던 혁신적 이념과 거의 유사한『기독신우회』를 수양동우회 계열중심으로 결성한 것이다. 이런 상황에서 먼저 협동전선을 제의한 신흥우가 이 조직에 들어갈 수 없었던 것은 당연한 일이다.

이처럼 기독신우회는 기독교계 협동전선체로 결성되었음에도 불구하고 당시 가장 큰 기독교조직인 YMCA와 흥업구락부의 리더인 신흥우와 그 구성원들이 빠져 있었다는 점, 기독신우회 발기인에 동우회사람보다 흥업구락부사람이 많음에도 불구하고 단체의 이사진에 수양동우회원들이 대거 포진했다는 점,165) 기독신우회 선언의 내용이 수양동우회의 이념을 그대로 되풀이하고 있다는 점166) 등의 문제가 내재되어 있었다. 이 때문에 처음에는 흥업구락부계열이 '기독교 협동전선'이란 명분에 따라 참여했지만, 시간이 흐르면서 진정한 의미의 '협동전선'이 아니라 수양동우회의 일방적 독주임을 간파하고 기독신우회에서 탈퇴하거나 일정한 거리를 두었던 것이 기독신우회가 침체하게 된 원인이 되었던 것이다.167)

---

164) 陸鴻山,「積極信仰團을 싸고도는 朝鮮基督教의 暗流(續篇)」,『四海公論』, 1936년 8월호, 213쪽.

165) 단체의 핵심이라 할 수 있는 평의원과 이사진을 수양동우회 및 서북계 기독교인사들이 차지하고 있었다(『基督申報』1929년 6월 12일자).
평의원 : 조병옥, 정인과, 김인영, 이용설, 전필순, 이대위, 이시웅
이사진 : 이승훈, 백남훈, 조만식, 황치헌, 배덕영, 오화영, 정춘수, 장이욱

166) '기독신우회'의 선언은 기독교의 사회화와 실제화를 표방했으나, 그 실제적 내용에는 인격개조·공고단결 등의 개념이 들어 있었다. 이 개념은 흥사단- 동우회의 기본이념으로 인격의 발휘에 장애가 되는 사회악의 우선적 제거를 통해 고식적인 자기개조에서 사회개조로 나아갈 것을 주장한 주요한, 조병옥 등 수양동우회계열의 논리였던 것이다.

167) 결성 당시 경성지회를 설립하였던 기독신우회는 신간회의 예에 따라 전국 주요

이 같은 기독신우회의 한계는 기독교계 막 조성되기 시작한 협동전선의 분위기에 찬물을 끼얹는 역할을 했다. 특히 그 단적인 예는 기독교계의 연합운동의 산물로 탄생한『농촌사업협동위원회』가 유명무실해지는 결과를 가져왔다는 것이다.[168) 이 기관은 1930년까지만 존재하다 없어지고 만다. 물론 각 농촌운동 단체들이 체계가 잡히면서 독자적인 농촌운동을 전개하는 가운데 이 위원회가 '발전적 해체'했을 가능성이 있다.

그러나 그것보다는 이 단체를 흥업구락부계열의 인사들이 주도로 조직했다는 점이 큰 원인이 되었던 것으로 보인다. 서북기독교계 인사들이 흥업구락부계열이 주도하는 단체에 대해 일정한 거리를 두기 시작했기 때문이다. 즉 농촌사업협동위원회의 침체는 한말이래 중앙 YMCA를 중심으로 기독교 민족운동을 주도한 기호지역의 흥업구락부계열과 1920년대 중반이후 막강한 교세를 앞세우며 기독교 민족운동의 주도권을 장악해 가는 수양동우회계열의 갈등과 대립이 더욱 큰

도시에 지회의 설립을 계획했다. 그러나 1929년 말 경에 단체의 활동은 11월에 노동자 위안 음악회를 개최한 것이 고작이었다(「기독신우회의 직공위안음악대회」,『基督申報』1929년 11월 27일자). 기독교계 내에 보수적 태도들 역시 큰 몫을 차지하면서 기독신우회의 활동 폭을 제한했다. 설상가상으로 민중대회 사건으로 조병옥이 체포, 투옥됨에 따라 기독신우회는 1930년 제2회 정기대회에서 임원 개선을 통해 단체적 문제 해결을 시도했으나, 당초 기대와 달리 무기력한 침체에 더욱 빠졌고, 이후 식자층의 비판을 당했다(「기독신우 정기대회」,『基督申報』1930년 6월 4일자; 金愚植, 「기독신우회 발기인 제위께」,『基督申報』1930년 9월 17일자).

168) 조선예수교연합공의회의 주도로 결성된『농촌사업협동위원회』는 1930년 세계대공황의 여파로 미 YMCA가 파견한 농업간사를 소환하는 과정에서 신흥우의 개입으로 원래 기호지역 활동 간사에서 서북지역 활동간사로 교체되면서 벌어진 기호세력과 서북세력의 알력과 대립, 이후 서북기독교계의 반발로 그 활동이 유명무실해져 갔다.

배경이 되었던 것이다.

　이처럼 1928년 예루살렘대회를 계기로 촉발된 사회참여의 열기에 힘입어 1920년대 말에 분화된 민족운동세력의 협동전선체를 결성하고 각종 기독교 연합운동에서 연대함으로써 기독교 민족운동은 최고의 '고조기'를 맞이했다. 그러나 이와 동시에 기독교 민족운동의 '침체기'라는 변화를 수반하게 되었다. 즉 기독신우회의 한계는 이후 기독교계의 사회참여에 부정적 역할을 한 것이다. 그것은 이후 기독교인들의 개인적 감정과 대립, 여기에 지역주의와 신학적 차이, 그리고 '보수'와 '진보'라는 기독교계의 경향이 맞물리면서 기독교세력의 민족운동을 위축시켰기 때문이다.

제4장 기독교세력의 신간회운동 참여와 활동

1. 민족협동전선론과 기독교세력 참여

1920년대 중반 기독교세력은 사회주의세력의 반기독교운동과 민족운동진영의 동향 속에서 세력결집의 필요성을 인식했다. 이들은 해외 민족운동세력의 움직임과 조응하면서 일반 사회단체를 조직하고 이에 참여하기 시작했다. 그리하여 기독교세력은 1920년대 중반 크게 흥업구락부계와 수양동우회계로 크게 분화되었고, 이 조직들은 1920년대 중반이후 기독교세력이 중요한 정치세력으로 나설 수 있는 조직적 거점이 되었다. 이 두 조직은 신간회 기독교세력이 형성되는 근거지가 되었다.

신간회에 참여한 기독교세력이 형성된 것은 '민족협동전선론'의 대두가 가장 큰 계기가 되었다. 1925년에 들어서면서 민족운동진영에서는 민족협동전선에 대한 태도가 나타나기 시작했다. 1925년 1월 동아일보가 사회운동과 민족운동의 일치점과 차이점을 모색한다는 차원에서 민족주의진영과 사회주의진영의 인사 각 3명씩 모두 6명의 인사들의 의견을 연재했는데, 여기에서 이들은 모두 '민족해방'이라는 목

표를 동의하면서 사회운동과 민족운동 중에 먼저 민족운동이 추진되어야 한다고 주장했다.[1]

이것이 더욱 구체적으로 표면화된 것은 일제의 치안유지법이 식민지 조선에 확대 실시된 직후의 일이었다. 『開闢』이란 잡지사의 설문조사에 3개신문사와 영향력이 있는 사회운동단체 대표들이 대거 참여했는데, 여기에서는 대부분이 민족, 사회 양 진영의 협동전선이 무엇보다 필요함을 강조하였던 것이다.[2]

이러한 민족협동전선의 요구에 기독교인사들이 움직이기 시작한 것은 1925년 9월 15일에 결성된 '조선사정연구회'였다. 민족주의 좌파 인사들이 다수를 점하고 일부 사회주의자들의 참여를 통해 조직된 이 단체 민족운동의 이론적 지도기관으로의 발전을 염두에 두면서 조직되었다.[3] 여기에는 흥업구락부의 안재홍, 백관수, 유억겸, 이관용과 수양동우회의 조병옥 등이 참여했다.

이 과정에서 주목되는 점은 기독교세력의 참여전술 특징이 그대로 나타난다는 것이다. 새로운 운동을 위해 기존의 조직을 활용하기보다는 기독교세력을 중심으로 새로운 조직을 외곽에 결성하거나 아니면 여타의 민족주의자들과 연대하여 민족운동단체의 결성에 참여하는 방식이었다. 즉 조선사정연구회에 참여한 기독교인들은 기존의 기독

---

1) 『東亞日報』 1925년 1월 2일~6일자.

2) 『開闢』, 1925년 6월호 참조. '조선 사회운동의 추세'와 '사회운동의 금후방침', 그리고 '사회운동과 민족운동의 금후 관계' 등에 관해 질문을 받은 13명 전원은 금후 민족, 사회주의자가 협동전선을 펴나가야 한다는 데 의견을 같이 했는데, 이는 민족, 사회주의자들이 처음 협동전선을 공개적으로 인정했다는 점에서 의미가 있었다.

3) 주 혁, 「조선사정연구회의 연구」, 한양대 사학과 석사학위논문, 1991; 고정휴, 「태평양문제연구회 조선지회와 조선사정연구회」, 『역사와 현실』 6, 1991 참조.

교세력으로 유력한 단체인 흥업구락부나 수양동우회를 활용하기보다 YMCA에서 형성된 인적관계를 활용하여 '조선사정연구회'라는 별도의 단체결성에 적극 참여함으로써 기독교계의 신간회세력을 형성하였던 것이다.

조선사정연구회는 "극단적인 공산주의를 배격하고, 조선의 역사와 민족성을 연구하여 민족정신의 보존에 노력한다"는 창립 취지를 내세웠다.[4] 그러나 이들의 공산주의 비판은 사회주의 이념을 민족적, 현실적 관점에서 받아들이지 못하고 극단적인 계급주의 좌편향을 보이는 것에 대한 비판을 의미했으며,[5] 오히려 민족정신과 사회주의 이념을 대립적인 것으로 보지 않고 사회주의세력과의 상호 연대, 결합의 가능성을 제시하였던 것이다. 즉 민족협동전선의 요구를 바탕에 깔고 있던 '조선사정조사연구회'에 기독교세력이 적극 참여함으로써 앞으로 사회주의세력과의 민족협동전선 논의에 동참할 수 있는 계기를 마련하였던 것이다.

이와 함께 이들은 태평양문제연구회 조선지회(이후 조선지회)의 결성에도 참여했다.[6] 이 단체는 신흥우, 유억겸, 송진우 등이 미주에서

---

4) 慶尙北道警察部 編, 『高等警察要史』, 1934, 47쪽.

5) 朴贊勝, 「1920년대 중반~1930년대초 민족주의 좌파의 신간회운동론」, 『한국사론』 80, 1993, 62~63쪽.

6) 기존의 연구에서는 태평양문제연구회 조선지회의 설립한 인물들이 자치운동을 전개하려는 목적에서 이 단체를 결성한 것으로 보았다(고정휴, 위의 글, 297쪽). 그러나 태평양회의를 다녀온 뒤 송진우가 자치운동을 전개한다고 하는 부분은 이해되지만, 그렇다고 해서 조선지회를 주도적으로 결성한 신흥우와 유억겸, 그리고 그 단체까지 자치운동과 직접 관련이 있는 것으로 서술하는 것은 당시 운동 현상과는 거리가 있다고 판단된다. 당시 자치운동과 관련된 인사들은 주로 수양동우회계열의 인물들로(이광수), 흥업구락부계열은 자치운동과 일정한 거리를 두고 있었다. 또 이 단체를 주도적으로 결성하는 신흥우와 유억겸이 자치운동과 관련되었다는 흔적을 찾을 수 없는데, 유억겸이 자치운동을 배격하며 창립된 신간회에

활동하던 이승만과의 연계 속에 국내에 설립한 단체로, 태평양문제연구회에 지속적으로 조선대표를 파견하고 국제정세와 미일간의 동정을 파악하여 국제열강들로부터 독립운동의 지지를 끌어내기 위해 11월 28일 결성되었다.[7] 즉 조선사정연구회를 중심으로 결집하기 시작한 기독교계 신간회 세력은 국제적 변화, 특히 미일간의 외교적 관계에도 예의 주시하면서 대두하는 민족협동전선체 건설에 적극 나서게 되었다.

한편 「조선사정연구회」를 중심으로 형성되기 시작한 기독교세력은 자치운동이 표면화되자 자치론과 자치운동을 적극 비판하면서 신간회 창립과정에 참여했다.

이것은 1924년 1월 이광수의 「민족적 경륜」이 발표된 뒤,[8] 일부 인사들이 합법적 정치결사를 조직하여 일제 총독부와의 타협적 자치운동을 전개하자는 주장을 제기하면서였다.[9] 여기에 1925년에 들어 민족주의세력을 압박하던 사회주의세력이 일제의 '치안유지법' 실시로 심각한 타격을 받게 되었고, 아울러 미일간의 대대적인 충돌의 가능성과 함께 일본에서 자치문제를 긍정적으로 검토하던 헌정회가 단독내각을 설립함으로써 조선의 자치문제가 논의되었다.[10]

이런 분위기 속에서 1925년 7월 하와이 제1회 태평양문제연구회의에 갔던 송진우가 일본의 조선자치 허용 가능성을 듣고 귀국하여 일부

참여한다는 점에서 볼 때 이는 더욱 분명하다고 생각된다.

7) 『朝鮮日報』 1925년 11월 30일자.

8) 「민족적 경륜」, 『東亞日報』 1924년 1월 1일~4일자.

9) 박찬승, 「1920년대 중반~1930년대초 자치운동과 자치운동론」, 『한국근대정치사상연구』, 역사비평사, 1992 참조.

10) 韓相龜, 「1926~28년 민족주의 세력의 운동론과 新幹會」, 『韓國史論』 86, 1994, 146쪽.

자치론자들과 함께 자치운동에 대한 문제를 토의하더니,[11] 1926년에 들어서는 자치운동이 본격적으로 추진되기 시작했다.

이런 상황에 대응하여 기독교인사들의 민족협동전선운동 참여가 더욱 구체화되었다. 1926년 3월 천도교 구파와 조선공산당 강달영의 민족협동전선 논의에 기독교인들이 참석했다. 이 모임은 조선공산당이 '국민당' 건설을 목적으로 개최한 것으로 흥업구락부원인 박동완, 유억겸, 안재홍이 참석했다. 이 자리에서는 천도교 이종린이 천도교 신파, 동아일보측이 자치운동을 전개하려고 한다고 폭로, 비판함으로써 자치운동계획이 공개적으로 알려지게 되었다.[12] 또한 신간회와 유사한 서울청년회 신파 사회주의자들과 조선물산장려회계의 민족주의자들에 의해 결성된 '조선민흥회'에 기독교인들이 주도적인 인물로 참여했다.[13] 이 단체의 창립준비위원회의 심상민, 정춘수, 오화영은 당시 저명한 기독교운동가들로 조선물산장려운동 및 사회운동에 적극 참여하고 있던 인사들이었다.[14]

그런데 여기서 주목되는 점은 사회주의자들에 의한 기독교 배척운동이 한창 진행되던 시점에서 이들이 주도하는 민족협동전선 논의에 기독교 인사들의 참석을 허용했다는 것이다. 이것은 당시 반기독교운동을 주도하던 사회주의자들이 기독교 인사들을 통일전선의 대상으

---

11) 「獨立運動終熄後ニ於ケル 民族運動ノ梗槪」(1927.1),『齋藤實文書』10(高麗書林, 1990), 237쪽.

12) 金昌順・金俊燁,『韓國共産主義運動史』2, 청계연구소, 1986, 455~456쪽.

13) 이균영,『신간회 연구』, 역사비평사, 1993, 86~87쪽.

14) 심상민은 일본유학생 출신으로 경북 김천지역에서 기독교계 사회운동을 이끌던 지도적 인물이었다. 정춘수와 오화영은 3・1운동 당시 기독교계를 대표한 '민족대표'로 활약했으며, 모두 감리교 목사로 흥업구락부의 회원으로 활동하면서 조선물산장려회에 적극 동참하고 있던 사람들이었다.

로 인정하고 끌어들이되 기독교회 자체는 통일전선의 기관으로 설정하고 있지 않다는 반증이기도 했다.

그렇다면, 사회주의자들의 이중적 태도는 어디에서 비롯된 것일까? 이것은 이들의 '통일전선론'에서 비롯된 것이었다. 이들은 "조선 내에서 천도교와 대종교는 민족해방관념이 있는 것으로 인식한 반면에 기독교와 불교는 단체로서 민족해방관념이 없으나 개인은 관념이 있는 자가 있다"15)고 하는 관점에서, 같은 종교세력이면서도 '배척'과 '견인'의 이중적 방침을 기독교에 대해 적용하고 있었다. 즉 사회주의자들의 반기독교운동은 1926년 중반경 철회가 되었는데,16) 이것은 기독교인들이 민족협동전선 논의에 적극 나서고 있는 마당에 사회주의자들이 언제까지 기독교세력을 전면 배척할 수 없었기 때문이다.

민족협동전선운동에 나선 기독교인들은 6·10만세사건17)과 제2차 조선공산당 간부들의 검거로 잠시 주춤해 지기도 했으나 1926년 10월 '연정회 부활계획' 모임이후 반자치운동을 내세우면서 사회주의세력과의 '민족단일당' 결성에 적극 참여했다. 여기에는 그 해 11월 정우회가 사회주의자와 민족주의 좌파 간의 협동전선 결성과 사상단체의 해체를 선언한 이른바 정우회선언의 발표도 큰 배경이 되었다.18)

---

15) 高等法院檢事局思想部, 「朝鮮共産黨事件重要書類證據物」, 『朝鮮思想運動調査資料』 1, 1932, 34쪽.

16) 김권정, 「일제하 사회주의자들의 반기독교운동의 연구」, 『崇實史學』 10, 1997, 212쪽.

17) 6·10만세사건과 기독교계는 역사적 관계가 거의 없고, 있다 하더라도 개별적인 것으로 알려져 있었다. 그러나 최근 연구에 의하면, 서울지역의 기독교계 학생들이 조직적으로 연결되어 6·10만세사건에 참여하고 있음이 밝혀졌다. 앞으로 이 부분에 대한 연구가 더욱 진행되어야 할 것이다. 이에 대해서는 趙恒來, 「第2의 6·10萬歲運動에서 본 皮漁善紀念聖經學院의 信仰心과 愛國精神」, 『第2 6·10 獨立萬歲運動紀念碑誌』, 평택대학교, 1999.6.

이런 배경에서 홍업구락부원인 박동완, 안재홍은 1926년 말 천도교 구파의 원로인 권동진, 불교계의 한용운, 그리고 최익한, 홍명희, 신채호 등과 함께 신간회를 창립하기 위한 협의에 참석했다.[19] 이어 이듬해 1월초에는 그와 함께 이갑성이 권동진, 홍명희, 한기악 등과 회합을 갖고 신간회의 발기를 합의하고 창립준비에 들어갔다.[20] 이처럼 1925년 하반기부터 운동세력을 형성하기 시작한 기독교인들은 자치운동에 반발하며 '朝鮮民族의 政治 經濟의 窮究的 解決', 이른바 조선의 완전독립을 지향'하는 신간회 결성 움직임에 적극 동참하기 시작했다.[21]

요컨대 '민족협동전선론'의 대두와 '자치운동'의 전개는 기독교세력이 신간회에 참여하는 직접적인 원인이 되었다. 기독교세력 가운데 사회주의세력을 민족운동의 공동세력으로 인정하고 자치운동을 비판하는 그룹이 형성되어 사회주의세력과의 연대에 나서기 시작했던 것이다.[22] 다시 말해서 기독교세력은 기존의 종교단체와 일반사회단체, 그리고 개인적 관계를 활용하여 '민족문제'라는 '거시적 차원'의 문제 해결을 위해 사회주의세력과 '연대'하게 되었던 것이다.

---

18) 민족운동과 사회운동이 종래 파벌적, 부문적 운동을 초월한 '민족단일당'을 결성하여 이제부터 정치투쟁으로 전환해야 한다고 주장하는 사회주의세력의 "정우회 선언"은 민족협동전선운동이 급진전되는 중요한 계기가 되었다. 정우회 선언의 전문이 『조선일보』 1926년 11월 17일자에 게재되어 있다. 이 선언과 신간회의 관계에 대해서는 김인덕, 「정우회선언과 신간회 창립」, 『국사관논총』 89, 국사편찬위원회, 2000을 참조할 것.

19) 姜德相・梶村秀樹 編, 『現代史資料』29(東京: みすず書房、1972), 95쪽.

20) 李炳憲, 「新幹會運動」, 『新東亞』 60, 1969, 194쪽.

21) 慶尙北道警察部 編, 『高等警察要史』, 1934, 47쪽.

22) 기독교인들과 사회주의자들은 이미 1920년대 전반에 『新生活』이라는 사회주의의 잡지활동을 통해 결합했던 경험을 갖고 있었다.

2. 신간회 참여 논리와 기독교세력

1) 기독교세력의 신간회 참여논리

기독교인들은 1920년대 중반경 민족운동진영의 민족협동전선론의 대두와 함께 기독교계의 사상적 동향에 큰 힘을 받고 있었다. 3·1운동 이후 기독교 내부에서는 기독교 자체의 개혁에 대한 주장과 실천을 강조하는 목소리가 제기되었다. 그 과정에서 기독교와 사회주의의 공통분모를 모색하는 주장들이 등장했다.

이를 테면, 이대위와 같은 경우에는 "기독교사상과 사회주의가 상동(相同)"[23]이라고 하였고, 기독교계의 대표적인 신문인 『기독신보』는 "진정한 사회주의는 기독교인이 아니더라도 그를 기독인과 동일히 간주하겠다"[24]고 하는 등, 기독교 내부에서는 기독교와 사회주의의 관계를 적대적으로 보지 않고 오히려 상호 연대 가능성을 타진하고 있었다. 이어 1920년대 중후반에는 반기독교운동의 경험과 함께 저명한 기독교 사회주의자들의 글들이 언론에 자주 등장했다.[25] 이는 정치적, 사회적 문제에 적극 참여하며 신간회에 참여하는 기독교인들의 활동을 더욱 고무시키는 종교적 배경이 되었다.

이 같은 기독교계의 사상적 분위기 속에서 기독교인들은 사회주의

---

23) 李大偉, 「社會主義와 基督教 思想」, 『靑年』, 1923년 5월호, 9쪽.

24) 社說, 「基督教會와 社會」, 『基督申報』 1924년 10월 15일자.

25) 1920년대 중반경부터 기독교계의 잡지와 신문에는 일본의 대표적인 기독교사회주의자인 하천풍언(賀川豊彦)의 글이 대대적으로 게재되었고, 유럽 초기 사회주의자로 '공상적 사회주의자'로 불리는 상시몽, 푸리에 등의 글이 활발하게 실려 기독교 청년들에게 기독교의 사회주의적 측면 등을 소개했다(김권정, 「1920~30년대 기독교인들의 사회주의 인식」, 『한국기독교와 역사』 5, 한국기독교역사연구소, 1996, 100~102쪽).

와의 적극적 연대를 강조하는 가운데 민족협동전선론에 대해 적극 호
응했다. 한 논자는 이에 대해 다음과 같이 언급했다.

　　民族이라 함은 自己 同族만 爲함이오 社會라 함은 世界 他族을 泛稱
　　함이니 各其 民族이 아니면 어찌 社會가 組織되며 社會를 無視하면 어
　　찌 獨存할까. 民族을 自愛하는 良心이 充溢한 然後에야 自然的 可히
　　社會에 普及할 지오 社會까지 博愛하는 眞誠이 有한 즉 民族은 自然的
　　相愛하거늘……大抵 民族主義이든지 社會主義이든지 人類生活上 不
　　可無할 것이지마는 眞正한 民族主義라 할진대 此를 推하여 社會에 普
　　及할지오 眞正한 社會主義라 할진대 此를 民族에 先始하여야 할지니,
　　民族主義는 곧 社會主義의 根源이오 社會主義는 即 民族主義의 支流
　　라 民族社會가 互相連絡하여 愛의 一字로 始終終하면 世界의 平和
　　瑞光을 指日目睹할지니,… 무슨 主義든지 偏執한 局見을 脫却하고, 우
　　리 民族부터 世界社會까지 救援하는 大事業을 希望하노라[26]

　이 시대를 '혁명의 시대'로 인식한 이상재는 민족(=민족주의)과 사
회(=사회주의)의 관계를 불가분의 관계로 인식하고, 민족주의와 사회
주의의 현실적 필요성을 인정하면서, 서로의 협동이 무엇보다 필요하
다고 파악했다. 그는 민족주의는 사회주의의 근원이고 사회주의는 민
족주의의 지류로서 둘 다 인간생활에서 없어서는 안될 요소임을 지적
했다. 이상재는 사회주의의 당위성을 인정하지만 민족주의의 당위성
도 있음을 역설하면서, 오히려 계급적 사회모순보다 지금은 오히려 민
족적 모순이 더 중요하다고 파악하고 민족주의와 사회주의의 공동전
선 형성이 무엇보다 필요하다고 주장했던 것이다.
　이와 더불어 이상재는 기독교인들이 종교적·사회적 편견을 넘어
기독교적 이념인 '사랑(愛)'를 배경으로 민족문제에 접근하여 사회주

<hr>

26) 李商在, 「靑年이여(四)」, 『靑年』, 1926년 5월호, 2쪽.

의세력과의 민족협동전선운동에 나설 것을 역설했다. 그것은 궁극적으로 우리 민족과 세계까지 구원할 수 있는 일이기 때문이었다. 즉 기독교세력은 강한 기독교적 가치를 기초로 하면서 사회주의세력과의 협동전선에 나서고 있었다. 이처럼 민족협동전선에 대한 참여가 활발하게 민족운동진영에서 논의되고 그 산물로 신간회 결성이 구체화되면서 기독교인들 가운데는 한발 더 나아가 기독교 이념에 기반하여 보다 적극적인 '정치투쟁'을 제기하기 시작했다.

그 대표적인 인물이 조병옥이었다. 합법적 공간에서의 당면한 이익을 획득하는 생활투쟁의 전개와 이를 통한 정치의식의 각성, 그리고 민족운동으로 전진할 것을 주장[27]했던 그는 "종교기관이 일정한 사회적 도덕적 사회적 여론을 성립하는 데 중추적인 조직 중의 하나"[28]임을 지적하고, 기독교회가 민족문제, 사회문제, 도덕문제 등에 중립할 수 없기 때문에 모든 문제를 철저하게 연구하여 사회를 인도해야 할 민족적, 사회적 책임이 있음을 주장했다.

> 宗敎家도 革命家가 될 수 있을까?…불의편에서 이해성과 협동성이 전무한 줄로 알 때에는 무력의 수단으로 당자의 문제를 해결하여도 기독의 교훈 표준에도 죄라 하지 못할 것이라. 정의를 성립하는 수단에 들어가서 다른 방법이 없다 할 것 같으면 무력으로써 변혁함도 기독진리에 위반됨이 아니라 한다.[29]

'평화'와 '정의'의 정신을 강조한 조병옥은 특별한 경우, 즉 이민족(異民族)의 식민지로 전락된 상태와 같은 특수한 경우에는 무력적 행

---

27) 趙炳玉, 「經濟問題의 一觀」, 『東亞日報』 1927년 1월 16일자.

28) 趙炳玉, 「朝鮮基督敎의 當面한 課題」, 『基督申報』 1925년 12월 30일자.

29) 趙炳玉, 「宗敎家도 革命家가 될 수 있을까?」, 『靑年』, 1927년 3월호, 115~117쪽.

사가 가능하다고 보았다. 그는 보편적 평화의 정신이 일제의 억압적 통치아래 짓밟힐 때에 이에 대항할 수 있는 '정의'를 강조하면서 민족운동에 참여할 수 있는 기독교적 근거와 논리를 마련하였던 것이다. 나아가 현실세계의 불평등하고 억압적 구조를 '불의'로 규정한 그는 이런 '불의'와 싸워 이긴 예수처럼 우리도 '십자가의 무사'가 되어 현실의 '사회적 악의 구조'를 타파하는데 나설 것을 강조했다.[30] 여기서 현실의 '사회적 악의 구조'란 수사학적 표현으로, 일제의 식민지 구조를 의미하는 것이었다. 이는 민족의 자유 없이 완전한 종교의 자유도 찾을 수가 없다는 민족문제와 기독교적 신앙의 결합이 크게 작용하고 있음을 상징적으로 보여주고 있다.[31]

따라서 이런 인식은 넓게 보아서 신간회에 참여한 활동하던 상당수 기독교인들의 종교적 근거를 대변하고 있었던 것으로 보아도 무방할 것이다. 즉 기독교계 신간회세력의 정치적 투쟁 논리 이면에는 강한 신앙적 논리가 내재되어 있다는 점은 신간회에 참여한 여타의 민족주의자들과 구별되는 점이었다.

이처럼 신간회에 참여한 기독교인들은 민족협동전선운동에 적극 호응하면서 사회주의세력을 민족운동의 '동반자'로 인정하고 있었다. 이것은 신간회 결성 자체가 민족해방을 목표로 하는 민족주의세력과 계급해방을 목표로 하는 사회주의세력이 일본제국주의에 대해 공동전선을 구축했다는 점에서도 분명하게 드러났다. 서로 다른 가치관과 운동관을 지닌 양측이 상대방의 차이를 인정하고 민족운동의 동반자로서 전제하지 않는 한 하나의 운동공간에서 공존하기가 불가능한 일이기 때문이다. 즉 이 같은 조직적 성격을 지닌 신간회에 기독교인들

---

30) 趙炳玉, 「十字架의 武士」, 『靑年』, 1928년 4월호, 20~24쪽.

31) 趙炳玉, 『나의 회고록』, 1986, 해동, 97~98쪽.

상당수가 참여한다는 사실은 곧 민족협동전선론의 적극적 수용을 의미하고, 사회주의세력을 동반자로 인정하고 있음을 보여주는 강한 반증이기도 했다.32)

　요컨대, 신간회 기독교세력은 민족주의 입장에서 사회주의가 계급주의로 흐르는 것을 경계하면서도 민족모순을 해결할 수 있는 동반자로 인정하였고, 기독교적 정체성을 바탕으로 '투쟁'에 적극 나서는 것이 기독교의 민족적 책무를 다하는 것임을 강조했다. 이것은 이들이 사회주의운동과 민족협동전선론을 민족운동의 일환으로 인정하였음을 의미한다.

2) 신간회 참여파 기독교세력의 특징

　1927년 2월 '정치경제의 각성촉진', '단결의 공고화', '일체의 기회주의 부인'의 강령을 내세운 신간회의 창립대회가 종로 중앙YMCA 강당에서 개최되었다. 이 자리에서는 회장과 부회장, 그리고 간사진이 선출되었다.33) 창립대회를 개최한 직후 본부 간부진에 참여하여 활동한 기독교인들은 다음과 같다.34)

이름	생년	출신지	교육경력 및 활동상황	신간회활동
이상재	1850	충남서천	독립협회, YMCA, 민립대학기성회, 흥업구락부, 현 조선일보사장	회장
김영섭	1888	경기강화	일 와세다대, 청산학원, YMCA, 흥업구락부	간사

---

32) 박찬승, 앞의 논문, 75~77쪽.

33) 『朝鮮日報』1927년 2월 16일자 ; 『東亞日報』1927년 2월 17일자.

34) 이균영, 『신간회연구』, 100~101쪽 ; 『기독교대백과사전』1~16, 기독교문사, 1982~1991 참조.

김활란	1899	경기인천	이화여전, 미 보스턴대, YWCA, 홍업구락부, 근우회, 이화여전 교수	간사
박동완	1885	경기양평	협성신학교, 33인, 기독신보 주필, 물산장려회, 홍업구락부	발기인, 간사
박희도	1889	황해해주	숭실중・협성신학교 졸, YMCA, 33인, 신생활사, 홍업구락부, 중앙보육원	간사
백관수	1889	전북고창	일 명치대졸, YMCA, 홍업구락부, 조선사정연구회, 조선지회, 조선일보	발기인, 간사
안재홍	1891	경기평택	일 와세다대, YMCA, 홍업구락부, 조선사정연구회, 조선지회, 조선일보	발기인, 간사
오화영	1879	황해평산	협성신학교, 33인의 1인, 물산장려회, 홍업구락부, 조선민흥회	간사
유각경	1892	서울	중 북경 협화학교졸, YWCA 창설, 홍업구락부, 근우회 초대회장	간사
유억겸	1895	서울	일 동경대졸, 홍업구락부, 조선사정연구회, 조선지회, YMCA, 延專 교수	발기인
이갑성	1889	경북대구	연희전문졸, 33인중의 1인, 조선민흥회, 물산장려회, 홍업구락부	발기인
이동욱	1897		일 청산학원졸, YMCA, 홍업구락부 물산장려회	간사
정춘수	1874	충북청주	33인, 조선민흥회, 물산장려회, 홍업구락부	간사
조만식	1883	평남평양	숭실중, 일 명치대졸, 민립대학기성회, 평양 YMCA총무, 평양물산장려회장	발기인
조병옥	1894	경기천안	숭실중, 미 콜롬비아대, YMCA, 수양동우회, 조선사정연구회, 조선지회, 延專 교수	간사

　신간회에 참여한 기독교인들의 연령층은 대개 30대 초반에서 70대 중반에 이르기까지 폭넓게 퍼져 있으나, 그 중심은 30대 후반과 40대들이었다. 이들은 10대 혹은 20대에 한일합병을 경험한 인물들로 1910년대 유학과정 혹은 교육활동을 거쳐 3・1운동 이후 기독교 민족운동을 이끄는 지도적 위치에 올라서게 되었다.

　이들의 교육경력을 살펴보면, 국내에서 공부한 사람보다 미국이나 일본에서 유학한 사람들이 압도적으로 많았다. 일본지역의 경우 김영섭(와세다), 유억겸(동경대), 이동욱(청산학원), 조만식(명치대) 등이었고, 미국의 경우에는 김활란(보스턴), 조병옥(콜롬비아) 등이었다. 이들은 새로운 근대지식과 국제적 정치감각을 갖추고 사회주의세력과의 연대에 노력하면서도 국제적 변화에 항상 주목하고 있던 인물들이었다.[35] 당시 기독교인들은 미국과 일본의 외교관계를 대단히 중시했는데, 그것은 미일관계의 대립과 갈등이 커질수록 한국의 독립운동에 긍정적 환경을 조성할 수 있을 것이라는 낙관적 전망 때문이었다. 바로 이런 이유에서 신간회 참여의 유무와 관계없이 기독교세력은 태평양문제연구회의 활동에 큰 기대와 관심을 갖고 예의 주시하고 있었다.[36]

또한 출신지역은 서울·경기도·충청도 지역으로서, 이른바 기호지역출신이 다수를 차지했다. 이 지역은 한말이래 중앙 YMCA를 중심으로 정치적인 기독교인들이 기독교 민족운동에서 주도적 위치를 차지하고 있었던 곳으로 1920년대 중반 홍업구락부계열로 결집되어 있었다.[37] 1920년대는 세계 에큐메니칼운동의 영향으로 YMCA와 같은 초교파적이고 국제적 연대를 가진 사회운동체의 위상이 강화되었다. 이런 위상강화는 자연히 YMCA를 근거지로 하는 홍업구락부의 영향력 확대를 의미했다. 그래서 기독교계 신간회운동을 홍업구락부계가

---

35) 기독교인들 가운데 신간회에는 참여하지 않았지만 당시 기독교계의 대표적인 리더인 신흥우에게서도 이런 인식의 단면을 상징적으로 볼 수 있다. 김권정, 「申興雨의 基督教 民族運動」, 『한국민족운동사연구』, 한국민족운동사연구회, 1999, 151~152쪽.

36) 조병옥은 국제외교의 역학관계를 활용한 외교독립운동에 대해 기본적으로 찬성하지 않았으나, 미일간의 국제적 대립과 마찰이 한국의 독립운동에 긍정적인 영향을 미칠 수 있다는 점에는 일정정도 동의하고 있었다. 이런 점 때문에 그는 1929년 중반에는 태평양문제연구회의 한국인 참석이 일제에 의해 이용당할 수 있다는 점에서 반대하기도 하였던 것이다.

37) 金相泰, 「1920~30年代 同友會·興業俱樂部 研究」, 서울대 碩士學位論文, 1991, 29~35쪽.

주도하는 현상이 일어났던 것이다.

이렇게 신간회 발기인 단계에서 36명 중 박동완, 안재홍, 유억겸, 이상재, 이갑성의 5명이 참여하였다. 초기 간부 구성에서도 기독교세력은 김영섭, 김활란, 박동완, 박희도, 안재홍, 오화영, 유각경, 이동욱, 이상재, 정춘수 등이 임명되었다. 초기 간부 36명 중 10명으로 전체 임원 가운데 약 27%에 해당하는 큰 세력을 차지하였다.

신간회 창립에는 서북계 기독교인들도 참여했다. 조만식과 조병옥이 그들이었다. 조만식은 22세인 1904년에 기독교에 입문한 뒤 숭실중학과 명치대 법학과를 거쳐 오산학교 교원과 교장을 역임한 뒤 1910년대부터 교육계에 알려지기 시작했다. 그는 서북지역 기독교 민족주의 세력을 이끌어 왔고, 1920년대에 들어서는 평양YMCA 총무로서 서북지역 기독교세력의 새로운 구심점으로 떠오른 인물이었다.[38] 또한 조병옥은 충남 천안출신으로 숭실중학을 졸업한 뒤 미국 유학길에 올라서 흥사단 창단위원이 되었다. 그는 1925년 초에 귀국과 동시에 수양동우회에 가입하여 주도적으로 활동하였을 뿐만 아니라 민족주의진영의 결집을 모색하는 과정에서 기독교 민족운동을 주도하며 급부상한 인물이었다.[39]

이처럼 기독교계 신간회세력을 살피면서 현저하게 눈에 띠는 점은 신간회에 참여한 사람들 대부분이 YMCA 임원 또는 회원이라는 점이었고, 서북기독교계 인사나 수양동우회원이라 하더라도 이들 모두가

---

38) 古堂傳・平壤誌刊行委員會, 『古堂 曺晩植』, 平南民報社, 1966; 柳永烈, 「인간으로서의 조만식」, 『고당 조만식 선생 사상의 재조명』, 숭실대, 1997; 李萬烈, 「기독교신앙인으로서 고당 조만식」, 『고당 조만식 선생 사상의 재조명』, 숭실대, 1997. 方基中, 『裵敏洙의 農村運動과 基督敎 思想』, 연세대출판부, 1999, 94~107쪽.

39) 조병옥, 『나의 회고록』, 「항일운동시절」 참조.

YMCA와 직접적인 관련을 맺고 있다는 것이다. 이것은 YMCA가 신간회에 참여하는 기독교세력의 거점이었음을 의미하는 것이다. 당시 지역과 계파를 배경으로 크게 흥업구락부계열과 수양동우회로 나뉘어진 상태에서 YMCA는 기독교인들이 민족협동전선론과 자치운동의 대두에 조응하면서 자신의 운동기반을 초월해 하나의 기독교세력을 형성할 수 있는 유일한 연결고리였던 것이다. 이는 YMCA라는 조직이 기독교세력의 정치적 활동거점이 되고 있음을 다시 확인시키는 증거이기도 했다. 이와 같이 1920년대 중반 경 크게 두 흐름으로 나뉘어진 기독교세력은 부분적으로 YMCA라는 공통분모를 바탕으로 하여 신간회라는 한 공간에서 결합하게 되었던 것이다.

한편 기독교 민족운동의 원로인 이상재가 신간회 초대 회장에 취임했다는 것은 민족운동진영에서의 기독교세력을 실감케 했다. 물론 당시 이상재가 민족주의 좌파 세력의 집결처라고 할 수 있는 조선일보의 사장을 맡고 있었다는 것이 회장이 되는 제일 요건이었음은 부인할 수 없다. 그러나 그렇다 하더라도 1900년 초 기독교를 수용한 이래 저명한 기독교민족주의자로 널리 알려진 그가 광범위한 지지를 받으면서 신간회의 초대 회장에 선출되었다는 사실에는 당시 기독교세력의 위치와 활동도 그의 회장 선출에 크게 작용했음을 상징적으로 보여주는 것이다. 이는 신간회 결성과 활동에서 기독교세력 활동의 폭과 그 위치가 어떻게 자리매김되고 있는 가를 암시적으로 보여주는 좋은 예라고 생각된다.[40]

---

40) 한 연구자의 신간회에 참여한 인물의 직업별 통계에 의하면 기독교 교역자(목사와 전도사)는 전체 회원 중 0.64%의 소수를 차지하고 있다. 그러나 당시 기독교 민족주의자들이 대개 상공업자이나 교사 등의 직업을 갖고 있었음을 생각해볼 때, 더욱 많은 기독교인들이 신간회에 참여했다고 볼 수 있을 것이다. 水野直樹, 「新幹會運動에 관한 약간의 問題」, 『新幹會硏究』, 동녘, 1983, 86쪽.

기독교세력의 신간회 참여과정 속에서는 안재홍이 주목된다. 그는 홍업구락부의 핵심구성원인 동시에 신간회를 조직적으로 주도한 조선일보사의 주필로 민족주의 좌파세력을 대표할 만한 활동과 이론을 겸비한 인물이었다.[41] 이런 위치를 활용하여 그가 홍업구락부내 민족운동의 동향을 민감하게 주시하고 있던 상당수의 기독교 인사들에게 신간회 참여를 적극 유도하였고, 이것은 홍업구락부계 인사들이 결국 정치적 문제에 대한 조직적 개입을 불허하고 있던 수양동우회보다 신간회에 적극 참여하는 하나의 배경이 되었던 것이다.[42]

이외에도 유각경과 김활란은 당시 여성대표로 신간회에 참여한 것으로 보인다. 이들은 3·1운동이후 국내 민족주의계열의 여성운동을 이끌던 지도자로서 한국YWCA를 설립하고, 이후 이를 이끌면서 사회주의 여성들과 합동하여 신간회 자매단체인 근우회를 주도적으로 결성했다.[43] 특히 유각경은 '주의와 파당을 벗어나 한 깃발 위에서 조선여성을 위하여 다같은 손을 잡고 분투하자'[44]고 주장하여 민족협동전선운동에 참여하는 기독교 여성들의 인식을 보여 주었다.

한편, 신간회 기독교세력은 신간회 내의 조직적 활동에 적극 나섰

41) 이지원,「일제하 안재홍의 현실인식과 민족해방운동론」,『역사와 현실』 6, 역사비평사, 1991; 金仁植,『安在鴻의 新民族主義의 思想과 運動』, 중앙대 사학과 박사학위논문, 1997을 참조.

42) 기존의 연구에서는 신간회에 관련하여 안재홍을 민족주의 좌파를 대표하는 조선일보계열로만 보고 있다. 그러나 당시 신간회를 주도하는 조선일보계 핵심인물들(이상재, 안재홍, 백관수)과 홍업구락부계가 중첩되고 있다는 점에서 볼 때, 기독교세력과의 관련성도 크게 부각되어야 한다.

43)『東亞日報』1927년 5월 29일자. 기독교 여성들의 근우회 참여와 성격에 대해서는 윤정란,「한국기독교 여성들의 근우회 탈퇴 배경에 관한 연구」,『한국기독교와 역사』 8, 한국기독교역사연구소, 1998을 참조할 것.

44)『朝鮮日報』1927년 4월 28일자.

다. 신간회 창립대회에서 조선일보 사장인 이상재가 신간회 회장에 선임되었으며, 이동욱은 규칙심사위원으로 선정되었고, 안재홍, 박희도, 김활란, 박동완, 유각경, 조병옥, 이동욱, 정춘수 등이 간사에 선임되었다. 그 중에 안재홍과 박동완은 총무간사에 선출됨으로써 신간회를 실질적으로 이끌어 가게 되었다.[45] 이들은 신간회 지회설립시 본부에서 파견하는 본부대표 특파원으로 지회에 파견되어 지회의 정책과 활동, 그리고 방향을 정하는데 큰 역할을 담당했는데, 이들 외에도 오화영이 파견되기도 했다.

이 과정에서 사회주의자들이 1927년 5월 비상설의「조선사회 단체 중앙협의회」를 설립하고 민족단일당론에 따라서 내부적 단결을 도모하게 되자, 1927년 11월에 안재홍·박동완은 홍명희·권동진·최익환·이관용·신석우 등과 함께 '신간그룹'을 결성하고 신간회 내 사회주의자들의 대두를 견제하는 동시에 자치운동파에 대항할 준비를 하였던 것이다.[46]

3. 기독교세력의 신간회운동 전개

1) 신간회 기독교세력의 초기활동

1927년 2월에 창립대회를 마친 신간회는 조직사업으로서 지회 설립사업에 집중하여 창립 10개월 만인 1927년 12월에 지회 100개 돌파 기념식을 거행했다.[47] 이런 놀랄만한 성과는 당시 한국사회가 신간회

---

45)『東亞日報』1927년 2월 23일자.
46) 姜德相·梶村秀樹 編,『現代史資料』29(東京: みすず書房, 1972), 96쪽.
47)『東亞日報』1929년 1월 1일자.

를 어떻게 생각하고 있는가를 단적으로 보여주는 예였다. 그러나 일제가 신간회에 대한 대대적인 탄압을 가함에 따라 신간회 본부의 활동은 제약되었다. 이에 따라 신간회 활동은 각 지역의 지회를 중심으로 이루어질 수밖에 없었다. 그리하여 신간회에 참여한 기독교세력의 활동도 지회를 중심으로 전개되었다.

YMCA의 전국적 조직은 기독교계 신간회세력이 지회 활동을 하는데 중요한 토대가 되고 있었다. 1918년 함흥 YMCA의 설립부터 시작된 YMCA의 전국 지방조직은 1927년경까지 전국 주요 도시에 설치되어 그 지방의 사회운동을 주도하고 있었던 것이다.[48] 따라서 지방 YMCA는 3·1운동을 전후로 설치되어 지역운동을 활발히 주도하는 중요한 매체였고, 여기에 참여한 기독교인들은 자연스럽게 운동을 주도하는 가운데 그 지역의 여론과 활동을 이끌어 가는 위치에 설 수 있었다. 때문에 지방 YMCA와 신간회 지회의 임원이 거의 동일한 경우가 생길 정도로 지방 YMCA와 기독교세력의 신간회 지회활동은 깊게 연결되어 있었다.

경성지회는 기독교세력과 천도교 구파세력이 손을 잡고 사회주의세력과 협동하여 1927년 6월에 결성된 곳이다. 중앙YMCA 박일·이관구 등이 천도교 구파세력과 연합으로 경성지회의 창립을 주도하였던 것이다.[49] 이들 세력이 경성지회의 창립을 주도할 수 있었던 것은 같은 종교세력이었던 것이 배경으로 작용했던 것으로 보인다. 1927년 12월에 제1회 경성지회 정기대회가 열렸는데, 여기서는 본부 임원으로 활동하던 박동완·안재홍·박희도 등이 지회 대표위원으로 선정

---

48) 전택부, 『한국기독교청년운동사』, 정음사, 1978, 267~280쪽.

49) 조규태, 「신간회 경성지회의 조직과 활동」, 『국사관논총』 89, 국사편찬위원회, 2000, 241~242쪽.

됨으로써 경성지회에서의 기독교세력이 더욱 강화되었다.[50]

기독교세력이 주도적으로 조직한, 몇 안 되는 지회 가운데 하나가 평양지회였다. 기독교가 한국사회에 수용된 이래, 다른 어떤 지역보다 기독교회의 교세가 월등하게 성장한 곳이 평양이었다.[51] 1927년 12월 평양지회가 결성되었을 때,[52] 기독교세력은 사회주의세력을 압도하며 지회결성을 주도했다. 지회의 회장과 부회장에 선출된 조만식과 한근조는 널리 알려진 평양지역의 기독교 지도자들이었고, 간부들 대부분이 평양기독교청년회와 대성학교 출신으로 조직된 대성학우회의 주요 간부였는데, 설명화·백응현·김광수·김병현·송석찬·주요한·김성업 등이 그들이었다.[53]

이처럼 평양지회는 당시 평양지역사회의 저명한 민족주의 인물인 동시에 기독교계에 널리 알려진 기독교인들이었다. 이들은 지역적 명망성, 기독교 조직력, 그리고 인적 관계를 총 동원하여 평양지회를 주도하여 나갔던 것이다. 물론 이런 세력권에도 변화가 나타나 1930년에 들어서는 대부분의 간부자리를 사회주의자들이 차지하기 하지만, 그 때도 역시 회장은 조만식이 계속 맡음으로써 평양지회내의 기독교세력의 위상을 유지했다.[54]

함흥지회 역시 기독교세력이 주도적으로 만든 지회로, 함흥 YMCA의 주요간부들이 대거 참여했다. 함흥 YMCA는 지역 YMCA 가운데 가장 먼저 생긴 곳으로, 다른 어떤 지역보다 YMCA의 지역활동이 활

---

50) 「新幹京城支會大會」, 『朝鮮日報』 1927년 12월 12일자.

51) 이광린, 「평양과 기독교」, 『한국기독교와 역사』 10, 1999 참조.

52) 『東亞日報』 1927년 12월 22일자.

53) 鮮于基聖, 『韓國靑年運動史』, 錦文社, 1973, 422~425쪽.

54) 『東亞日報』 1930년 12월 28일자.

발했다. 이 지역의 기독교세력은 함흥YMCA를 중심으로 결집되어 있었고, 이 조직을 통해 함흥지역의 3·1운동 및 각종 사회운동을 조직해 나갔다.[55] 1918년 3월에 창립된 함흥YMCA는 3·1운동 이후 모학복·김창제·한영호·조희염 등이 역대회장이 되었으며, 총무에는 초창기부터 동아일보 함흥지국장으로 활동한 이순기가 취임하여 강력한 민족진영의 지도체제를 구축해 나갔다.[56] 그리하여 1927년 신간회 함흥지회가 결성될 때, 회장에 한영호, 부회장에 이순기가 선출되는 등 YMCA 임원들이 함흥지회를 주도했다.[57]

이외에도 기독교인들이 간부급 이상으로 참여한 지회들 가운데에는 대표적으로 광주지회, 안성지회, 전주지회 등이 있었다. 1921년 광주 공제회의 회장을 역임하는 등 사회활동을 하면서도 목회와 해외선교에 열심이던 최흥종 목사가 광주지회장을 맡았으며,[58] 3·1운동과 이후 사회운동에 깊게 관련되면서도 목회활동에 나서고 있었던 박용희 목사가 안성지회장에[59], 전주 서문교회의 담임목사로 전주지역의 사회운동에 깊게 관련되어 있던 배은희 목사가 전주 지회장[60]에 선출되는 등 목회자임에도 불구하고 그 지역사회의 명망성을 대표하여 지회장에 선출되는 예도 있었다.[61]

---

55)『青年』, 1921년 4월호, 16쪽.

56) 전택부, 앞의 책, 268~269쪽.

57)『東亞日報』1927년 12월 7일자.

58)『東亞日報』1927년 10월 29일자. 최흥종목사에 대해서는 차종순,「호남교회사에서 복음주의적 사회운동에 대한 한 연구-五放 崔興琮 목사의 생애와 사상을 중심으로-」,『한국기독교와 역사』11, 한국기독교역사연구소, 1999를 참조할 것.

59)『朝鮮日報』1927년 11월 12일자.

60)『東亞日報』1927년 5월 10일자.

61) 신간회 지회의 임원으로 참여한 기독교인들은 다음과 같다(이균영,『신간회 연구』, 100~101쪽, 581~659쪽; 전택부,『한국기독교청년운동사』, 267~280쪽).

이처럼 신간회 본부와 마찬가지로 지회 설립에도 기독교세력이 참
여했다. 이 때 주목되는 것은 신간회 창립과정에서 거의 보이지 않던
수양동우회원의 상당수가 참여했다는 점이다.62) 이것은 '비정치 수양
단체'를 내세우는 수양동우회를 정치단체로 개조하려던 단체개조운동
의 결과였다. 즉 조병옥과 주요한이 주도한 수양동우회의 개조운동이
12월 규약개정에 반영됨과 동시에 수양동우회 회원들이 여기에 적극
호응을 하고 나섰던 것이다.63) 여기에 도산 안창호가 '혁명당'을 구상
하고 있다는 것이 단체회원들에게 알려졌던 것도 중요한 배경이 되었
다.64) 이와 함께 신간회 내 핵심적인 민족주의자들이 민족주의 세력의
강화를 위해 이제껏 신간회에 참·여하지 않았던 민족주의자들에 대
한 가입을 주장했던 것도 큰 배경이 되었다.65) 그 해 12월 평양지회의

경성 : 박동완, 안재홍, 이관구, 최석주, 이규갑, 강준표, 조병옥(중앙Y)
인천 : 곽상훈, 하상훈, 이범진, 서병훈 수원 : 김노적, 김세환, 박선태
안성 : 박용희 전주 : 배은희 광주 : 최흥종, 김철, 김봉오(광주Y)
목포 : 김면수 군산: 홍종익
대구 : 백안기, 박노수 김천 : 강익형, 심상민(김천Y) 안주 : 김선수, 오덕형
진남포 : 김순민, 박선제
박천 : 계병호, 김복관, 양전백, 장규명, 정도원(선천Y)
평양 : 조만식, 한근조, 설명화, 김병연, 김동원, 우제순, 이제학, 조종완, 주요한,
조신성(평양Y)
신의주 : 고한숙, 김병순, 장성식(신의주Y) 사리원 : 황치헌
원산 : 김준성, 송춘근, 이가순, 주달성, 차형은(원산Y)
함흥 : 이순기, 모학복, 조희염, 최학수, 한영호, 한응수, 홍기진(함흥Y)
62) 수양동우회 회원으로 신간회 지회에 참여한 사람은 다음과 같다(趙培原, 앞의
글, '부록:구성원의 인적사항' 참조).
평양지회(주요한·김병연·김성업·백응현·이제학·조종완), 안주지회(김선
수·오덕연)
박천지회(계병호·김복관·김천길·박세종·양전백·정도원·오준섭)
63)「朱耀翰 訊問調書」,『同友會關係報告』, 169~175쪽.
64) 趙培原, 위의 글, 42~43쪽.

설립을 시작으로 수양동우회원들이 신간회 지회에 적극 참여하기 시작했다.[66]

한편 기독교인들이 주도하던 지회의 활동은 다른 지회와 비교해도 큰 차별성이 보이지 않는다. 지회의 활동을 크게 보면, 가장 일상적 활동은 계몽활동이었다.[67] 일반적인 내용은 강연회와 연설회의 개최가 주요 활동이었다. '매춘과 풍기문제', '일상생활의 강좌개설''소비조합의 설치''생활개신운동' 등을 통해 일반 대중에게 계몽활동을 벌였는데, 이런 활동은 이미 기독교청년회나 기독교회에서 펼치던 것과 별반 다른 것이 없었다.

그런데 그런 속에서도 주목되는 점은 '조선인 착취기관의 철폐와 최저 임금제 확립', '일본인 대지주 농장의 이민반대' '제령(制令)과 보안법 철폐' 등과 같은 주제도 심심찮게 제기하고 있었다는 것이다.[68] 이런 주제는 민족문제와 직간접으로 연결된 민감한 문제로 기독교 단체나 교회에서 다룰 수 없던 내용들이었다. 이를 통해서 보면, 신간회 지회가 일반대중들 뿐 아니라 기독교인들이 교회의 울타리를 벗어나 민족의식과 정치의식을 고취하는 중요한 공간이었음을 알 수 있다.

---

65) 한상구, 앞의 글, 176~181쪽.

66) 기존의 연구에서는 수양동우회 회원의 신간회 지회 참여를 '자치운동을 추진하는 타협적 민족주의자들의 신간회 침투책동'으로 보았다.(박찬승, 한상구) 그러나 1926년 중반 경 안창호가 중국 상해의 삼일당에서 자치운동을 일제의 민족분열정책으로 규정한 이래 수양동우회는 국내 자치운동과 일정한 거리를 두게 된다. 때문에 이들의 지회참여는 자치운동 차원이 아니라 당시 민족적 정치투쟁을 부르짖으며 수양단체 개조운동을 전개하던 조병옥의 투쟁노선에 대한 수양동우회원의 호응에서 비롯된 것으로 보는 것이 더욱 타당하다고 생각된다.

67) 이균영, 『신간회 연구』, 287~289쪽.

68) 「新義州支會」, 『東亞日報』 1928년 1월 25일자; 「金泉支會」, 『東亞日報』 1928년 2월 2일자.

2) 신간회 지도부 변화와 기독교세력 강화

1928년 중반에 신간회 내 민족주의세력에는 커다란 변화가 일어났다. 조선일보가 일본군의 산동침략을 비판한 것이 문제가 되어 1928년 8월 신간회 본부에서 활동하던 조선일보계 민족주의자들이 사임하게 된 것이었다. 민족주의세력의 중심역할을 하던 조선일보계의 탈퇴는 신간회 내 민족주의세력에게 큰 동요를 몰고 왔다.[69]

이것은 기독교 세력의 활동을 주도하던 인물들에게 그대로 나타났다. 민족주의 좌파의 중심에서 활동하던 안재홍이 물러나고, 이와 동시에 민족주의 좌파로 맹활약하던 박동완마저 일제의 탄압과 사회주의세력의 강화, 운동의 열악성 등 신간회운동의 한계를 느끼고 하와이로 이민을 가게 된 것이다.[70] 아울러 이 시기 신간회 창립에 참여했던 상당수의 기독교인들의 활동이 신간회 밖에 집중되고 있었던 것도 기독교세력의 신간회 내 활동을 약화시키는 원인이 되었다.[71] 결국 신간회 참여를 주도했던 흥업구락부계가 뒤로 물러난 상태에서 신간회 내에는 이에 상응할만한 기독교세력의 강화가 무엇보다 요구되는 상황이었다.

그리하여 지회의 대부분을 장악하고 신간회 본부에 대거 진출하려는 사회주의세력을 견제하기 위해서 기독교인들을 비롯한 신간회 내 민족주의자들은 민족주의세력의 전열을 정돈하고 세력 강화를 추진하기 시작했다.

---

69) 『東亞日報』 1928년 8월 5일자. 이 사건으로 안재홍이 기소, 수감되었고, 조선일보계의 표면활동이 중단되었다.

70) 「興業俱樂部事件關聯 申興雨 訊問調書」, 『思想彙報』16, 1938년 9월, 133~134쪽.

71) 이상재는 창립 직후에 사망하였고, 유억겸·김활란·백관수는 태평양문제연구회의 조선대표로 참석하였으며, 유각경과 김활란은 기독교민족주의 여성들을 이끌고 근우회를 탈퇴할 무렵이었고, 이동욱·정춘수·오화영·김영섭 등은 조선물산장려회 간부로 활약하고 있었다.

1929년 1월 19일·20일에 개최된 신간회 임시대회에서 회장후보로 출마한 허헌은 천도교 구파의 이종린을 큰 표수차로 이기고 경성지회장에 당선되었다.[72] 당시 기독교계의 민족주의 지도자로 알려진 허헌이 경성지회장이 될 수 있었던 것은 평소의 명망성과 투쟁성이 겸비한 것도 있지만,[73] 화요회계 사회주의자들과도 밀접한 관계가 있었던 것도 큰 배경이 되었다.[74] 그와 함께 새로 선정된 재정부 총무 간사 김사목은 감리교의 목사로 기독신우회에도 참여한 인사였다.[75] 이렇게 새롭게 임원진을 개편한 경성지회는 신간회 본부의 정기대회를 개최하기 위한 활동을 전개했는데, 1929년 경성지회장인 허헌이 신간대회 준비위원장에 선임되었고, 당시 공석 중인 본부 간사에는 오화영·조병옥이, 서무부원에 이동욱·김응집 등이 선임되었다.[76]

이 때, 본부 간사에 선임된 조병옥이 주목된다. 그는 "조선대중을 훈련조직하는 신간운동을 통해 우리의 권리 증진에 당할 세력을 조성"[77]하여 '민족적' 정치투쟁의 전개를 강조할 정도로 신간회 내 그 어떤 민족주의자보다 '정치적 투쟁'을 부르짖던 인물이었으나, 수양동우회 단체개조운동 관계로 이렇다 할만한 신간회 활동을 하지 못하고 있었다. 그는 자신의 의견에 동의하는 주요한[78]과 함께 '비정치'를 고집

---

72)『東亞日報』1929년 7월 1일자.

73) 허헌은 1918년 최초의 지역 YMCA로 창립된 함흥 YMCA의 이사였으며, 1922년에는 감리교 사역자 양성회 대표를 역임하는 등 기독교계 지도자로 상당한 활동을 하고 있었다(『基督申報』1922년 2월 15일자). 그러나 그에 대한 기존의 연구에서는 그의 기독교와의 관계에 대해서 전혀 언급하고 있지 않다.

74) 이균영,『신간회연구』, 178~179쪽.

75)『基督申報』1929년 6월 12일자.

76)『朝鮮日報』1929년 1월 29일자.

77)『東亞日報』1929년 9월 2일자.

78) 주요한,「수양단체의 나갈 길」,『동광』15, 1927년 7월호.

하는 수양동우회를 합법적 정치투쟁단체로 전환하고자 했다. 그러나 이들의 단체개조론은 수양단체존속의 입장을 갖고 있던 안창호의 반대를 받았다. 또 수양동우회가 '인격중심' 개조운동의 핵심으로 유지되어야 한다고 주장하는 김윤경·이윤재의 강력한 반발을 받았다.[79] 결국 이들의 단체개조운동은 1928년 10월 말경에 현실적으로 끝나고 말았다.

수양동우회 단체개조론이 어렵다고 판단한 조병옥은 '기독교 민족주의 단체'를 새롭게 건설하고자 했다. 이것은 1928년 8월 조선일보계의 탈퇴 이후 신간회 내에서 약화된 기독교세력 및 민족주의세력의 위상을 동시에 강화시키는 일이었다. 1929년 5월 31일 조병옥은 자신의 주장에 동의하는 수양동우회의 이사인 정인과·이용설·장이욱 등과 함께 기독교계 제세력을 총망라하는 '基督信友會'를 결성했다.[80] 이 단체는 수양동우회계열 기독교세력의 주도하에[81] 전 기독교의 민족운동가들을 망라하여 기독교 전 세력의 결집을 도모한 '기독교 협동전선체'로 결성되었다.[82]

따라서 기독신우회는 수양동우회 개조운동과 기독교계 '협동전선'

---

79) 趙培原, 『수양동우회·동우회 연구』, 성균관대 사학과 석사학위논문, 1998, 44~45쪽.

80) 『基督申報』 1929년 6월 5일자.

81) 이는 기독신우회의 발기인 명단에서 확연히 드러나는데, 단체의 핵심 기관이라 할 수 있는 평의원과 이사진을 수양동우회 및 서북계 기독교 인사들이 차지하고 있었다. 아래에서 수양동우회 및 서북계 기독교 인사들은 조병옥·정인과·이용설·이대위·이승훈·조만식·오화영·장이욱 등이다(『基督申報』 1929년 6월 12일자).
    평의원 : 조병옥, 정인과, 김인영, 이용설, 전필순, 이대위, 이시웅
    이사진 : 이승훈, 백남훈, 조만식, 황치헌, 배덕영, 오화영, 정춘수, 장이욱

82) 閔庚培, 『韓國基督敎社會運動史』, 大韓基督敎出版社, 1987, 231쪽.

의 산물이었다. 표면적으로는 '전 조선민족을 구할 기독주의의 민중화와 실제화'를 표방하는 기독교계 사회운동단체였다.[83] 그러나 단체의 주요 구성원들이 신간회 본부 및 지회 간부였고, 이들이 주도하여 크게 수양동우회계열과 흥업구락부계열의 민족운동가들이 개인자격으로 협동하여 만들었다는 점에서 보면, 이면적으로는 기독교 정치세력의 결집을 통한 기독교 민족주의 단체였음을 알 수 있다.[84] 즉 기독신우회는 사회주의세력의 신간회 본부 장악에 대한 견제와 기독교 민족주의 제 세력의 결집, 그리고 신간회 내 기독교인들의 민족적 정치투쟁의 기반 구축이라는 의도에서 결성된 것이었다. 기독신우회의 정치적 성격은 일반언론으로부터 표출되었다.

四十萬의 敎徒를 包括하는 朝鮮基督敎가 어떠한 기능으로든지 내부의 의식화와 외부의 前衛的 結成 成就한다 할진대 基督敎 自體를 爲하거나 朝鮮 自體를 爲하여 필요한 일이겠다. 信友會가 이 目標로 向하여 수립된 것임은 그 목적에 依하야 推測할 수 있나니 그 前途를 주시하고 期待하는 까닭이 여기 있다.[85]

基督敎가 四十萬을 일컫는 敎徒이지마는 일즉 常設的 結成體가 없었으니 昨今의 運動이 이 缺陷을 채우고저 함이면 多幸이다. 朝鮮의 基

83)「基督信友會宣言」,『基督申報』1929년 6월 12일자.
84) 기독신우회에 대해 기존연구에서는 일제의 자료에 기초하여 기독교세력의 자치운동기관으로 규정했다(박찬승,『한국근대정치사상연구』, 346쪽; 이균영,『신간회 연구』, 385쪽). 그러나 이런 평가는 사실과 다르다는 점을 알 수 있다. 기존연구들은 일제총독부의 자료에 의존한 채 당시 기독교세력의 움직임에 주목하지 못한 것이 가장 큰 한계였다. 그것은 여기서 언급되는 윤치호가 기독신우회에 참여조차 하지 않았고, 박희도는 참여는 하지만 주도적인 인물이 아니었다는 점을 간과한 것이며, 그 어디에서도 기독신우회가 자치운동과 관련되었다는 점을 찾아 볼 수 없다는 점 때문이다.
85)「朝鮮基督敎의 使命」,『東亞日報』1929년 6월 5일자.

督敎는 다른 나라의 基督敎와 달라야 한다. 첫째 朝鮮의 基督敎는 아직
도 舊勢力을 代表하는 意味보담 新興勢力을 代表할 수 있는 處地에
있다. 基督敎로서 外地 先進國家의 그것과 같이 特殊한 階級의 사람
들과 한 가지 保守勢力을 支持 및 代表하게 되지 않고 朝鮮人의 民族
的 動作의 一種의 新興勢力이라는 十年來의 地位를 버리지 않도록 노
력하여야 할 것이니 敎徒 自身들이 이에 대한 意識的 勢力이 필요하
다. 이 노력을 **的으로 나아가는데는 全域的의 有識的 結成 및 그 冗
銳의 필요가 없다. *者聯合公議會大會가 있을 때에 오인 실로 이를 希
望하였거니와 그를 爲하는 一種의 '前衛的 運動'이 必要한 것이니…
現下 朝鮮에 있어서 基督敎가 '民族的 一力量'을 構成한 層으로서의
價値를 否認하게는 되지 않는 것이니 基督敎의 識者들은 모름지기 그
'前衛的 運動'을 아끼지 말고 더욱이 이러한 時代意識에 尖銳함을 要하
는 것이다.86)

당시 한국인의 대표적 신문매체인 『朝鮮日報』와 『東亞日報』는
민족주의 입장에서 각각 '민족적 역량의 확보'와 '전위적 단체결성'이
라고 하여, 기독신우회를 기독교 활동가들을 중심으로 하는 '정치적'
전위분자의 결집체로 인식하고, 앞으로 '전위적 운동'을 일으킬 중심
축으로 활동할 것을 기대했다. 즉 일제 강점기 민족주의세력의 대표적
거점인 두 신문은 기독신우회를 민족주의세력의 강화 및 기독교세력
정치적 확대의 산물로 이해하고 있었던 것이다.

기독신우회 결성의 영향은 이후 신간회 내 기독교인들의 조직적 진
출과 활동으로 나타났다. 대표적 조직은 신간회 경성지회와 본부였다.
특히 경성지회는 1,000여명 이상의 회원을 기반으로 하여 서울에 위
치하고 지회 임원 다수가 신간회 본부의 임원으로 활동하며 신간회운
동의 방향을 결정하는 등 그 영향력이 막강한 지회였는데,87) 이 곳에

---

86)「基督敎信友會」,『朝鮮日報』1929년 6월 3일자.

서 기독교세력의 움직임이 현저하게 대두했다.

기독신우회의 영향은 결성직후 6월에 열린 신간회 복대표대회[88]에서 나타났다. 신간회 경성지회장이었던 허헌이 경성지회의 대표로 참석하여 본부의 중앙집행위원장에 임명되었고, 기독신우회원인 조만식이 중앙집행위원에, 조병옥과 박희도가 중앙집행위원 후보에 선임되었다.[89] 복대표대회를 통해 주요 간부에 사회주의자가 다수 선임되는 현실에서 이들의 선출 배경에는 3·1운동 이래로 사회주의 세력과 친화력이 높았던 인물들이라는 점이 작용했겠지만,[90] 그것보다는 이들이 모두 기독교계 협동전선체로 결성된 기독신우회 회원이라는 점이 더욱 크게 영향을 미쳤을 것이다. 기독신우회라는 단체가 현실의 정치적 힘으로 전환된 것이다. 즉 기독신우회는 단순한 사회운동단체에 그치는 것이 아니라 첨예하게 펼쳐지는 신간회 내 정치적 상황에서 기독교세력의 활동 기반이 되는 '정치적 단체'라는 성격을 강하게 띠고 있었던 것이다.

이런 기반을 배경으로 하여 7월 21일 경성지회 임시대회에서는 조병옥이 집행위원장에 선출되었고, 아울러 기독교세력이 신간회 경성

---

87) 『朝鮮日報』 1927년 12월 12일자.

88) 복대표회의란 원래 각 지회에서 회원수에 비례하여 대표회원을 선출하고 그 대표회원들이 본부에 모여 정기대회를 개최, 규약의 개정과 임원을 개선해야 하지만 정기대회가 금지되었기 때문에 수개의 인접 지회가 합동으로, 대표 즉 복대표 1인을 선출하고 복대표들이 모여 정기대회를 대신하는 대회였다.

89) 『東亞日報』 1929년 7월 1일자.

90) 조만식은 1920~30년대 대표적인 기독교 민족운동가 중에 한 사람으로, 신간회의 평양지회 설립을 주도했으며, 지회 내에 세력화하던 사회주의자들까지 리드할 수 있는 인물이었다. 또 박희도 역시 3·1운동 이후 1922년에 사회주의자들과 『신생활』이란 잡지를 발간하다 투옥된 적이 있었고, 1928년에는 사회주의자들과 함께 발간한 『노동운동』의 발행인을 맡는 등 그 어떤 기독교인들보다 사회주의자와 결합할 수 있는 인물이었다.

지회에 적극 진출하게 되었다. 이때 경성지회 임원으로 진출한 조병옥·오화영·이동욱·김사목·김응집 등은 모두 기독신우회의 회원이었고,[91] 이건춘·정성채는 중앙기독교청년회와 밀접한 관계를 맺고 활동하던 기독교인들이었다.[92] 즉 기독교인들은 기독신우회를 배경으로 신간회 본부와 경성지회의 진출을 통해 허헌집행위원체제의 신간회운동을 주도하는 한 세력으로 자리매김할 수 있었던 것이다.

경성지회장에 선임된 조병옥은 신간회의 투쟁적 활동을 실천하기 위한 사업들을 펼치기 시작했다. "단결로써 투쟁으로 ……투쟁에서 단결로"라는 구호를 내걸면서 그는 일제 당국에 협조적 태도를 보이는 간부를 비판하고 일제 당국에 대한 적극적인 '정치적' 투쟁을 전개해 나갔다.[93] 이처럼 조병옥이 경성지회 집행위원장에 선출된 이후 경성지회는 강연 및 연설과 같은 계몽운동의 활동에서 크게 벗어나 정치, 사회, 경제문제에 관한 실천적·투쟁적인 활동을 시작했다.[94]

경성지회에서 채택된 투쟁노선은 신간회 본부로 그대로 옮겨졌다. 이후 신간회는 그 어느 때보다 일제에 대해 저항적인 '정치적' 투쟁에 과감히 나서게 되었다. '갑산화전민사건'에 대한 신간회의 진상보고연설회와 언론탄압비판 대연설회 등이 일제의 탄압으로 금지되자,[95] 신간회 본부는 전국적으로 집회금지, 언론압박 상황을 조사 발표하고 이

---

91) 『基督申報』 1929년 6월 12일자.

92) 이건춘은 1920년부터 중앙YMCA의 간사를 맡았고, 정성채는 1921년 소년부 간사를 맡았다. 이들은 1930년대 전반에 결성된 적극신앙단의 주요 멤버로 활약하기도 한다. 전택부, 앞의 책, 410쪽.

93) 京城鐘路警察署長 報告, 「新幹會ノ陳容ニ整頓ノ關スル件」(1929.7.25), 『日帝下社會主義運動史資料叢書』, 고려서림, 1992, 318쪽.

94) 조규태, 앞의 글, 251~252쪽.

95) 『東亞日報』 1929년 8월 4, 5일자.

에 항의할 것을 결의하는 등 일제에 당당히 맞서고 있었다.[96] 이처럼 신간회는 일제에 탄압에 맞서 가능한 합법적 투쟁을 대대적으로 시도 하였고, 허헌과 조병옥은 그러한 투쟁을 주도하던 신간회의 '쌍두마차'였던 것이다.[97]

3) 민중대회사건과 신간회 기독교세력의 동향

1929년 신간회의 대표적인 민족주의좌파로 분류되는 허헌과 조병옥이 주도하는 1929년의 신간회의 노선은 1929년 중반부터 시작된 세계 대공황으로 인해 더욱 힘을 받으며 무르익었다. 1929년 1월 원산총파업에서 드러난 대중투쟁의 열기는 전국의 공장, 광산, 농촌, 학교에서 각계 각층의 민중이 참가하는 운동으로 전환되어 갔다.

이런 광범위한 대중운동의 힘은 '광주학생운동'을 통해 본격적으로 더욱 확대되기 시작했다.[98] 이제 신간회는 3·1운동과 6·10만세운동으로 연결되는 대중적 시위운동을 조직화하고 지도해야 할 임무를 부여받게 되었다. 민족협동전선체로 탄생한 신간회가 일제에 대한 저항의 중심에서 민족적 정치투쟁의 중심 역할을 담당할 수 있는 기회가 찾아온 것이다.

그리하여 신간회는 일제의 민족적 차별에 저항하여 '광주학생운동'이 일어나자, 항일적 학생운동을 격려, 옹호하면서 이를 전국적인 민중운동으로 전환시키기로 합의하고 추진하기 시작했던 것이다.[99] 허

---

96) 『東亞日報』 1929년 8월 9일자, 9월 12일자.

97) 복대표대회를 통해 신간회 본부에 사회주의자들이 많이 진출했음에도 불구하고 민족주의 좌파세력이 신간회본부를 주도할 수 있었던 원인 가운데 하나는 사회주의자들이 제4차 조선공산당 붕괴 이후 당 재건에 힘을 쏟고 있었던 데 비롯되었다.

98) 『光州學生獨立運動史』, 光州學生獨立運動同志會, 1996 참조.

헌과 조병옥으로 대표되는 당시 신간회 본부는 '민중대회'를 조직하여 일제에 대해 적극적으로 투쟁할 것을 계획했다.100)

그리하여 신간회 본부는 광주학생운동을 민족적, 민중적 운동으로 확대하려는 의도에서 민중대회를 준비하기 시작했다. 이는 1929년 6월이래 이전의 신간회 본부에 비해 훨씬 강화된 투쟁의 의지를 가졌음에도 불구하고 일제의 신간회 본부에 대한 탄압과 금지로 인해 침체된 운동노선의 분위기를 일신하고 신간회운동을 모색하는 연장선상에서 비롯된 것이었다.101)

1929년 11월 3일에 광주에서 대규모의 학생시위가 발생하자, 신간회본부에서는 11월 5일 중앙상무집행위원회를 개최하고 상황에 대한 긴급 조사를 착수했다.102) 이어 11월 9일에는 중앙집행위원장 허헌을 비롯해 황상규, 김병로 등을 광주에 파견하여 구금된 학생들의 석방을 교섭하고 상황의 내용을 조사했다.103)

이들의 조사를 바탕으로 하여 신간회 본부는 '광주학생사건보고 대연설회'를 가지려고 했으나, 일제 경찰의 금지로 열리지 못했다. 이에 항의해 언론압박탄핵 대연설회'를 추진했으나, 이 역시 사전 금지로 개최되지 못하게 되었다.104)

그리하여 신간회는 아래와 같이 결의문을 채택하고 광주고보를 중심으로 일어난 '학생의거보고회'를 개최하고자 시도했다.105)

---

99) 朝鮮總督府警務局,『朝鮮の治安狀況』, 1930, 85쪽.

100) 이균영,『신간회연구』, 206~208쪽.

101) 신간회는 "기미운동 이후 10년이래 초유의 대사건"인 광주학생운동을 전국으로 확대시키고자 노력했다(『朝鮮日報』1930년 1월 8일자).

102)『朝鮮日報』1929년 11월 10일자.

103)『東亞日報』1929년 11월 10일자.

104) 趙炳玉,『나의 회고록』, 104~106쪽.

- 민중대회를 개최할 사
- 시위운동을 개시할 사
- 아래와 같이 새 민족 여론을 환기할 것
  - 광주의거의 정체를 폭로하자
  - 구금한 학생을 무조건으로 석방케 하자
  - 경찰의 학생유린을 배격하자
  - 포악한 경찰통치에 항의하자

　그러나 이것도 또한 좌절되었다. 이에 신간회 본부는 12월 10일에 이르러, 11명의 저명한 민족주의자들의 주도로 민중대회를 준비하기 시작했다.106) 당시 신간회 기독교세력을 대표하고 있던 조병옥은 천도교 청년당 조기간과 불교계의 한용운을 만난 뒤, 이후 주요한과 오화영·이용설·박연서·전필순 등의 기독신우회 회원들을 중심으로 접촉하면서 광주학생사건의 불상사가 모두 경찰의 한국인에 대한 압박과 사법당국의 불공평한 태도에서 그 원인이 있음을 지적하고 이 소식을 민중에 알리는 것이 절대로 필요하다고 역설하기 시작했다.107)

　그러나 불행하게도 민중대회가 개최도 되기 6시간 전에 신간회본부가 일제 경찰에 의해 포위되었다. 이어 신간회의 조병옥 등 44명을 비롯해 근우회, 청년총연합회, 노동총동맹의 관련자 47명 등 본부 간부들에 대한 일제의 검속으로 민중대회는 좌절되고 말았다.108) 일제의 민족적 차별과 이에 대한 저항의 정당성을 부르짖으려는 신간회의 민중대회를 일제가 가만히 놔둘 리가 없었다. 광주학생운동을 기회로 전

---

105) 國史編纂委員會,『韓國獨立運動史』5, 資料篇, 1968, 202~206쪽.

106)『東亞日報』1929년 12월 13일자.

107) 독립운동사편찬위원회,『독립운동사자료집』14, 1977, 255쪽.

108)『朝鮮日報』1930년 9월 10일자; 李炳憲,「新幹會運動」,『新東亞』, 1969년 8월호.

국적인 민중운동을 주도하려고 했던 신간회의 계획은 일제의 발빠른 탄압으로 실패로 끝나버렸다.109)

그런데 여기에는 일제의 탄압 외에도 여러 변수가 작용하고 있었다. 특별히 신간회를 주도하던 민족주의 좌파가 갖고 있던 움직임의 한계였다. 민족주의 좌파가 사회주의 세력과 가장 큰 투쟁역량을 갖고 있던 학생·노동·농민 대중을 배제한 채 연설회를 개최하려고 했다는 점이었다.110) 결과적으로 이런 태도는 민족주의세력의 큰 기반이 종교세력의 참여를 끌어내는 데까지 실패함으로써 신간회의 투쟁노선의 한계를 그대로 드러냈던 것이었다.111)

기독교세력에게도 물론 한계가 있었다. 당시 기독교세력의 정치적 기반이 되었던 기독신우회의 움직임이 1929년 말경에 오면 거의 찾아볼 수 없을 정도로 침체되어 있었다는 점이었다. 이것은 기독신우회가

109) '민중대회사건'으로 40여 명의 신간회 주요 임원들이 체포되었고, 그 가운데 권동진, 허헌, 홍명희, 조병옥, 주요한, 한용운, 이관용, 이원혁, 손재기, 김동준, 김항규 등이 구속되었다. 허헌, 조병옥, 홍명희, 이관용, 이원혁, 김동준 등의 6명에는 각각 징역 1년 6개월, 이원혁, 조병옥, 김동준에게는 각각 징역 1년 4개월 등이 선고되었다(「民衆大會事件 判決文」, 『光州學生運動史』, 光州學生獨立運動同志會, 1974년, 224쪽).

110) 이준식, 「광주학생운동과 민족운동세력」, 『광주학생독립운동 재조명』, 한국역사학회 전남사학회, 1999, 80~81쪽.

111) 이준식, 위의 글 참조. 기존연구에서는 조병옥을 '반공인물'로 묘사하면서 그의 이런 태도 역시 민중대회 실패의 중요한 요인 중에 하나였음을 지적했다. 그러나 조병옥의 공산주의에 대한 태도가 급변하는 것은 신간회가 해소된 뒤의 일이었다. 즉 신간회 해소이전까지만 해도 공산주의에 대해 비판적이기는 했으나, 적대적이지는 않았다는 점이다. 신간회 해소 이후 조병옥은 최소한의 주어진 공간자체를 거부한 공산주의세력에 대해 대대적으로 비판을 하고 이것이 이후 그의 공산주의에 대한 불신으로 연결된 것으로 보인다. 이는 공산주의에 대해 적대적인 태도를 가진 인물이 어떻게 해서 공산주의자들이 대거 진출해 있는 경성지회장에 선출될 수 있었는지, 그리고 신간회의 본부의 투쟁노선을 주도할 수 있었는지 등이 설명되지 않는 한 더욱 분명해질 것이다.

결성 때부터 안고 있던 문제에서 비롯되었다. 기독신우회가 기독교계 협동전선체로 결성되었음에도 불구하고 당시 가장 큰 기독교조직인 YMCA와 흥업구락부의 리더인 신흥우와 그 멤버들이 빠져 있었다는 점, 기독신우회 발기인에 동우회 회원보다 흥업구락부 회원이 많음에도 불구하고 단체의 이사진에는 동우회 회원들이 대거 포진했다는 문제가 내재되어 있었다.[112]

이 때문에 처음에는 흥업구락부계열이 '기독교 협동전선'이란 명분에 따라 참여했지만, 시간이 흐르면서 진정한 의미의 '협동전선'이 아니라 수양동우회의 일방적 독주임을 간파하고 기독신우회에서 탈퇴하거나 일정한 거리를 두었던 것이 기독신우회 침체의 주된 원인이 되었다.[113] 이런 침체로 조병옥이 민중대회 연설회 강사를 교섭하기 위해 활동함에도 불구하고 기독신우회 회원들이 이를 조직적으로 지원하지 못한 중요한 이유였던 것이다.[114] 즉 기독교계 협동전선으로 결성된 기독신우회는 조직적 능력을 발휘해야 할 결정적 시점임에도 불구하고 소극적인 자세로 일관하는 한계를 드러낸 것이다.

---

112) 기독교계의 협동전선체를 가장 먼저 구상한 것은 신흥우였다. 그는 1928년 예루살렘 국제선교대회를 다녀온 직후 같이 동행했던 수양동우회계열의 정인과에게 한국교회 개혁을 위해 혁신단체의 결성을 제의했다. 그러나 정인과는 이에 대해 "100년이 지나야 가능한 일"이라고 일언지하에 거절하고서는, 얼마 안 있어 신흥우가 제시했던 혁신적 이념과 거의 유사한 『기독신우회』를 수양동우회 계열의 중심으로 결성했다. 이런 상황에서 먼저 협동전선을 제의한 신흥우가 이 조직에 들어갈 수 없었던 것은 당연한 일이었다.
　陸鴻山, 「積極信仰團을 싸고도는 朝鮮基督教의 暗流(續篇)」, 『四海公論』, 1936년 8월호, 213쪽.

113) 당초 기대와 달리 무기력한 침체에 빠졌고, 이후 식자층의 비판을 당했다(「기독신우 정기대회」, 『基督申報』 1930년 6월 4일자; 金愚植, 「기독신우회 발기인 제위께」, 『基督申報』 1930년 9월 17일자).

114) 이균영, 『신간회 연구』, 209쪽.

이것은 이후 국내외의 정세 속에서 기독교계 신간회세력의 활동영역이 대폭 축소되는 배경이 되었다.[115) 또한 신간회 해소논쟁 속에서도 이렇다 하게 대응하지 못한 채 기독교세력은 1930년대 전반에 새롭게 재편과정을 경험하게 되었다.

---

115) 임경석, 「세계대공황기 사회주의·민족주의 세력의 정세인식」, 『역사와 현실』 11, 역사비평사, 1994; 김권정, 「1920~30년대 기독교인들의 사회주의 인식」, 105~112쪽 참조.

제5장 신간회 해소 이후 기독교 민족운동

1. 1930년대 전반 기독교 민족운동 배경

1) 식민통치 변화와 한국교회 상황

1930년대 전반 기독교 민족운동은 1920년대 후반 잇따라 당한 경제 파국의 현상에서 비롯된 일제의 수탈체제와 탄압에 직접적으로 그 영향을 받았다. 금융공황(1927) · 세계대공황(1929) · 농업공황(1930) 등에 직면한 일제는 1930년대 전반 체제적 모순을 드러나며 정치세력의 보수화가 급격하게 진행됨과 동시에 경제 위기의 타개책으로 만주침략을 감행하는 등 '천황제'를 기초로 하는 군국주의로 나가기 시작했다.[1] 이 과정에서 일제는 공황에 따른 경제적 모순을 식민지 조선에 전가하고 군국주의로 나가는 물적 · 인적 토대를 확대하기 위해 조선에 대한 지배정책을 확고하게 구축해 나갔다. 이에 저항하는 각종 투쟁에 대한 일제의 탄압과 감시가 한층 강화되었다.

이같은 상황에서 1930년대에 들어서면서 일제는 기독교계에 신사참배를 본격적으로 강요하기 시작했다. 이는 1931년 만주침략을 통한

---

[1] 朴慶植,『日本帝國主義의 朝鮮支配』, 청아, 1986, 333~373쪽 참고.

대륙침략을 재개하며 이를 뒷받침할만한 사상·정신 통합을 이룩하기 위해 각종 행사를 개최하고 신사참배를 강압적으로 강요하기 시작한 것이었다.2) 즉 1932년 1월 전남 광주에서는 '만주사변에 대한 기원제'를 개최하고 학생들을 참석하도록 했으나 기독교계 학교가 이를 거부했고, 그 해 9월에는 평양에서 '만주사변 1주년 기념 전몰자 위령제'를 개최하고 기독교계 학교도 참석하도록 했으나 이를 거부하는 등 신사참배와 관련된 일제의 요구를 거부함으로써 기독교계 학교에 대한 사찰과 탄압을 가했던 것이다.

이런 갈등은 1930년대에 들어 기독교 민족운동세력의 근거지가 되고 있던 기독교 공동체가 신사와 천황제를 축으로 군국주의를 추구하는 일제와 갈등관계에 들어감을 상징적으로 보여주는 것이었고, 이는 한국교회가 식민체제 안에서 갖고 있는 '상대적 자율성'에 심각한 위협이 되었으며, 동시에 이를 근거로 활동하던 기독교세력의 움직임 폭이 축소되고 제한되는 것을 의미하는 것이었다.3) 한국교회는 외국선교사들의 영향권과 정교분리(政敎分離)라는 이름하에 일제의 폭압적 식민통치로부터 어느 정도 자유롭고, 상대적인 '자율성'을 확보할 수 있었다. 기독교세력은 이를 적극 활용하여 정치, 사회, 경제, 문화 방면에서 활동할 수 있는 조직력과 인적관계를 형성했으며, 식민지 상황에서 기존의 종교조직을 그대로 놔둔 채 정치사회적 필요성에 따라 일반단체를 만들거나 기존의 조직에 주도적으로 가담하여 자신들을 인적관계를 통해 형성된 세력을 중심으로 민족운동에 적극 참여했던 것이다. 이는 교회의 '비정치화' 정책을 벗어남과 동시에 발각되었을 경우

2) 한국기독교역사연구소,『한국기독교의 역사』Ⅱ, 기독교문사, 1991, 288~289쪽.
3) 상대적 자율성에 대해서는 이 책의 제1장 2절을 참조할 것.

일제의 무자비한 탄압으로부터 교회나 기독교단체를 보호함으로써 기독교세력의 근거지를 보호할 수 있었다.

그러나 교회에 대한 일제의 본격적 압박과 탄압이 시작과 함께 상대적 자율성이 크게 위축되면서 기독교세력의 활동도 축소될 수밖에 없었던 것이다. 이에 따라 기독교세력은 교회 밖에서 교회 안으로 들어와 활동의 중요한 근거지를 모색하기 시작했고, 이 과정에서 기독교적 가치를 전면에 내세우면서도 다른 면으로는 민족운동의 진로를 찾으며 이를 추진하게 되었던 것이다. 그러나 이런 변화는 기독교적 정체성을 더욱 분명하게 확립하고 이에 근거한 운동을 추진할 수 있었다는 긍정적인 측면도 있었으나, 한말이래 교회가 직접적인 정치사회적 무대로 공론화되며 일제 탄압에 더욱 쉽게 노출되었을 뿐만 아니라 여기에 교회의 진보와 보수의 갈등과 지역적 갈등 및 신구간의 대립 등 교권(敎權)과 민족·사회운동의 주도권 경쟁의 과열화 현상을 불러옴으로써 교회와 함께 기독교 민족운동 진영에 심각한 분열 상태를 드러내는 한계를 드러내고 있었다.

즉, 식민지배정책의 변화와 함께 한국교회에 다양한 변화들이 나타났다. 1930년대 전반 한국교회는 직면한 현실 문제를 해결할 엄두를 못 내고 큰 동요에 휩싸여 시대적 요구에 전혀 부응하지 못하고 있었다. 그것은 그동안 잠복되어 있던 서북과 기호의 지역감정이 폭발하고, 신학의 보수와 진보의 갈등이 심화되었고, 심지어 사회 참여적 기독교인들의 활동과 이념에 대해 곱지 않은 시선을 던지는 사람들의 목소리들이 늘어가면서 식민지 현실에 안주하는 보수주의적 분위기가 팽배해 갔다.[4]

---

4) 閔庚培, 「韓國敎會와 民族主義運動, 그 系譜의 相關性 - 1930年代를 中心으로」, 『敎會와 民族』, 大韓基督敎出版社, 1981.

물론 1920년대 후반 장로교와 감리교가 농촌문제에 교단 차원에서 직접 뛰어들기는 했으나, 1930년대 초 일제의 농촌진흥운동의 시작으로 방해를 받고 사회 참여에 대한 교단 내부의 비판 등에 직면해 있었다. 특히 서북지방을 중심으로 하는 기독교 교세의 과반수를 차지하던 장로교회에서는 선교사들에 의해 보수주의적 신학 분위기가 정착되었는데, 이 시기에는 1920년대 후반 경부터 외국 유학을 마치고 돌아온 신진 신학자들을 통해 소개된 진보주의적 신학을 대대적으로 배척하는 사건이 일어났다.[5] 이 사건들은 1930년대 전반 한국교회의 분위기가 신학적으로나 사상적으로 대단히 경직화되어 갔음을 단적으로 보여주는 증거로, 시대의 요구에 부응하며 실제적이고 사회적인 기독교의 모습을 향해 변화하기에는 너무나 폐쇄적이고 현실과 유리되어 가고 있었음을 보여준다.

이런 분위기 속에서 신비주의적 소종파운동이 한국교회에 큰 바람을 일으켰다. 사회주의자들의 반기독교운동과 공황으로 침체된 상황 속에서 무력한 신앙의 활력을 모색하는 과정에서 일어난 것이었는데, 이 운동은 이 세상의 현실에 대한 관심보다 내세에 강조를 두며 경건에 이르게 하는 훈련과 준비가 가장 큰 관심이었다.[6] 1929년부터 시작된 감리교 이용도 목사의 부흥회는 1931년에 이르러 거의 절정에 다다랐다. 전국의 주요 교회를 거점으로 가는 곳마다 부흥의 새로운 바람을 일으켰다.[7]

그러나 절대적 가난과 희망을 상실하는 한국인들에게 현실도피적인 경향으로 나아가고 신앙은 현실긍정이나 사회개혁이라는 적극적

5) 한국기독교역사연구소, 위의 책, 154~161쪽.
6) 金麟瑞, 「靈溪先生小傳(續)」, 『信仰生活』, 1936년 3월호 30~32쪽.
7) 송길섭, 「한국교회의 개혁자 이용도」, 『신학과 세계』 4집, 감리교신학대학, 1978.

자세에서 후퇴하여 개인 구원에만 몰두하는 극단적 현상을 빚어내었다. 이용도의 부흥회는 유명화의 접신극사건, 황국주의 예수자처사건 등 신비주의 소종파운동에 그 연관성이 부각되면서 일반사회로부터 집중적인 공격을 당했고, 한국교회로부터 격렬한 비판을 받았다.[8]

그리하여 1930년대 전반 기독교회와 기독교인들은 이 '시대적 위기'의 극복을 위해 사회문제에 대해 무관심할 수 없었고, 이에 대해 나름대로 대응하지 않으면 안 될 상황이 주어졌던 것이다.

2) 사회주의세력의 반기독교운동 재개

사회주의자들의 반기독교운동은 신간회가 해소되는 1930년대 초에 다시 전개되었다. 사회주의자들은 제6차 코민테른에서 제기된 '계급 대 계급' 전술을 수용했다.[9] 이에 조선공산당의 해체와 세계대공황의 발발, 그리고 국내 대중운동의 혁명적 고양이 있었다. 이와 함께 1929년 11월 광주학생운동 이후에는 사회주의자들에게 혁명적 시기론[10]이 형성되었다. 이런 배경들이 복합적으로 결합되면서 반기독교운동이 재개되었다.

당시 사회주의자들은 폭력적으로 전개되고 있던 소련의 반종교운동을 무산자 계급운동 일환에서 파악했다.[11] 이들은 소련을 모델로 하는 사회주의계급운동의 전개과정 속에 반종교운동이 필연적으로 발

---

8) 金麟瑞, 「元山과 平壤敎會의 異端問題」, 『信仰生活』, 1932년 1월호; 朴亨龍, 「反神學的 傾向」, 『神學指南』, 1933년 3월호 참조.

9) 車石東, 「조선"공산"당 볼셰비키화의 임무」, 1930(『식민지시대 사회운동론연구』, 돌베개, 1987, 279~290쪽).

10) 임경석, 「세계대공황기 사회주의·민족주의 세력의 정세인식」, 『역사와 현실』 11, 역사비평사, 1994를 참조.

11) 金 哲, 「蘇聯의 反宗敎運動 展望」, 『現代公論』 1, 1931년 9월호, 22~24쪽.

생될 수밖에 없다[12]고 주장했다. 특히 신간회 '해소'(解消)는 사회주의자들의 반기독교운동 재개에 결정적 계기가 되었다. 사회주의자들은 상당수의 종교인이 포함된 민족주의자세력과의 연합전술을 폐기하는 쪽으로 현실운동을 전환시켰던 것이다. 사회주의자들은 종교비판의 '유보적'(留保的) 입장에서 '공세적'(攻勢的) 입장으로 변화했다. 즉 반종교·반기독교운동은 민족주의세력에 대한 사회주의세력의 공격의 일환으로 다시 시작되었던 것이다.

사회주의세력은 종교자체의 현실적 거부를 주장하기 시작했다. 사회주의자들은 "종교가 일정한 물질적 사회적 근거로 하고 그 곳에 환상적으로 산출된 것"[13]이라고 파악했다. 그러나 그들은 "종교가 그 물질적·사회적 근거가 제거되더라도 기계적으로 소멸되는 것이 아니라 사회주의의 건설과 같이 건실한 반종교운동 투쟁을 통해서 점차 소멸되는 것"[14]이라고 주장했다. 사회주의세력은 "최근 종교집단이 민족개량주의의 정치적 도당으로 전화"되었다는 정치적 이유에서 반종교운동의 전개를 강조했다.

따라서 사회주의세력은 모든 종교단체를 '민족개량주의 단체'라는 범주로 규정하고,[15] 이에 대한 배척운동을 전개하기 시작했다. 여기서 주목되는 점은 이전까지 사회주의자들의 통일전선의 주 대상으로 설정되었던 천도교에 대한 대대적인 배척운동을 전개했는데, 이는 민족개량주의의 주요한 토대[16]의 역할을 하고 있다는 인식에서 비롯되었다.

15) 李甲基(玄人), 「宗敎批判과 反宗敎運動」, 『批判』 7, 1931년 1월호, 102~103쪽; 許赤岳, 「反宗敎運動」, 『이러타』 2, 1932년 5월호, 32~33쪽.

13) 鄭宇鎭, 「'靈魂'의 發生에 關한 硏究」, 『新階段』, 1933년 2월, 4월, 7월호; 安火山, 「하나님의 正體」, 『新階段』, 1933년 6월호, 74~75쪽.

14) 宋榮會, 「宗敎의 階級的 本質」, 『新階段』, 1933년 4월호, 95~98쪽.

15) 李甲基(玄人), 「宗敎批判과 反宗敎運動」, 『批判』, 1932년 10월호, 12~17쪽.

천도교가 사회주의세력의 집중적인 배척을 받는 상황에서 기독교도 역시 사회주의세력의 공격을 받기 시작했다. 그것은 천도교와 마찬가지로 기독교 역시 '민족개량주의'의 토대라는 사회주의세력의 인식이 작용한 결과였다.[17] 또한 세계교회와 파시즘의 연대가 프롤레타리아의 억압을 가중시키고 교회가 전쟁준비를 위한 역할을 담당하고 있는데, 한국의 기독교도 세계교회와 마찬가지로 미국과 같은 제국주의자들의 파시즘 공동전선에 결합되었다고는 보는 인식도 큰 몫을 차지했다.[18]

1930년대 초 반기독교운동은 이전의 운동과는 달리 합법적인 사회주의적 사상단체·정치단체가 일제의 폭압적인 탄압조치로 인하여 허용될 수 없었다. 그래서 기독교인들과 반기독교운동자들 간에 직접적이고 물리적인 충돌이 많이 일어나지 않았다.[19] 이 시기 반기독교운동은 주로 언론매체, 특히 사회주의계열 잡지를 통해 전개되었다. 주목되는 점은 신간회 '해소'를 전후로 '종교비판란'이 따로 생길 정도로 반기독교운동이 활성화되었다는 것이다. 이것은 '신간회 해소'가 반기독교운동이 재개되는 촉발점이 되었음을 보여주는 반증이기도 했다.

반기독교운동은 여러 사회주의 그룹들에 의해 재개되었다. '혁명적' 농조운동을 전개하던 사회주의자들이 반기독교운동을 전개했다. 이들은 '종교반대'"일절 종교단체 및 사상박멸' 등을 단체의 강령으로 채

---

16) 李在華·韓洪九 編,「三宅, 李載裕ノ協議決定セル各種情勢討議」,『韓國民族解放運動史資料叢書』4, 경원문화사, 1988, 195~196쪽.

17) 李甲基(玄人),「宗教批判과 反宗教運動」,『批判』7, 1931년 1월호, 102~103쪽; 許赤岳,「反宗教運動」,『이러타』2, 1932년 5월호, 32~33쪽.

18) 林和,「戰爭과 平和」,『新階段』, 1933년 2월호, 41~42쪽.

19) 기독교인과 반기독교운동자 간에 물리적 충돌이 전혀 없었던 것은 아니었다. 이에 대해서는『中央日報』1930년 2월 8일자;『中外日報』1932년 3월 7일자; 咸興地方法院元山支廳,「昭和9年 公判 第500號 金光允 等 判決文」등을 참조.

택하기도 했다. 예컨대, 안주(安州)지역에서 '혁명적' 농조운동을 전개
하던 안병주(安炳珠)[20]는 기독교가 공공연하게 제국주의 옹호자로서
노동계급의 발흥에 대한 방어자의 역할을 하며, 정신적 마취에 대한
아편장사에 불과하기 때문에 '프롤레타리아'의 계급운동 차원에서 적
극적으로 배척해야 한다고 주장했다.[21] 또 이것은 '朝鮮프롤레타리아
同盟'(이후 카프)의 회원들에 의해서도 전개되었다. 카프는 '반제반봉
건 민주주의혁명'을 지향하는 가운데 반종교·반기독교운동을 펼쳐
나갔다.[22] 이들은 1929년 10월 16일부터 평양에서 제3회 전국주일학
교대회가 개최되는 것을 계기로 '반기독교' 선전과 강연회 개최를 준
비하다가 금지 당하였고,[23] 이후에도 각종 사회주의계열 잡지에는 반
종교·반기독교적 내용들을 지속적으로 게재했다.

이처럼 반기독교운동은 종교부정의 '무신론적 관점'과 민족개량주
의와의 정치투쟁 일환이라는 '계급투쟁' 차원에서 전개되었다. 즉
1920년대 중반에 발생하였던 반기독교운동은 '반제국주의'·'반자본
주의'라는 종교의 '이데올로기'적 기능에 집중되어 제기되었다. 반면
에 1930년대 초 반기독교운동은 종교입론 자체를 부정하는 동시에 이
에 대한 '적극적 투쟁'(積極的 鬪爭)을 강조하는 '전투적 무신론'이
큰 특징을 이루었다.[24] 즉 사회주의자들은 반기독교운동을 사회주의
건설의 계급투쟁에 합치된 구체적 실천의 일환으로 간주하고, 종교가

---

20) 『東亞日報』 1931년 3월 15일, 6월 23일자.

21) 安炳珠, 「우리는 웨 宗敎를 反對하는가」, 『新階段』, 1932년 2월호, 45~49쪽;「A
   ·B의 대화」, 『新階段』, 1933년 5월호, 61~63쪽.

22) 金昌順·金俊燁, 『韓國共産主義運動史』 3, 청계연구소, 1986, 168~178쪽.

23) 『中外日報』 1929년 10월 5일자.

24) 김권정, 「일제하 사회주의자들의 반기독교운동에 관한 연구」, 『崇實史學』 10,
   1997, 215~217쪽.

스스로 소멸하는 것이 아니라 투쟁을 통해 '打倒'될 때 비로소 소멸될 것이라고 주장한 것이다.

따라서 1930년대 전반 기독교세력은 사회주의세력의 농촌지역에 대한 공세적 확산과 민족주의세력의 배척이란 차원에서 전개된 반기독교운동의 공격에 대해 기독교세력의 조직화를 강조하며 기독교계의 개혁을 주도하여 사회주의세력의 반기독교운동에 맞설 수 있는 새로운 조직의 결성과 운동의 전개를 구체적으로 모색하기 시작했다.

3) 기독교 민족운동진영의 동향

1930년대 전반 식민지 정치사회세력으로 민족·사회운동에 참여하고 있던 기독교세력에는 다양한 변동이 나타나기 시작했다. 한말 이래 서울 YMCA를 중심으로 기독교 명망가 중심으로 기독교 민족·사회운동을 주도하던 흥업구락부는 1920년대 말 태평양을 무대로 한국의 독립활동을 지원하던 국제 활동이 사실상 금지되었고 YMCA의 운영을 놓고 신흥우와 그를 지지하던 윤치호의 갈등이 표면화되면서 YMCA와 흥업구락부 내에 신흥우를 비판하는 세력이 형성됨에 따라 흥업구락부운동의 균열현상이 현저하게 나타나기 시작했던 것이다. 이는 1931년 9월에 일어난 신흥우가 흥업구락부운동의 확대를 위한 의욕적으로 추진한 산업부 설치문제가 윤치호와 같은 출자자들의 비협조로 무산되면서 결정적인 타격을 받기 시작했던 것이다.[25]

이런 상황은 수양동우회 역시 마찬가지였는데, 1927년 1월부터 조병옥과 주요한을 중심으로 하는 개조파들이 '비정치적' 수양단체를 표방해온 수양동우회를 민족주의자의 명망가를 망라한 정치단체로 개

---

25) 『尹致昊 日記』 11, 1938년 8월 16일(국사편찬위원회, 1989).

조할 것을 주장했으나 수양동우회 내의 이광수, 김윤경, 이윤재, 이용설 등의 완강한 반대와 함께 무엇보다 안창호가 수양동우회를 정치단체로 전환하는 것을 반대하며 '혁명당'을 따로 조직해야 한다는 주장에 가로막혀 결국, 개조운동은 실패로 그치고 말았다. 결과적으로 수양동우회 개조운동은 노선상의 차이만을 명확하게 확인한 채 단체적단결을 약화시키는 계기가 되고 말았다.

이같은 상황에서 1928년 예루살렘 국제선교대회는 기독교 민족운동·사회운동 진영에 새로운 운동의 양상에 큰 영향을 미치게 되었다. 세계 기독교의 방향을 사회화(社會化)·실제화(實際化)하는데 결정적 계기가 된 1928년 예루살렘 국제선교대회[26]는 한국교회에 큰 반향을 일으켰다. 이 대회를 통해 한국교회의 보수적 교단이 '사회복음'의 흐름에 동의하며 구체적으로 교단차원에서 '농촌운동'을 수용하게 되는 결정적 배경이 되었던 것이다. 이를 계기로 기독교계에는 당시 민족운동 진영의 협동전선 분위기와 한국교회 전반에 걸친 사회복음의 고조 속에서 민족운동의 공간이 일제의 탄압과 감시로 '협소화'되는 가운데 '종교적 정체성'(宗敎的 正體性)을 전면에 내세우며 종교의 상대적 자율성을 최대한 활용한 기독교 민족운동·사회운동이 적극 모색되기 시작했던 것이다.

그러나 기독교 민족·사회운동가들 사이에 일어난 갈등구조는 기독교 민족·사회운동의 협동적 분위기를 깨뜨리며 기독교 민족운동

---

26) 예루살렘 국제선교대회는 1928년 3월24일부터 4월8일까지 2주간 예루살렘에서 개최되었는데, 이 대회에서는 기독교의 사회적 사명, 타종교와의 대화, 선교국의 기성교회와 피선교국간의 관계, 종교교육, 산업문제, 인종문제, 농촌문제 등 기독교의 사회화와 실제화를 추구하는 '사회복음주의'를 기독교 선교의 중요한 방향으로 제기되었던 대회였다(鄭仁果, 「예루살렘국제선교회에 참석하고서」, 『基督申報』 1928년 6월 6일자).

역량을 분산시키는 부정적 결과를 낳았다.

그것은 1929년 5월 31일 국내 기독교 민족·사회운동세력을 총망라하여 기독교계 협동전선체로 '혁신단체'를 표방하며 결성된 기독신우회(基督信友會)가 그것이었다.[27] '혁신단체'를 가장 먼저 제기한 것은 흥업구락부계열의 핵심인물인 신흥우였으나, 함께 예루살렘 국제선교대회를 다녀온 정인과가 그 자리에서 '시기상조'라는 이유로 반대하고 얼마 안 있어서 기독교 혁신단체로 결성했던 것이다.[28] 그것은 당시 기독교 민족·사회운동진영의 중심적 역할을 담당하고 있던 흥업구락부계열의 핵심인물인 신흥우 그룹이 철저하게 배제된 것을 의미했다.[29]

또한 이같은 연장 상황에서 발생한 것이 'YMCA 전문농업간사 소환사건'이었다. 1920년대 중반 이후 의욕적으로 추진되던 YMCA 농촌사업이 세계대공황의 발생으로 타격을 입은 가운데 미국인 전문농업간사가 미국 YMCA로 소환되게 되었는데, 그 대상자가 바로 신흥우와 파트너를 이루어 활동하던 클라크(F.O. Clark) 간사였다.[30] 이에 신흥우는 1929년 겨울에 미국에 가서 클라크 대신 서북지방을 담당하던 내쉬(W.L. Nash)를 소환하기로 결정해 놓고 돌아왔다. 이 소식이 알려

---

27) 『基督申報』에서는 큰 기대를 갖고 기독신우회의 창립에 대해 크게 보도했다(「基督信友會 創立」, 『基督申報』 1929년 6월 5일; 사설, 「基督教勢力의 動力」, 『基督申報』 1929년 6월 12일자).

28) 陸鴻山, 「積極信仰團을 싸고도는 朝鮮基督教의 暗流(續篇)」, 『四海公論』, 1936년 8월호, 213쪽.

29) 김권정, 「1920년대 후반 기독교세력의 반기독교운동 대응과 민족운동의 전개」, 『한국기독교와 역사』 14, 한국기독교역사연구소, 2001, 103~105쪽. 이는 기독신우회가 진정한 의미의 기독교계 협동전선체가 되지 못하는 원인이 되었고, 기독신우회가 일반사회의 기대와 달리 얼마 못가 유명무실해지는 배경이 되었다.

30) 전택부, 『인간 신흥우』, 248쪽.

지자 YMCA 안에는 큰 분쟁이 일어났다. 서북지역내 YMCA세력의 중요한 근거지라고 할 수 있던 평양 YMCA를 중심으로 신흥우의 독단적 처리에 대해 '지역 차별'에 비롯된 것임을 지적하고 이에 집단적으로 반발을 하기 시작했다. 그래서 조만식을 비롯한 평양 YMCA 인사들은 내쉬의 사직문제로 신흥우 총무를 비롯한 기독교청년연합의 중앙 임원에 대한 불신임안을 정식으로 제출하고, 임시 총회를 개최하여 이에 대해 강력하게 비판했던 것이다.[31]

이외의 크고 작은 '돌발적인' 충돌 사건들은 기독교세력 사이에 오랜 '지역주의'를 노출시키는 계기가 되었다. 조선시대 과거에 급제한다 하더라도 관료로 출세하기는 거의 불가능한 일이었기 때문에, 유교적 질서와 거리를 둔 채 어려서부터 천시받던 상공업에 진출시켜 경제적으로 자립시키는 것이 하나의 풍습으로 자리를 잡을 정도로 조선시대 전기간 동안 서북지역은 권력의 중심인 기호지역으로부터 철저하게 정치사회적 차별을 당해왔다. 그러나 이는 근대에 이르러 다른 지방에 앞선 신문명을 받아들일 수 있는 유리한 조건으로 작용했는데, 기독교 수용과 신교육의 실시, 그리고 새로운 사회운동을 주도하기에 이를 정도가 되었던 것이다. 즉 기호지역에 비해 사회경제적으로 전혀 손색이 없으며, 오히려 능가하고 있다는 자신감을 갖게 되었다.

특히 기독교 교세를 보면, 1932년 당시 전국 개신교 교인수를 놓고 볼 때 이를 도별(道別)로 살펴보면, 전체 개신교 교인 약 28만 명 가운데 평안도 교인이 약 10만 명이 이르러 36.3%에 달했는데, 장로교의 경우를 보면, 전국 신자의 41%에 해당하고 황해도와 합칠 경우에는 서북지방의 장로교 교세는 54.9%에 달하는 등 평안도 교세가 어느 정

---

31) 『東亞日報』 1930년 9월 29일, 11월 17일, 11월 20일자.

도 강했는지를 잘 보여준다.[32] 즉 서북계 기독교인들은 탄탄한 교세를 바탕으로 1930년대 전반 기호계 기독교인들을 능가하며 기독교 민족・사회운동을 주도할 만한 물리적 구조를 갖추고 있었던 것이었다. 즉, 1930년대초에 이르면 '지역'을 기반을 하는 기독교 민족・사회운동의 진영이 재편되며 운동의 주도권을 추진하는 과정에서 운동의 주도권을 놓고 갈등과 대립이 일어났던 것이다. 이 과정에서 '지연(地緣) 관계'를 통해 형성된 '관계망'을 토대로 단체를 만들거나 기존의 단체에 들어가 활동하기 시작했던 것이다.

이처럼 1920년대 말경 기독교세력 내부의 노선갈등이 중첩되는 과정 속에서 흥업구락부와 수양동우회의 조직적 중심이 크게 약화되었으나, 한국교회의 '전통적' 지역주의와 '갈등구조'가 일정하게 작동하면서 오히려 기독교 민족・운동 내부가 양 세력 간의 범위가 '기호계'와 '서북계'로 크게 확대되었고, 그 과정에서 주도권을 놓고 그 대립과 충돌이 수면 위로 급부상하였던 것이다. 즉 1930년대 전반 기독교 민족운동 진영에는 '기호'(畿湖)와 '서북'(西北)으로 대별되는 세력들 간의 크고 작은 '파열음'이 발생하며 기독교 민족・사회운동에 갈등과 대립이 공공연하게 표면화되기 시작했던 것이다.

2. 사회주의 인식과 '전투적' 기독교론

1) 반기독교운동 대응과 반공적 태도

1930년대 전반 사회주의세력의 반종교・반기독교운동에 대해 한

---

32) 朝鮮總督府, 『朝鮮總督府統計年譜』, 1932; 金相泰, 「近現代 平安道 出身 社會指
   導層 硏究」, 서울대 국사학과 박사학위논문, 2002, 30~31쪽.

국교회는 종교학과 신학 차원에서 이를 반박하기 시작했다. 이것은 "신사조에 일반은 무조건으로 호기적 동감을 느끼고 비판할 여가도 없이 부하뇌동한다. 此에 대한 충분한 비판력이 있어야 하며 특별히 무신론에 대한 철저한 반박론을 기독교인들이 수련하지 않으면 안 된다"[33]는 강렬한 위기감 속에서 대두된 것으로, "사회주의의 근본가치를 철학적으로 철저하게 정해하기 위하여"[34] 기독교인들이 이에 대한 식별의 의무와 비판의 책임을 가져야 한다는 문제의식을 대변하는 것이었다.

사회주의자들의 반기독교운동에 대한 반박은 미국이나 일본에서 신학을 전공하고 귀국한 신학자들을 중심으로 더욱 구체적으로 전개되었다. 그 가운데 대표적인 인물은 박형룡이었다.[35] 그는 맑스주의의 종교론을 '기괴(奇怪)한 예언'으로 파악하고 종교학 차원에서 이를 반박했다.[36] 그는 사회주의자들의 '무신론' 주장을 '죄악(罪惡)'으로 규정하고 한국교회가 이에 대비한 '변증신학(辨證神學)'의 준비가 무엇보다 필요함을 강조했다.[37] 그의 활동은 이론적·철학적인 무신론에 근거하여 종교·기독교 배척운동을 전개하던 사회주의자들에 대한 사상적 대응의 일환에서 전개되었다.

이런 태도들은 1920년대 중반만 해도 반기독교운동을 부분적으로 인정하던 기독교세력의 인식변화에서도 찾아볼 수 있다. 대부분의 기독교인들이 반기독교운동을 반박하는 상황에서, 이전에 부분적으로 그 타

33) 김준성, 「조선교회의 부진원인과 그 대책-신흥사조와 충돌」, 『眞生』, 1929년 9월호.
34) 최계철, 「기독교와 사회주의」, 『眞生』, 1930년 3월호 참조.
35) 장동민, 『박형룡의 신학연구』, 한국기독교역사연구소, 1998.
36) 朴亨龍, 「次代에 宗教는 滅할가」, 『神學指南』, 1928년 5월호, 5쪽.
37) 朴亨龍, 「無神論의 活動과 基督教의 對策」, 『神學指南』, 1930년 7월호, 12~18쪽.

당성을 인정하던 인사들마저 부정적인 태도로 변화되었던 것이다.

예컨대 홍업구락부의 신흥우는 이 시기의 반기독교운동을 "종교도 도덕도 파괴하라 이것이 오직 살 길이다"라고 대중을 선동하고 있으며 사회주의가 근본적으로 사랑보다는 미움에 기초하고 있기 때문에 이를 긍정할 수 없다고 비판했다.[38] 이는 그가 1920년대 사회주의자들의 반기독교운동을 '이데올로기' 측면에서 부분적으로 인정하려고 했던 입장과는 거리가 있는 것으로, 1930년대 초에 이르러 그가 사회주의자들의 기독교 공격과 사회주의에 대해 '대립적' 측면에서 인식하고 있음을 보여준다.

윤치호 역시 '종교는 사회주의자들이 주장하는 것처럼 결코 마취제가 될 수 없는 것'[39]이라고 주장하면서 사회주의자들의 무신론에 입각한 기독교 비판을 반박했다. 전영택도 "현재의 급박한 위기와 역경의 비상시라고 해서 신앙을 버리고 무신운동이 세계를 뒤덮는다고 하나님을 버리라고 함에는 결단코 수긍할 수 없다"[40]고 주장했다. 또 최석주는 "반종교운동과 우리의 주장"이라는 글에서 사회주의자들의 반종교운동을 역사적인 고찰과 종교론의 관점에서 비판하면서 반종교운동자의 태도가 어리석고 부자연스럽다고 지적했다.[41]

요컨대 기독교세력은 전투적 무신론에 기초한 적대적인 반기독교운동에 직면하여 적극 대응하기 시작했다. 그 대응의 일환에서 이들은 기독교의 사회화와 실제화를 지향하는 '기독교주의' 또는 '기독주의'에 입각한 민족운동의 전개를 지향했다.

---

38) 申興雨, 「新思潮의 批判」, 『新生』, 1932년 5월호, 7~8쪽.

39) 尹致昊, 「宗敎는 果然 痲醉劑인가」, 『基督申報』 1931년 4월 15일, 22일자.

40) 田榮澤, 「反宗敎運動과 우리의 主張」, 『新生』, 1933년 1월호, 10~12쪽.

41) 崔錫柱, 「反宗敎運動과 우리의 主張」, 『基督申報』 1931년 5월 27일자.

1930년대 전반 기독교인들은 사회주의에 대한 직접적인 언급에서도 부정적인 인식을 드러냈다. 기독교인들은 "사회주의에는 두 가지 원칙이 되는 유물사관과 잉여가치와 합하여 폭력이라는 무기로써 싸우기를 가르쳐왔다"[42]라고 전제하고, 사회주의의 이념과 기독교인들의 사랑과는 절대적으로 배치된다고 주장했다. 또한 이들은 분배의 기준으로 능력과 업적을 그 기준으로 들고 사회주의가 이를 무시한 균등분배를 주장함으로써 인간의 나태와 욕망을 조장하고[43] 인간을 물질 위주의 투쟁으로 몰아가 결국에 무질서한 사회를 가져오게 한다[44]고 비판했다.

이처럼 기독교인들은 사회주의자들의 계급혁명·계급투쟁에 관하여 격렬한 반대를 보였다. 먼저, 계급혁명을 감정적·이기적인 계급전쟁으로 인식했다. 그리하여 자신의 사상을 뽐내고 타인을 업신여기는 이기적인 것으로 감정적이고 무절제한 가운데 발생하는 것이며 사회를 개선하기보다는 인류와 사회에 큰 해독을 끼쳐 모든 것을 파괴해 버리고 말 것이라고 인식했다.[45] 둘째, 물질적 외부적 개혁으로서만 계급혁명·계급투쟁을 일으킨다고 인식했다. 계급혁명은 물질위주의 혁명으로 인간의 개인적이고 정신적인 개혁부분은 무시하고 환경만 개혁되면 나머지는 저절로 해결될 것이라고 하는 외부개혁에 치중하고 있음을 비판했다.[46] 셋째, 계급혁명·계급투쟁은 폭력적으로 일체의 사유재산을 빼앗아 일괄적으로 평균분배한다고 비판했다.[47]

---

42) 崔錫柱,「反宗教運動과 우리의 主張(5)」,『基督申報』1931년 6월 24일자.

43) 한치진,「상애적 분투론」,『基督申報』1930년 10월 1일자.

44) 蔡弼近,「노서아의 고민」,『基督申報』1931년 4월 22일자.

45) 社說,「基督教와 社會事業」,『基督申報』1930년 7월 16일자.

46) 韓稚鎭,「競爭과 互助」,『新生』, 1929년 4월호, 6쪽;「生存의 立脚点」,『基督申報』1930년 6월 11일자.

이와 같이 1930년대 초에 사회주의세력이 전투적 무신론에 입각하여 종교존재를 부정하는 차원에서 반기독교운동을 전개하자, 이에 대응하여 기독교인들은 '반유물론·반사회주의'라는 입장을 명확하게 확립하게 되었다.

1932년 9월 조선예수교연합공의회의 12개조 '사회신조'(社會信條) 채택을 통해 그대로 제도화, 구체화되었다. 일체의 유물교육·유물사상·계급적 투쟁·혁명수단에 의한 사회개조와 반동적 탄압에 반대함과 동시에 '기독교적 원리'에 입각한 사회운동을 지향한다는 입장을 분명히 표명했다.[48] 이것은 기독교계가 1930년대 초에 '반유물론적 반사회주의' 태도를 분명히 표명함에 그치지 않고 기독교정신을 갖고 하나님과 사람을 위해 헌신한다는 기독교적 가치에 근거한 사회참여 논리를 분명히 선언한 것이었다. 즉 기독교계는 사회주의에 대해 분명한 이념적 분리를 통해 기독교의 자기정체성과 기독교가 지향할 방향을 설정하였던 것이다.

이것은 사회신조 발표이후 기독교계의 언론매체에서 사회주의에 대한 '우호적' 논의가 거의 자취를 감추고 있으며, 있다 하더라도 소수에 불과하다는 점에서 더욱 분명해진다. 이 시기가 되면 1920년대이래 지속된 기독교계 내부에서의 사회주의에 대한 이념적 논의들이 정리되고 있음을 보여준다.[49]

이처럼 1930년대 전반 기독교세력은 기독교적 가치에 근거해 사회주의세력의 반기독교운동에 대응했다. 그 대응은 반유물론, 반사회주

47) 蔡弼近, 「예수와 社會思想問題」1~6, 『基督申報』 1929년 11월 20일~1929년 12월 25일자.
48) 『朝鮮예수敎聯合公議會 會錄』, 1932, 52쪽.
49) 한국기독교역사연구소, 앞의 책, 221~222쪽.

의적 입장을 분명하게 확립하면서 기독교적 가치에 근거한 운동의 방향을 설정하는 것이었다. 이것은 사회주의세력의 종교존재에 대한 부정과 종교에 대한 적극적 타도에 대한 기독교인들의 사상적 대응의 결과였다. 또 이런 대응이 물리적 충돌이나 대립보다 사상적·이념적 측면에서 전개되었다는 점에서 볼 때, '반유물론적 반사회주의론'이 기독교계와 기독교세력의 인식 속에 내면화하는 결정적 계기가 되었다.

2) '전투적' 기독교론과 지상천국론

1930년대 전반 민족운동의 주도권 장악을 둘러싸고 민족주의세력과 사회주의세력간의 전면적 대립이 전개되었다. 민족주의세력의 우경화가 대두하고, 사회주의세력이 계급주의노선에서 신간회 해소를 주장하는 등 민족운동진영에는 치열한 이념적·사상적 대립이 진행되었다.

이 시기 기독교 민족·사회운동 진영에는 '사회주의세력' 및 일체의 사회적 악에 대항하여 투쟁하는 '전투적' 기독교론이 구체적으로 등장했다. 먼저 기독교계에는 사회주의세력에 대한 기독교인들의 '전면전'(全面戰)을 촉구하는 주장이 대두했다. 박학전은 "하나님을 辱하고 救主를 짓밟는 양의 무리가 어대로 드러오는지 무슨 짓을 하는지 모르고 방심한다는 것은 괴현상"이라고 지적하고, "무신론적 반종교자들을 정치기관 외에 또 누가 항쟁하는 이가 잇는가"라고 반문함과 동시에 기독교계의 무기력하고 소극적인 대응자세를 비판하면서 기독청년들에게 "새벽에 교당에 올라가 기도를 드리고 악마와 싸울 결심을 가지고 복음을 가지고 복음을 들고…나가자. 나가자. 농장으로! 싸우자, 싸우자, 무신론자들!"[50]과 당당히 맞서 싸울 것을 주장했다.

또한 일체의 사회적 악과 불의에 대한 적극적인 투쟁을 강조하는 주장도 있었다. 최석주는, 당시를 "민족적 고난, 사회적, 경제적, 사상적, 온갖 직면하여 있는 고난과 싸우지 않으면 안 되는 시대"[51]로 인식하고, 이 시대가 "기독교신사보다 기독교투사"를 요구하고 있다고 주장하면서, '기독교투사는 적극적·구체적으로 사회와 교회를 위하여 불의와 불법을 멸절하기 위하여 싸우지 아니하면 아니 될 것인데, 정의와 천부의 뜻을 위하여 싸워야만 할 것이다'[52]라고 하여, '사회정의'라는 차원에서 기독교인들은 하나님의 의를 이 땅에 실현하여 천국을 이루기 위해 적극적이고 구체적인 투쟁이 필요하다고 강조했다.

이같은 '전투적' 기독교론은 1930년대 초 사회주의세력의 극단적 좌경화 현상과 일제의 감시와 탄압이 첨예화되는 속에서 기독교인들의 운동적 논리 또한 투쟁적이며 냉전적으로 변화되고 있음을 잘 보여준다. 이것은 당시의 현실 기독교에 대한 비판적 인식을 배경으로 제기되고 있었다. 기독교인들은 기독교가 거대한 집단임에도 불구하고 여전히 잘못을 모르고 모든 것을 신앙의 힘으로 합리화하거나, 기독교의 사회화와 실제화는 거리가 멀게 '초월적 신비주의운동'이 고조되는 등 현실유리적인 당시의 기독교회를 비판적으로 인식했던 것이다.[53]

조만식은 과거에 기독교가 사상과 문물의 수입 및 적응에 크게 힘을 쏟았고, 교회가 사회개혁과 민족개조의 큰 과업을 온전히 감당하고 왔으나, 당시 '빈사상태' '수면상태'에 빠져 있고, 마치 '폐병환자'와 같은 병적 상태에 있다고 비판했다. 이것은 '경제관념을 우리에게 도무지

---

50) 朴鶴田, 「福音을 들고 나가자, 싸우자」, 『農村通信』 4, 1935년 6월 1일.

51) 崔錫柱, 「苦難의 意義」, 『靑年』, 1932년 9월호, 9쪽.

52) 崔錫柱, 「基督教紳士보다 基督教鬪士를」, 『靑年』, 1933년 1월호, 10~11쪽.

53) 宋昌根, 「오늘 朝鮮教會의 使命」, 『神學指南』, 1933년 11월호, 127~132쪽: 李萬珪, 「基督教會의 功과 過」, 『開闢』, 1934년 11월호, 29~32쪽.

넣지 않은 선교사들'과 사회적 요구를 외면하거나 이에 대해 너무도 무기력하게 대처하는 기존 보수적 교회들에 대해 비판했다.[54] 즉 그는 사회현실과 괴리되고 있는 기존 교회와 기독교인의 보수주의적 신앙관에 대해 개인과 가정의 안락과 평화만을 구하고 민족을 사랑하는 마음을 상실한 개인구원 위주의 신앙관의 팽배가 기독교를 죽음 직전까지의 상태로 몰아넣는 주요한 근본 원인이라고 주장했던 것이다.

이런 비판적 인식 위에서 기독교사회주의와 사회복음주의가 운동의 실천적 방향에서 제시되고, 궁극적으로 이 땅 위에 하나님 나라를 건설하자는 지상천국론이 역설되었다. 1920년대 일제의 기독교 회유 분열정책과 사회주의자들의 반기독교운동, 그리고 사회경제적 어려움 속에서 기독교적 대안으로 소개되었던 기독교사회주의와 사회복음주의가 제시했던 지상천국론은 1930년대에 들어서는 보다 구체적으로 형태로 제시되기 시작했다.

그것은 기독교인들이 '하나님의 나라'에 대한 관념을 정치사회참여의 논리차원에서 구체적으로 확립하고 이것을 운동의 지향점으로 설정하고 있음을 확인해준다. 이것은 3·1운동이후 사회개조론적 신앙관의 대두와 함께 등장했던 '하나님 나라'에 대한 지향점이 1930년대에 들어 민족·사회적 현실문제를 기독교적 이념 속에서 해결하고자 하는 구체적인 방향에서 제기된 것으로, 기독교의 '실제화' '사회화'의 적극적 실천을 주장하는 구체적인 표현이었던 것이다. 즉, 기독교의 전통적인 초자연주의나 초월적, 저 세상적인 것을 지양하고, 구체적인 삶의 역사 속에 계시하는 하나님에 대한 신앙이 강조되었다. 복음의

54) 曺晩植, 「朝鮮基督敎의 解剖」, 『農民生活』 5-11, 1933년 11월호, 1~2쪽; 김권정, 「1920~30년대 조만식의 기독교 민족운동」, 『한국민족운동사연구』 47, 한국민족운동사학회, 2006, 249~250쪽.

정신에 입각하여 사회성이 결여된 기독교와 싸우고 또 비기독교 사회주의와 투쟁하면서 근대적 합리주의에 기초하여 자본주의 사회를 기독교적 가치로 개혁하고자 부르짖었던 것이다.

일제 식민통치의 수탈체제와 자본주의 체제의 폐해 등으로 민중의 고통이 가중되는 가운데, 민족·사회운동을 모색하던 기독교인들은 기존의 '하나님 나라'의 속성을 이 땅 위에 건설하려는 생각을 구체적으로 갖게 되었다. 그리하여 기독교인들은 하나님의 사랑과 정의가 이 땅에 실현되기 위해서 기독교인들이 책임감을 갖고 악의 세력, 즉 경제적 이기주의, 사회적 불평등, 문화적 폐습, 정신적 황폐 등을 적극적으로 타파해 나갈 것을 주장했다. 이것을 기독교의 평등, 형제애, 권리와 책임, 사회적 민주주의, 그리고 결사를 통해 이를 달성 그리하여 이들은 하나님 나라의 질서가 구현되는 곳을 하나님의 나라로 인식하고, 이 땅에서도 하나님 나라가 실현될 수 있다는 확신을 갖게 되었던 것이다.

이처럼 하나님 나라의 이 땅위 건설, 즉 사회정의가 구현되는 '지상천국건설론'은 결국 1930년대 초 식민지적 수탈과 탄압, 민중의 빈곤 심화, 그리고 반기독교적 정서가 팽배한 사회적 분위기 속에서 기독교가 지향해야 할 운동의 분명한 목표로 구체화되었던 것이다.

이를 현실 차원에서 가장 구체적으로 개념화한 것은 장로교 농촌운동을 주도하던 배민수 그룹이었다.[55] 이들은 복음주의에 대해 "예수께서 오셔서 교훈 하시고 실현하신 대로 기록한 복음의 말씀을 믿고 그대로 실천하기 위하여 최선을 다하는 것"으로 인식하고, 그 실천과제가 "제일 자기 명예와 性癖과 죄악을 정복하고 제이로 자기생명과 소유를 희생하여 신과 인간을 사랑하야 지상에 천국을 임하게 하며 차

---

55) 方基中, 『裵敏洙의 農村運動과 基督敎思想』, 연세대 출판부, 1999, 150~160쪽.

를 땅 끝까지 전파함으로 그 성명을 복종하자는 것"이라고 주장했다.[56] 이는 예수의 복음을 그대로 실천하는 방식이 바로 이 땅 위에 지상천국을 건설하는 일이며, 그것은 세계 구원을 달성하는 지름길이라는 확신에서 나온 것이었다.[57]

또한 김창준[58]은 하나님 나라에 대해 "인격본위인 대가족생활로 우주만물을 인격건설의 목적을 위하여 사용하며 가족제도, 국가제도, 모든 제도와 법칙이란 것도 인격본위로 협애의 신사회를 건설키 위하여 활용할 것이면 물질을 사용하며 모든 제도로 활용하는 인간생활의 전부가 정신적이 될 것이다"라고 하여, '인간협애'의 사회생활이야말로 하나님의 질서로 이해했다.[59] 즉 하나님의 나라는 '인격'과 '협애'를 기초로 하여 모든 사회, 경제생활이 이루어지는 곳으로, 상호간의 인격존중과 협애정신이 공동체적 질서를 이루며 그것이 사회의 본질적 요소로써 사회적 질서를 이루는 곳이라고 이해했다.

이 밖에도 하나님 나라가 곧 임박했음을 강조한 최석주는 "완전하신 그 나라와 의를 맞이하려 준비하는 시대의 아들이 없는가?"반문하면서 "우리는 이제 최대전당의 건설을 위해 위하여 단결하고 시대를 준비할 것을 각오해야 하며 그 각오는 십자가에 있다"[60]고 주장했다. 다가오는 하나님 나라의 임재에 대한 강한 의식과 이를 준비하는 것은 철저한 복음의 정신을 실천하고 이를 현실화하는 것임을 역설했다.

따라서 1930년대 초 기독교세력은 사회주의세력의 반기독교운동과

56) 裵敏洙, 「福音主義와 基督敎農村運動(1)」, 『農村通信』 1, 1935년 3월 1일.
57) 배민수, 『그 나라와 한국농촌』, 대한예수교장로회 총회 종교교육부, 1958, 17~29쪽.
58) 김홍수, 「김창준의 생애와 신학」, 『일제하 한국기독교와 사회주의』, 한국기독교 역사연구소, 1992 참조.
63) 金昌俊, 「朝鮮의 天國運動은 어떠케 할까?」, 『神學世界』, 1933년 11월호, 12~13쪽.
60) 崔錫柱, 「準備時代의 覺悟」, 『靑年』, 1932년 1월호, 11쪽.

이로 인해 야기된 전면적 대립구도 속에서 반유물론적 반사회주의 태도가 확립되었다. 이런 인식 속에서 기독교세력은 부패하고 왜곡된 이 땅 위에 하나님의 질서를 구체적으로 건설하자는 이념화된 '지상천국론'을 구체적으로 제시했다. 이것은 열악한 역사적 상황에 직면한 기독교세력이 현실에 좌절하지 않고 민족·사회문제를 타개해 나가는 민족운동의 논리를 대변하는 것이었다. 즉 기독교세력의 반유물론적 반사회주의와 전투적 기독교론', 그리고 지상천국론은 신간회 해소 이후 보수적인 기독교계 내에서 점점 좁아지는 자신들의 입지를 유지하면서 현실문제를 타개해 나갈 수 있는 기독교세력의 운동논리와 방향으로 자리 잡았던 것이다.

3. 기독교 민족운동의 전개와 성격

1) 신간회 '해소' 이후 민족단체건설운동

일제강점기 최대 민족단체로 창립된 신간회는 1929년 민중대회 사건으로 큰 타격을 받았다. 본부 임원들이 구속되었고, 이외에도 지회의 많은 운동가들이 체포, 투옥되었다. 민중대회사건 이후에는 김병로(金炳魯)가 위원장으로 취임했다.[61] 그는 일제와의 직접 충돌을 피하려는 온건화노선을 폈으나, 지회들의 심각한 반발을 받았다. 이 때 사회주의세력은 민족주의자들과의 협동보다 사회주의운동의 주도권을 강조하고 노동·농민 운동의 혁명적 전개에 기초한 조선공산당재건을 지시한 코민테른의 「12월 테제」에 결정적 영향을 받고, 신간회 지도부를 '소부르조아적 정치집단'으로 규정하면서 온건노선을 비판했

---

61) 『東亞日報』 1930년 10월 28일자.

다.[62] 특히 1920년대 말 세계대공황의 여파로 민중들의 생존권투쟁이 격렬해지고, 이를 기반으로 혁명적 노동조합·농민조합 운동이 각 지역에서 전개되면서 사회주의자들의 주장은 점점 확산되어 갔다.[63]

결국 1930년 12월에 민족주의자들과의 협력을 사실상 부정하고 사회주의자들의 주도하에 새로운 정치조직을 결성한다는 명분 아래 신간회 해소주장이 제기되었다.[64] 신간회 해소에 대해서는 사회주의자 내부에서도 찬반양론이 격렬하게 대립되었지만, 당시 사회주의자들의 전반적인 좌편향 분위기 속에서 해소론은 각 지회에 급속히 확산되었다. 1930년 12월 부산지회에서 최초로 신간회 해소를 주장한 데 이어 함남의 이원지회는 '해소'를 결의했다. 이후 약 20 여일 동안 신간회 해체, 분화, 해소, 해소론 반대 등을 주장하는 지회들의 성명과 결의가 계속되었다.[65]

1931년 신간회 해소논쟁이 본격적으로 전개되자, 신간회 해소에 관련하여 기독교세력에서도 역시 이에 대해 반응을 보이기 시작했다. 사회주의세력이 대부분 해소를 주장하고 있을 때, 민족주의세력의 대다수와 사회주의자 일부가 해소에 반대하고 있었고, 기독교세력들도 거의 대개 동일한 입장을 보이고 있었다. 신간회의 참여여부와 인식의

---

62) 松元幸子, 「코민테른과 민족·식민지문제」, 『歷史學研究』 제402호, 1973(임영태 편, 『식민지시대 한국사회와 운동』, 사계절, 1985, 267~301쪽 참조).

63) 이균영, 『신간회 연구』, 역사비평사, 1992, 444~467쪽.

64) 『東亞日報』 1930년 12월 18일자. 신간회 해소를 가장 먼저 제기한 것은 신간회 부산지회였다. 부산지회의 해소론은 신간회가 소부르아적 정치운동 집단으로 어떤 적극적 투쟁이 없으며, 민족적 단일당이란 미명아래 노동대중의 투쟁을 말살시키고 있다는 것이 주 내용이었다.

65) 이애숙, 「세계대공황기 사회주의 진영의 전술 전환과 신간회 해소문제」, 『역사와 현실』 11, 역사비평사, 1994, 66~75쪽.

입장, 향후 새로운 민족단체의 설립에 대한 태도에 따라 기독교인들 가운데는 신간회 해소를 찬성하는 입장도 있었고, 신간회 해소이후 구체적인 단체설립을 준비하는 목소리도 제기되고 있었다. 이렇게 기독교세력의 신간회 해소에 대한 입장이 중요한 것은 해소 이후 그들의 정치 사회적 움직임과 직결되기 때문이었다.

먼저 신간회 평양지회장과 중앙집행위원을 지낸 조만식은 해소반대론을 분명하게 주장했다. 그는 해소를 주창하는 사회주의세력이 현재의 신간회를 '계급적 의식'으로만 보고 있다고 지적하고, 다음과 같이 세 가지를 제안하였는데, 그것은 "新幹會를 階級的 派閥的 意識으로 當하지 말 것", "조선의 정세를 보아 투쟁에 있어 완급의 作樣이 있음을 상호 이해하고 무모한 파괴와 결렬을 일삼지 말 것", "過誤 沈滯 기타 失當한 일이 있을 때에는 우리는 수술 또는 鞭撻을 줄 지언정 피차 軋轢하여 漁人에게 이를 주게 함은 대금물"이란 것이었다.[66] 이어서 그는 사회주의세력이 계급적 의식을 갖고 신간회를 좌편향 관점에서만 본다고 비판하고, 운동이란 상황에 따라 완급의 조절이 있음을 서로 인정할 것을 주장하고, 신간회를 둘러싼 양 세력의 다툼이 결국 일제 식민지배의 '어부지리(漁父之利)'로 이로울 수밖에 없기 때문에, 서로 자제할 것을 주장하며, 신간회를 너무 조급하게 보지 말고 보다 큰 민족역량의 '집중'이라는 장기적이고, 전략적인 관점에서 신간회가 유지되어야 한다고 역설했던 것이다.

또한 신간회 창립부터 임원으로 활동해온 박희도는 '신간회가 여러 유력한 인물과 단체를 망라하지 못했고, 앞으로도 그럴 가능성이 없다'는 판단에서 새로운 조직체 결성[67]을 위한 '개조론'을 주장했다. 그

---

66) 曺晩植, 「漁人에 利를 줌은 大禁物」, 『三千里』, 1931년 1월호, 7~8호.
67) 박희도, 「시기가 느젓다」, 『彗星』, 1931년 3월호, 2쪽.

는 신간회 해소 가결 직후, 그는 "신간회 해소론이 일어날 때에 우리 편에서는 신중한 해소방침을 세웠든 것입니다. 방침이라는 것은 다른 것이 아니라 해소 결의가 되기 전에 경고(硬固)한 다른 조직체의 결성을 준비했다가 해소가 되면 그것을 내세우려고--- 그것은 마치 닭알을 모계의 품에 안기어 그 속에서 태반이 충분히 발육되어 가지고 한 마리의 완전한 병아리가 돼야 스스로 껍질을 깨뜨리고 세상 밖으로 나오도록---그렇게 하려 했던 것---우리는 지금 말이지 그에 대한 운동비까지 준비하였습니다"[68]라고 주장했는데, 이것은 그가 신간회를 대신할 수 있는 단체를 새롭게 조직하려고 준비했다는 것을 의미하는 것이다.

마지막으로 YMCA 총무 신흥우는 사회주의세력과는 다른 시각에서 '해소'를 주장했다. 신간회 비참여파인 신흥우는 신간회를 '민족주의단체'로 규정하고 "사회주의자가 중간에 들어와 진영을 점령한 것이라 볼 수 있는데, 그 간에 객관적 정세의 불리라 할지 자체 투쟁력의 부족이라 할지 민족주의운동이나 사회주의운동이나 수면상태와 비슷하게 아무 적극적 활동과 투쟁이 없었다"[69]라고 하여, 1920년대 중반 신간회의 창립성격인 민족협동전선의 의미를 부여하지 않았으며, 신간회 활동 자체가 전무하였음을 비판했다. 그러면서 그는 이후에 민족주의 좌우파를 망라한 새로운 단체의 건설이 무엇보다 필요하며, 그것은 민중의 '현실이익획득'[70] 차원에서 제기되는 '대동단결' 차원에서 이루어져야 한다고 강조했다.

이어서 신흥우는 건설할 단체에 대해 전망하면서 현실투쟁의 운동

---

68) 박희도, 「시기가 일넛다」, 『彗星』, 1931년 7월호, 9쪽.
69) 申興雨, 「現實鬪爭으로」, 『彗星』, 1931년 7월호, 7쪽.
70) 당시 천도교에서는 식민지배의 합법적인 공간에서 민족의 실력양성이란 주장을 '당면이익획득'이란 표현으로 주로 썼다면, 기독교에서는 '현실이익획득'이란 표현을 사용하면서 '현실운동'이란 이름으로 실력양성운동을 추진해 나갔다.

을 하지 않으면 도저히 그 운동이 성장 발전될 수 없고, 따라서 일반 민중에게 실리이익을 주지 못할 것이라고 하여, 새롭게 건설될 민족단체는 합법운동, 타협운동으로 여겨지던 현실운동을 목표로 해야 한다고 주장했다. 또한 그는 "민족주의는 언제나 민족주의자와 결합하고 사회주의자는 또 사회주의자끼리 결합하여 전민족의 공동전선으로 진출 할 것"71)이라고 하여, 사회주의세력과의 민족협동전선을 인정하고 않고, 신간회에 참여하지 않은 민족주의 우파를 망라하는 민족문제 중심의 정치적 재편이 필요함을 촉구했다. 이것은 그가 1930년대 초에 들어 반유물론적 반사회주의 태도를 밝히고 있는 것과 무관하지 않으며, 신간회 해소 이후 민족주의세력을 중심으로 전개되는 민족단체 건설운동에 참여하는 것과 직접 관련이 있었다.

한편 1931년 5월 신간회가 해소된 이후 민족운동진영에는 새로운 민족운동단체를 건설하려는 움직임들이 대두하기 시작했다. 민족단체건설운동은 신간회 참여파와 비참여파를 망라하는 민족주의세력의 주도로 전개되었다. 이런 현상이 일어날 수밖에 없었던 것은 사회주의세력이 민족문제보다는 계급문제에 집중하고 민족주의세력을 타도 내지 배척의 대상을 설정하고 있었기 때문이다. 또한 1931년 9월 일제가 만주사변을 일으킴에 따라 국내 정치사회상황이 한국인들에게 더욱 불리하게 작용하면서 민족적 모순이 더욱 증대되었다. 즉 사회주의자들이 이 시기를 '혁명의 최적기'로 판단한 반면에, 민족주의자들은 민족운동세력에 대해 강화되는 일제의 감시와 탄압에 더 주목하고 있었던 것이다.

신간회 해소 직후 민족주의자들은 신간회를 계승할 만한 민족단체

---

71) 申興雨, 위의 글, 8쪽.

를 결성한다는 목적과 동시에 광범위한 민족주의세력의 결집 일환에서 민족단체건설운동을 적극 시도하고 나섰다. 여기에 기독교세력으로 신간회에 참여하지 않았던 신흥우나 윤치호 등이 참여하여 민족단체의 건설을 강력하게 주장했다. 이것은 신간회 해소 이후 민족주의진영의 단일한 단체를 조직하여 '민족실력양성운동'을 전개하고 대중적기반을 확립하기 위한 것이었다. 이들은 신간회에 참여하지 않았지만민족단체의 필요성을 생각하고 있던 민족주의 우파인사들이 함께 결합하여 민족단체의 건설을 추진하게 되었다.[72] 이는 자치론을 배척하면서 사회주의세력과 협동하였던 민족주의 좌파세력이 민족주의 우파세력 뿐만 아니라 심지어 일부 자치론자까지 민족주의세력으로 포함시키지 않으면 안 되는 당시 민족주의운동 진영의 절박한 현실을 반영한 것이기도 했다.

이런 움직임 속에서 민중대회사건 이후 위축되어 있던 기독교세력은 그 활동을 재개했다. 이들의 활동은 각종 민족·민중운동의 고양, 그리고 재만동포구제문제, 궁민구제문제 등으로 민족문제에 대한 대중들의 관심이 높아지자 왕성하게 전개되었다.

신간회에 참여하지 않았던 윤치호·신흥우와 같은 기독교세력들도여기에 적극 호응하여 동참하기 시작했다. 이들은 민족단체건설운동에 주도적인 세력으로 참여했다. 그리하여 1932년 1월 신간회 해소반대론자인 안재홍·서정희·이종린 등과 범동우회계의 이광수·조만식·김성업 등은 '민족단체통제협의회'(民族團體統制協議會) 명의로 단체 계획을 발표하고 각 방면의 찬성을 구하는 등 활동을 활발히전개하였으나, 사회주의자들의 방해로 좌절되고 말았다.[73]

---

72) 「민족적 중심단체 재조직의 필요와 방법」, 『東亞日報』 1932년 1월1일~4일자
    연재; 「범민족적 표현단체 재건설 가부」, 『朝鮮日報』 1932년 1월 3일자.

또한 같은 해 7월에 평양에서는 평양지방기독교계 및 동우회 회원들인 김동원·노진설·오윤선·이기찬·한근조·김능수·박응무 등 7명이 발기인으로 참여하고, 이외에도 평양기독교계의 조만식·김병연·조종완 등이 참여하는 건중회(建中會)가 결성되었다. 이 단체는 '조선사람의 현실에서 생활 권익을 옹호·신장함'이라는 한국인들의 '당면이익 획득'을 목표로 조직되었다.[74] 그러나 이 단체 역시 여러 사정으로 회원모집과 단체규약 제정 등이 제대로 이뤄지지 못했고, 친일 인사가 회장으로 선출됨에 따라 본래의 목적을 상실하고 유지들의 친목단체로 변화했다. 이에 따라 조만식을 비롯한 기독교세력은 모두 이 단체에서 탈퇴하고 말았다.[75]

즉 민족주의세력을 중심으로 신간회 참여파와 비참여파가 망라되어 참여한 민족단체건설운동은 신간회 해소 이후 민족운동의 중심세력을 형성하기 위해 노력했으나, 자치론을 주장하는 일부 인사들까지 참여함으로써 사회주의세력의 공격과 일반 민족운동진영의 비판에 직면하게 되었고, 결국 구체적인 성과물을 만들어내지 못한 체 위축·침체되고 말았던 것이다.

2) 서북 기독교세력의 사회문화운동

신간회 해소 이후 기독교세력은 세계대공황, 일본의 만주침략, 군비강화 등의 급변하는 열악한 상황 속에서 사회·경제·문화적 차원에서 다양한 활동을 펼치기 시작했다. 이런 활동의 배경에는 1929년에 일어난 세계적 대공황의 영향과[76] 농업공황까지 겹친 한국 농민의 절

---

73) 朝鮮總督府 警務局, 『最近に於ける朝鮮治安狀況』, 1933, 65쪽.

74) 『東亞日報』 1932년 8월 2일자.

75) 『最近に於ける朝鮮治安狀況』, 65쪽.

대빈곤 상태가 극한 상황에까지 처해 있다는 처절한 현실인식의 결과이기도 했다.

당시 식민지 현실에 대해 YMCA 농촌운동의 중심인물인 홍병선은 "조선 인구의 8할이 농민이라 할 만큼 농촌문제가 중요하다"는 사실을 지적하고, "농촌문제는 현재 · 장래를 통하야 우리의 사활에 관계되는 것으로, 그들의 생활이 정신적으로 물질적으로 살고 싶어서 사는 것이 아니요 어쩔 수 없으니까 사는 것"77)이라 하여, 농촌사회의 몰락과 농민의 피폐화는 곧 민족 장래의 어두운 전망으로 연결되는 것이라고 보았다. 즉 1930년대 농촌문제는 민족문제 가운데 가장 먼저 해결하지 않으면 안 되는 것이었다.

절박한 문제의식 속에 1930년 전반 기독교세력은 한국교회의 대표적인 운동이 된 농촌운동을 주도하면서 더욱 구체적인 방향과 프로그램을 구비하고 조직적으로 전개했다. 그 중의 하나가 농촌운동의 지속적 추진을 위한 전문 인력으로서 농촌지도자 양성이었다.78) 이에 따라 농촌지도자 양성기관이 설립되었는데, 이는 농민이 주체가 되지 않는 농촌운동이란 현실적인 한계를 가질 수밖에 없다는 현실인식에서 비롯된 것이다.79)

그리하여 농촌사업협동위원회의 농촌사업지도자강습소(1930), 장로교회의 고등농사학원(1932), YMCA의 농민수양소(1932), YWCA의

---

76) 피터 두으스/金容德, 『日本近代史』, 지식산업사, 1983; 존 W. 홀/박영재, 『일본사』, 1986.

77) 홍병선, 「農村事業과 基督教靑年會」, 『東光』, 1931년 4월호, 39쪽.

78) 한규무, 『일제하 한국기독교 농촌운동 1925~1937』, 한국기독교역사연구소, 1997, 185~188쪽.

79) 김권정, 「1920~30年代 申興雨의 基督教民族運動」, 『한국민족운동사연구』 21, 한국민족운동사연구회, 157~158쪽.

농촌부녀지도자 양성소 등의 농촌지도자 양성기관이 각각 설립되었다. 이 기관들은 매년 여름 또는 겨울마다 3년 동안 수업을 진행하였기 때문에 농촌지도자들이 단기적 강습회보다 깊은 지식과 경험을 훈련받고 축적할 수 있었다.[80] 특히 1931년에는 고등교육기관인 숭실전문학교에 농과가 설치되어 지속적으로 농촌지도자를 양성하는데 결정적 계기를 마련했다.[81] 여기에는 미국에서 농촌경제학을 공부하고 돌아온 이훈구와 1920년대 초부터 '한국농업선교의 선구자'로 불린 북장로회 선교사 루츠(D.N. Lutz, 柳韶)가 참여하여 큰 역할을 했다.[82]

그런데 기독교계 농촌운동에는 1932년 중반부터 큰 변화가 일어나기 시작했다. 그것은 일제가 '농촌진흥운동'(農村振興運動)을 본격적으로 실시했기 때문이다. 공황의 여파로 곤경에 처한 한국의 농촌은 1930년대에 거의 파탄지경에 이르렀다. 이에 일제의 농촌정책에 대한 농민층의 반발도 거세게 나타났는데, 1930년대 초에 농촌지역에서는 소작쟁의가 활발하게 일어나고 '혁명적' 농민조합운동이 확산되었다.[83] 이를 식민지배체제에 대한 일정한 위협으로 간주한 일제는 농촌경제를 안정시키고 대륙침략을 위한 발판을 만들기 위한 농촌진흥운동을 실시했다.[84]

이같은 상황에서 일제는 농촌문제 타개를 위해 뛰어들었던 기독교

---

80) 한규무, 위의 책, 185~216쪽.

81) 『朝鮮日報』1931년 2월 28일자.

82) 숭실대학교100년사편찬위원회, 『숭실대학교 100년사』1, 숭실대학교, 1997, 282~289쪽.

83) 혁명적 농민조합운동에 대해서는 이준식, 『농촌사회변동과 농민운동』, 민영사, 1993; 지수걸, 『일제하 농민조합운동연구』, 역사비평사, 1993 참조.

84) 池秀傑, 「1932~35年間의 朝鮮農村振興運動」, 『韓國史研究』46, 1984; 金容燮, 「日帝 强占期의 農業問題와 그 打開方案」, 『韓國近現代農業史研究』, 一潮閣, 1992.

계의 농촌사업을 관제 농촌진흥운동 속에 강제·편입시키거나 말살하려고 간섭하고 탄압하기 시작했다. 이에 대해 신흥우는 "우리가 방해도 많이 받았습니다. 파출소 순사가 우리 농촌지도자들을 못살게 굴었습니다. 결국 그 사람들이 드러내놓고 우리가 농촌사업을 하지 말라고 하기 때문에, 차츰차츰 사업을 줄일 수밖에 없었다"라고 하여,[85] 일제의 농촌진흥운동이 시작된 이듬해인 1933년부터 기독교계의 농촌운동은 일제의 간섭과 탄압을 받게 되었고, 기독교계의 농촌운동도 서서히 약화될 수밖에 없었다.

그러나 이런 불리한 상황에서도 기독교계 농촌운동을 적극 추진했던 것은 장로교 농촌부였다. 장로교 농촌운동은 1933년 농촌부의 총무로 부임한 배민수가 그의 동료인 박학전·유재기·김성원 등과 함께 호흡을 맞추면서 본격적으로 전개되기 시작했다.[86] 이들 혁신적 그룹은 대부분 조만식의 영향을 받고 있었는데, 조만식을 중심으로 기독교농촌연구회를 통해 농촌운동의 방향과 방법을 모색하고 있었던 인물들이었다.[87] 이들은 1929년 6월 조만식을 고문을 선출한 「기독교농촌연구회」(基督敎農村研究會)를 조직하고 농촌문제의 연구와 운동의 필요성을 강조하며, 사상적인 차원에서 기독교적 가치가 투영되고 작동되는 새로운 농촌운동의 추진을 준비했던 것이다.

이런 인식과 준비를 토대로 이들은 1930년대 초 장로교 농촌부를 통해 기존의 농촌운동이 너무 현실적인 경제문제에 매달려 진정한 의미의 복음정신에서 멀어졌다고 비판하고, 경제운동 이전에 정신운동

---

85) 「申興雨 放送錄音記錄」;『한국기독교청년회운동사』, 40쪽에서 재인용.
86) 배민수, 『Who Shall Enter the Kingdom of Heaven?』, 대한예수교장로회 총회농어촌부, 1994, 347쪽.
87) 方基中, 『裵敏洙의 農村運動과 基督敎思想』, 123~133쪽.

임을 강조하며 새로운 농촌운동을 펼쳐나가기 시작했다. 이들이 주도한 장로교 농촌운동은 장로교의 전국적인 교회조직을 최대한 활용하며 전개되었다. 1933년 고등농사학원의 설치와 함께 본격화된 장로교 농촌운동은 사회주의세력의 공격에 대응하면 식민지배질서가 강제하는 현실의 무력감을 극복하고 기독교 '복음'의 정신에 입각하여 '예수촌 건설'을 표방하면서 전개된 농촌복음화운동인 동시에 농촌재건을 위한 민족운동의 일환이었다.

이와 함께 1930년대 초 기독교세력이 대대적으로 추진한 대표적 운동은 절제운동이었다. 이 운동은 주로 기독교여성들에 의해 주도되었는데, 1924년 8월 조선여자기독교절제연합회를 조직하면서 그 운동이 활성화되었다.[88] 일제가 한국문화와 정신에 대한 침략으로 퇴폐문화를 이식하려고 하는 것에 대해 전면 반대하고 나서면서부터였다. 절제운동은 이후 기독교 여성운동의 대표적 운동을 자리 잡았고, 1928년 현재 조선여자기독교절제연합회의 규모가 지회 수 53개, 회원수가 3,217명에 이를 정도로 발전했다.[89]

1932년 절제운동은 한국교회 전체의 호응아래 광범위하게 추진되기 시작했다. 같은 해 조선기독교절제회가 창립됨으로써 비로소 기독교 남성들도 이 운동에 적극 참여하기 시작했다. 기독교여성들이 주도하는 절제운동이 이때에 더욱 활성화된 것은 1928년 중반이후 시작된 기독교여성들의 농촌계몽운동이 1930년대에 들어 쇠퇴하였기 때문이었다.[90] 또 일본 독점자본이 1920년대 후반부터 대거 한국에 진출하였고, 그에 따라 급속한 도시화가 진행되었고, 이것은 세계대공황의

---

88)『基督申報』1924년 9월 10일자.

89)『基督申報』1928년 8월 29일자.

90) 尹貞蘭,『日帝時代 韓國 基督敎 女性運動 硏究』, 111~117쪽.

영향 속에 일본의 퇴폐문화가 식민지 조선에서 확대·재생산되어 한국인의 문화와 정신에 대한 침탈현상을 심각하게 일으키고 있다는 문제인식에서 비롯되고 있었다.

따라서 1920년대 말과 1930년대 전반에 걸쳐 전국적으로 힘차게 추진되었던 절제운동은 1920년대 단순히 '고상한' 의식운동의 차원을 넘어 '육을 살리고 영을 살리는 운동이며, 죽어 가는 조선을 살리는 운동'이었다.[91] 즉 1930년대 초 절제운동은 기독교세력의 기독교 농촌운동의 대안운동인 동시에 민족운동의 일환으로 추진된 것이었다.

또한 합법적인 민족단체의 건설운동이 침체되는 가운데 이 시기 일제는 식민지배의 안정화를 위한 동화정책을 공세적으로 취하기 시작했다. 이에 대응하여 기독교세력은 민족주의진영에서 전개되기 시작한 문화운동에 적극 참여하기 시작했다. 기독교 민족운동세력은 일제의 지배와 탄압이 심화되는 상황에서 민족문화의 보존과 민족정체성의 확립, 그리고 이를 통한 민족적 단결을 도모하는 민족문화운동을 전개했다. 특히 동우회원인 김윤경과 이윤재는 당시 주도적으로 활동한 대표적인 기독교 인물들이었다. 이 시기의 민족문화운동은 고적보존운동, 한글운동, 학술단체활동 차원에서 전개되었다.[92]

한편, 1930년대 전반 기독교 민족운동의 동향에서 보이는 가장 중요한 특징은 동우회계를 포함한 서북계 기독교인들이 운동을 주도하고 있다는 점이다. 1930년대 전반 기독교 민족·사회운동을 주도한 서북계 기독교세력은 동아일보사에 포진하고 1931년부터 1934년까

---

91) 孫袂禮, 「朝鮮의 禁酒運動」, 『基督申報』 1930년 4월 30일자.

92) 1930년대 민족문화운동에 대해서는 李智媛, 「1930년대 民族主義系列의 古蹟保存運動」, 『東方學志』 77·78·79, 연세대 국학연구원, 1993; 「1930년대 前半 民族主義 文化運動論의 性格」, 『國史館論叢』 51, 국사편찬위원회, 1994를 참조할 것.

지 전개된 브나로드운동을 주도적으로 전개했다. 그것은 이광수가 동아일보 편집국장, 주요한이 편집국 촉탁이었고, 주요섭은『신동아』를 통해 브나로드운동에 관한 글을 게재하고 있었기 때문에 가능한 일이었다. 또한 조선어학회원으로 활약하던 김윤경과 이윤재는 동아일보사의 브나로드운동을 적극 지원했다. 브나로드운동의 한글교재를 집필과 보급에 노력했거나 이 운동에서 한글교육과 강연에 적극 참여하여 동아일보사의 브나로드운동에서 활발히 활동을 벌였다.[93]

또한 민중대회사건으로 투옥되었던 조병옥은 1932년 초에 출옥한 뒤, "민족의 얼을 살리고 대중을 널리 계몽시키며 민족문화를 향상시켜 민족운동의 커다란 역할을 할 수 있는 길은 오직 언론을 창달하는 길밖에 없다"[94]고 인식하고, 조선일보사의 인수에 뛰어들었다. 1932년 11월 조선일보 사장에 조만식, 편집국장에 주요한, 영업국장에 조병옥이 선출되었다. 1933년 6월 재정난 악화로 고생하던 중 조만식은 조선일보 고문이 되었고 사장자리를 방응모에게 넘겼으나, 여전히 서북기독교계 인사들은 그 주도권을 장악했다.[95] 이와 함께 1920년이래 평양 물산장려회를 이끌던 조만식은 1932년부터 조선물산장려회 이사로 참여하기 시작했다.[96] 이때부터 평양 물산장려회계가 조선물산장려회와 같이 운동을 추진하였고, 이는 조선물산장려회 내에서 중요한 위치를 차지하게 되었다.

또한 서북계 기독교세력들은 1932년 5월 전국적인 절제운동단체로

93)『東亞日報』1931년 7월 28일자.

94) 조병옥,『나의 회고록』, 해동, 1986, 117쪽.

95) 김권정,「1920~30년대 조만식의 기독교 민족운동」,『한국민족운동사연구』, 한국민족운동사학회, 2006, 129~137쪽.

96) 方基中,「1920 · 30年代 朝鮮物産奬勵會 研究」,『國史館論叢』67, 1996, 138쪽.

창립된 '전조선기독교 절제연합회'에서도 주도적으로 참여했다. 창립 임원에 회장 채필근·조만식, 서기 우호익, 리권찬, 회계 정두현·강봉우, 총무 송상석, 고문 곽안련, 편혜도 등이 선임되었다.[97] 주류·연초·아편·창기·악질폐습 등의 해악을 제거를 목표로 하면서 추진된 절제운동은 3·1운동이후 기독교세력이 추진한 민족·사회운동의 일환이었다. 1930년대에 들어 전국적인 절제운동단체의 주요임원을 서북기독교계 인사들이 차지함으로써 절제운동을 주도하여 나갔던 것이다.

이와 함께 서북계 기독교세력은 1930년대 초 YMCA에 버금갈만한 청년조직인 기독청년면려회조선연합회의 주도권을 장악하고 있었다. 기독청년면려조선연합회는 1921년 장로회 총회가 면려청년회의 설립을 결의하고 난 뒤인 1924년에 창립되었다. 이 단체는 1928년부터 비약적 발전을 했다. 그것은 YMCA 학생부 간사 및 동우회원인 이대위가 전국연합회 회장에 취임한 것이 큰 원인이었다.[98] 이대위는 동우회원인 정인과 이용설 등과 함께 단체 기관지인 『진생』(眞生)과 『면려회보』(勉勵會報)를 통해 동우회의 이념을 선전하였고, 이런 조직을 통해 1930년대 물산장려운동, 절제운동, 농촌운동을 전개했다. 그리하여 1934년에 1,067개, 지방연합회가 26개, 그리고 회원이 31,394명으로 확장되었는데,[99] 청년면려회 외에도 소년면려회, 중등면려회, 학생면려회 등이 설립되어 이 시기의 기독교 청년운동을 주도해 나갔다.

이처럼 신간회 해소 이후 기독교세력은 세계대공황, 일본의 만주침

---

97) 『基督申報』 1932년 5월 25일자.

98) 李大偉에 대해서는 채현석, 「이대위의 생애와 활동」, 『일제하 한국기독교와 사회주의』, 한국기독교역사연구소, 1992 참조.

99) 金良善, 『韓國改新敎史硏究』, 기독교문사, 1971, 133~134쪽.

략, 군비강화 등의 상황변화 속에서 민족운동을 전개하기 시작했다. 특히 동우회를 포함하는 서북계 기독교세력은 흥업구락부를 포함하는 기호계 기독교세력을 압도하면서 이 시기 기독교 민족·사회운동을 주도해 나갔다. 장로교라는 교세를 바탕으로 한 서북계 기독교 조직과 교인들이 주도적으로 전개했다는 것은 교세 차원에서 기호계 기독교를 앞서고 있었으나 보수적 신앙과 신학적 태도로 사회문제에 거리를 두고 있던 서북계 장로교회와 교인들이 1930년대 전반 민족문제·사회문제에 적극 뛰어들었음을 의미한다는 점에서 그 의의가 크다 할 수 있을 것이다.

이에 따라 지역주의와 전통적 정서, 신학적 차이, 그리고 이승만·안창호와의 관계 등이 겹치면서 1930년대 초 기독교세력의 민족운동은 다시 크게 분화되었다. 이런 상황에서 흥업구락부계열은 새로운 운동의 방향을 모색하기 시작하게 되었다.

3) 기호 기독교세력의 재편과 적극신앙운동

신간회 해소 직후 기독교 민족·사회운동은 동우회계열의 서북계 기독교세력이 주도해 나갔다. 이에 대응차원에서 흥업구락부를 중심으로 하는 기호계 기독교세력은 1930년대 들어 새로운 기독교 개혁운동을 모색하게 되었다.

그러한 대응은 단순히 동우회계열의 서북기독교세력에 대한 견제만이 아니 아니라 당시 한국교회를 둘러싼 안팎의 복잡한 현실적 상황이 큰 배경이 되고 있었다.

먼저 당시 기독교세력에 대한 일제의 탄압과 감시가 심화됨에 따라 대규모의 대중동원방식의 운동이 힘들어지는 상황이었다. 이에 기호계 기독교세력은 세계대공황의 여파 속에서 의욕적으로 추진했던 흥업구락부의 산업부 설치추진이 실패로 끝나자,[100] 단체의 체질개선과 내부 개혁을 추구하는 개조운동의 필요성이 크게 제기되었다.[101] 이와 함께 다수의 흥업구락부계열의 기독교인들이 포진하며 추진한 YMCA 농촌사업이 일제의 탄압으로 위축되었다.[102]

이런 상황에서 당시 한국교회 내에는 교회·교파간의 갈등과 신학의 보수화 및 선교사 교권화 현상[103] 등이 현저해지며 커다란 갈등이 증폭되고 있었다. 이와 맞물려 사회경제적 피폐화가 더욱 심화되는 과정에서도 기독교인들의 신앙 형식화와 현실유리 현상이 심각하게 대두하였다.

여기에 실망한 기독청년들이 교회를 이탈해 가는 상황에서 사회주의자들의 반기독교운동이 일어나고 이에 대한 대응의 필요성이 제기되었던 것이다.[104] 1930년대 초 한국교회에는 미래를 책임질 청년층을 대상으로 하는 새로운 '기독교운동 및 청년운동'의 요구가 제기 되었다.[105] 이는 시대요구를 외면하고 보수적이고 형식화된 태도에 실망하는 청년들이 급진적인 사회변혁을 선전하는 사회주의 사상에 동조하는 하는 현상이 더욱 심화됨에도 불구하고 이에 제대로 대응 또는 대안의 방향을 제대로 제시하지 못하는 기독운동의 한계를 극복하려

100)『尹致昊 日記』11, 1938년 8월 16일.

101) 高等法院檢査局思想部,「興業俱樂部事件關聯 申興雨 訊問調書」,『思想彙報』, 1938, 136~137쪽.

102) 전택부,『한국기독교청년회운동사』, 정음사, 1978, 398~399쪽.

103) 申興雨,「朝鮮敎會의 今後進出(一)」,『基督申報』1934년 7월 18일자;「朝鮮敎會의 今後進出(二)」,『基督申報』1934년 7월 25일자.

104) 申興雨,「뮈움의 힘」,『靑年』, 1932년 4월호, 3쪽; 全弼淳,「相衝되는 二大勢力」,『基督申報』1932년 7월 27일자.

105) 김권정,「1930년대 전반 적극신앙운동에 관한 연구」,『한국민족운동사연구』35, 한국민족운동사학회, 2003, 83~84쪽.

고 하는 일련의 노력의 결과였다.

이같은 노력은 1930년대 초 기호 지역을 기반으로 하는 기독교세력의 움직임은 신간회 해소 이후 기독교 '혁신단체'의 결성을 통해 구체화되기 시작했다. 그런 구상이 구체적으로 등장하게 된 것은 앞에서 살펴봤듯이, 1928년 예루살렘 선교대회를 다녀온 직후였다.

그러나 신흥우가 정인과에게 기독교 혁신단체의 결성을 제의하였 급진적이며 현실에 맞지 않는 '시기상조'라는 이유에서 거절당함으로써 현실화되지 못했다.106) 그러다가 이것이 실제로 본격화된 것은 1932년 6월경이었다. 그것은 신흥우가 미국에 다녀온 직후의 일이었다.107)

1932년 4월 미국에 건너갈 때 배 안에 있는 도서실에서 신흥우는 『히틀러전』을 읽고, '히틀러가 적극기독교를 주장하여 기독교운동을 통해 게르만 민족의 대동단결을 꾀하고 기독교 청소년을 히틀러 청소년단으로 개편하여 민족 국가주의적 훈육 단련을 하여 독일 민족국가 운동에 기여하게 했다'고 기록된 한 구절에서 힌트를 얻고, 홍업구락부의 운동을 전환하고 기독교계 각종 문화단체의 주도권을 획득하여 '민족적 독립'(民族的 獨立)을 지향한다는 생각에서 적극신앙운동을 본격 추진하게 되었다.108)

그래서 1932년 6월 중순 경부터 1933년 여름 사이에 적극신앙을 표방하는 '적극신앙단' 이 결성되었다.109) '적극신앙'(積極信仰)이란 주

---

106) 陸鴻山, 「朝鮮基督教는 어대로?」, 『四海公論』, 1936년 8월호, 212~213쪽.

107) 『尹致昊 日記』 10, 1932년 6월 17일.

108) 「興業俱樂部事件關聯 申興雨 訊問調書」, 137쪽.

109) '적극신앙단'은 기존의 사회단체 및 비밀 서클 조직과는 기본적으로 차이가 있었다. 그것은 처음부터 어떤 구체적인 단체나 비밀조직으로 출발한 것이 아니라 기독교 개혁을 위한 기독교의 사회화와 실제화 문제를 토론하고 공부하는 합법적이고 공개적인 '연구모임'의 형태로 조직되었던 것이다. 이런 면에서 당

제에 호응하는 일단의 기독교세력은 신흥우가 마련한 5개조 신앙 선언과 21개조의 실천 강령을 채택하고,[110] 단체의 명칭을 전필순의 제안에 따라 '적극(積極)'이란 말을 붙여 '적극신앙단'으로 결정했다.[111] 이들은 보수적이지 않은 선교사들과 진보적인 교회 목사와 지도자들, 그리고 교회의 공적 관계가 적은 한국인 지도자들과 만나 자신들의 구상을 설명했으며, 또 신흥우는 당시 YMCA의 농업간사로 있던 윌버의 주선으로 외국선교사들과 만나 자신의 개혁구상을 밝히며 협조를 요청하기도 했다.[112]

여기에 참여한 인물들 대부분은 1920년대부터 신흥우와 같이 활동했다. 대개 기호지역 출신의 감리교와 장로교 사람으로, 미국 및 일본에서 신학과 인문학을 공부한 유학생들 출신들로 서구교회의 '사회복음주의'와 '기독교사회주의'에 대해 매우 우호적이거나 이런 사상을 갖고 있던 인물들이 대부분이었다.

또한 이들은 3·1운동 이후 YMCA, 흥업구락부, 태평양문제연구회 조선지회, 신간회 등 여러 민족운동에 적극 참여해 왔다.[113] 특히『기독신보』계열의 전필순,[114] 최석주[115]는 일본 유학생 출신으로 일본

시 이들에 대한 반대 입장의 공격과 비판은 상식적인 정도를 넘어서 대단히 적대적이고 감정적인 차원에서 배타적인 것이었다.

110) 전택부,『人間 申興雨』, 373~374쪽;「積極信仰團에 대하야」,『基督申報』1935년 2월 20일자;「21개조를 선언한 "적극신앙단"」,『三千里』, 1935년 3월호, 52~57쪽.

111) 김승태,「積極信仰團事件」,『韓國基督敎史硏究』20, 1988년 8월호, 17쪽.

112) H.A. Willbur's letter to F.S. Brockman, June.14, 1932;『人間 申興雨』, 224~225쪽에서 재인용.

113) 전택부,『한국기독교청년회운동사』, 410쪽.

114) 전필순,『牧會餘韻』, 대한예수교장로회총회교육부, 1965 참조.

115) 崔錫柱,『恩寵은 江물같이』, 大韓基督敎書會, 1975.

기독교사회주의자 하천풍언(賀川豊彦)의 영향을 직간접으로 받은 사람들이었다. 이들은 적극신앙운동에 참여하기 직전 장로교 면려청년연합회에 적극 참여하여 활동하기도 했는데, 1930년대에 들어 서북 기독교인들의 '지역차별'을 당하면서 결국 나와서 신흥우와 함께 적극신앙운동을 주도하는 핵심그룹을 형성했다.

적극신앙운동은 단순히 기독교 개혁운동에 그치는 것이 아니었다. 이 운동은 표면적으로 기독교 운동을 띠고 있었으나, 그 이면에는 궁극적으로 '독립'의 기반을 건설하고 이를 지향한다는 민족적 성격이 내포되어 있었다.116) 적극신앙운동은 기독교운동을 통해 궁극적으로 종교의 이름아래 동지를 모으고 독립사상을 갖게 하여 장래 조선독립의 투사를 양성하고자 했던 것이다.117) 즉 이 단체의 성격은 경제운동을 통한 민족독립을 도모한다는 흥업구락부의 정신을 계승하고, 이를 기초로 하여 기독교운동을 통해 민족운동을 전개하고자 했다는 데서도 분명히 알 수 있다.118)

적극신앙운동은 YMCA를 중심으로 활발히 전개되었다. 적극신앙운동가들은 채택한 5개조의 신앙선언을 카드로 만들어 전국 회원들에게 배포하는 동시에 YMCA연합회를 통해 '적극신앙운동'을 전국적인 운동으로 추진했다.119) 이와 함께 적극신앙운동의 확대를 위해 기독교계 내의 지부설립을 추진하기도 했다. 在日 YMCA 내에는 적극신앙단 지부가 조직되기도 하고, 감리교 내에서는 적극신앙의 이념을 띤

---

116) 당시 한국교계의 보수적 언론도 적극신앙단의 민족적 성격을 지적하고 이를 비판하고 있었다. 金麟瑞, 「積極團問題를 推하여 黨閥問題를 論홈」, 『信仰生活』, 1935년 6월호.

117) 「興業俱樂部事件關聯 申興雨 訊問調書」, 139쪽.

118) 金良善, 앞의 책, 171~172쪽.

119) 『人間 申興雨』, 227쪽.

성경반이 설치·운영되기도 했다.120)

그러나 적극신앙운동의 전개는 곧 한국교회의 강력한 저항에 부딪혔다. 거기에는 오랫동안 잠복되어 있던 지역주의와 보수주의가 자리잡고 있었다. 공공연히 한국기독교의 독립과 기독교의 철저한 사회화를 부르짖는 적극신앙운동은 보수적인 외국선교사들이나 교회 지도자들, 그리고 특히 서북기독교계 인사들의 집중적인 비판을 받았다.121) 이들의 비판은 적극신앙단이 민족주의 단체인 이승만의 '동지회'계열이라고 하는 당파성을 지녔다는 점과, 또 적극신앙운동이 진보주의적 기독교관을 중심으로 급진적이고 '은밀한' 결사체적 성격을 띠며 전개되었다는 점이 가장 큰 이유였다.

그런데 여기에 상황을 더욱 악화시킨 점은 신흥우를 적극 지지해 오던 YMCA의 윤치호와 감리교계의 양주삼이 적극신앙단을 배척하고 나선 것이었다. 이들은 적극신앙단이 '비밀결사적'이고, '급진적'이라는 이유에서 이 단체에 대한 배척을 선언했다.122) 윤치호와 양주삼은 감리교계의 대표적인 지도자로 신흥우와는 이전부터 밀접한 관계를 맺고 있던 인물들이었다. 이는 적극신앙운동을 주도하던 신흥우에게 엄청난 타격을 주는 것이었다.

이런 상황에서 적극신앙운동에 결정적으로 발목을 잡은 것은 YMCA의 원로 김정식이 주도하여 만든 「재경기독교유지회」(在京基督教有志會)에서 신흥우의 YMCA 총무 사임과 적극신앙단을 배격하는 성명서를 발표한 것이었다.123) 이들은 여기에 그치지 않고 적극신앙단을

---

120)「興業俱樂部事件關聯 申興雨 訊問調書」, 137쪽.

121) 閔庚培,「韓國教會와 民族主義運動, 그 系譜의 相關性」, 367~380쪽.

122)『人間 申興雨』, 251쪽.

123)『基督申報』1935년 2월 20일자.

반대하는 의견서를 1935년에 감리교와 장로교에 직접 제출했던 것이다. 이 단체를 주도한 YMCA의 원로인 김정식은 평소 YMCA내 경건주의적 신앙태도를 강조하던 인물로, 평소에 신흥우가 YMCA의 사업을 너무 세속적인 방향으로 끌고 있다고 비판하던 YMCA 내의 인물들 가운데 하나였다.[124]

적극신앙단에 대한 한국교회의 배척은 교파내의 잠복하고 있던 여러 갈등적 요소를 한꺼번에 분출시키는 것이었다. 감리교의 경우에는 1930년 초대 감리교 총리사를 선출하는 과정에서부터 북감리교 신흥우계열과 남감리교 양주삼계열의 갈등이 1934년 2대 총리사 선출과정에서 표면적으로 충돌했다. 이 과정에서 교단을 장악한 서북계열의 양주삼 계열은 교단 차원에서 신흥우 그룹에 대해 일정한 거리를 두었고, 1934년 말부터 적극신앙단을 감싸기보다 오히려 비난의 대열에 서게 된 것이다.[125] 그리고 장로교의 경우에는 당시 '경성노회의 분규사건'과 관련하여 이 문제가 터져 나왔다. 1932년 10월 적극신앙단원인 함태영 목사를 중심으로 경성노회가 경기노회에서 분립했고, 이 문제를 해결하는 과정에서 총회에서는 적극신앙단원인 박용희 목사만을 징계 처분하는 조치를 취하자, 전필순·함태영·홍병덕 등이 이에 불복하고 총회에 항의서를 제출하게 되었으나 이는 수리되지 못했던 것이다.[126]

그러나 적극신앙운동가들이 당시 한국교회 최대 교파인 장로교와 감리교를 상대로 버틴다는 것은 힘에 버거운 일일 수밖에 없었다. 결국 적극신앙운동은 최대 교파인 장로교와 감리교부터 '인정불허' '가

---

124) 김천배, 『韓國 YMCA運動史(1895~1985)』, 路出版, 1986, 125~126쪽.
125) 舌火子, 「俎上에 올닌 朝鮮基督敎의 全貌(續)」, 『批判』 4-2, 1936년 3월호.
126) 『朝鮮예수敎長老會 總會 第二十四回會錄』, 1935, 93~94쪽.

입금지'라는 조처를 당했다. 그 영향으로 끝내 신홍우는 1935년 1월 YMCA 총무직을 사퇴하게 되었다. 이와 동시에 그의 사직이 4월 3일에 YMCA 이사회에서 수리됨으로써 결국 신홍우는 YMCA를 떠나게 되었다. 이에 따라 적극신앙운동도 그 구심점을 잃고 사실상 끝나게 되었다.

제6장 **결론**

1. 1930년대 후반 기독교 민족운동의 침체와 좌절

일제는 1920년대 말부터 1930년대 초에 걸친 경제공황, 특히 장기적인 농업공황에 의한 식민지 농업의 황폐화, 농민층과 농촌사회의 몰락에서 비롯된 식민지배인과 피지배자 사이의 민족·계급모순이 격화됨에 식민지배정책의 전환을 가져오게 되었다.[1] 1931년 9월 일본제국주의에 의한 중국대륙 침략 개시는 식민사회를 산미(産米) 수탈의 현장이었을 뿐 아니라 전쟁수행을 위한 병참기지로서 역할을 강요하는 군사적 파쇼체제였다. 1930년대 중반이후 군사적 파쇼체제를 확립한 일제는 식민지 조선에서 민족주의·공산주의운동이 고조되어 일제와 모순이 확대되는 것에 대처하여 식민지인을 대륙침략의 첨병으로 동원하였다. 일제에게 효율적으로 이들을 예속시키기 위해 보다 강력한 '황국신민화정책을 통해 민족말살을 전면에 내세우게 되었다.[2]

황국신민화정책은 천황신앙의 강제를 축으로 한민족의 정체성을

---

1) 朴慶植, 『日本帝國主義의 朝鮮支配』, 333쪽.

2) 崔由利, 『日帝末期 植民地 支配政策 研究』, 국학자료원, 1997, 56~63쪽.

파괴하여 이를 단기적으로 달성한다는 목표를 추구하였다. 이를 달성하는데 식민지 교육영역은 구체적이고 가장 효율적인 대상이었다. 일본 정신의 '정수'(精粹)로 생각하는 천황신앙 및 신사신앙의 내면화없이 한국인을 일본인화한다는 것이 불가능하다고 보았던 일제는 일본문화의 정체성을 식민사회에 이식하고 적용하는 것이야말로 제대로 된 '동화'의 출발이 될 수 있다고 확신하고 있었다.[3]

그러나 이런 정책을 제대로 실시하기 위해서는 일제에게는 선행되어야 할 일이 있었다. 그것은 기본적으로 호감을 갖고 있지 않던 기독교에 대한 대대적인 억압정책을 강구하지 않을 수 없었다. 왜냐하면 천황숭배와 신사신앙을 축으로 하는 일제의 정치·문화·종교적 이념과 기독교가 조화, 공존할 수 없었기 때문이다. 일제는 하나님 신앙을 절대화하는 기독교의 교리가 '천황'을 현인신(現人神)이란 인식 위에 이루어진 천황제, 즉 '국체'(國體)와 근본적으로 차이가 있다고 보았던 것이다.[4]

따라서 일제는 이같은 배경에서 대륙침략을 앞두고 식민지 한국을 병참기지로 삼아 물적·인적 동원을 염두에 두는 상황에서 한국기독교를 억압할 수 있는 조치를 모색하게 되었다. 일제가 한국기독교를 비우호적으로 파악하고 있었던 것은 기독교가 민족운동 내지 독립운동과 깊은 관계를 가진 식민지 내 가장 큰 배일세력 가운데 하나였다는데도 그 원인이 있었다.[5] 19세기말 이래 현실적으로 각종 사회운동 및 항일독립운동과 깊은 관련을 가지고 있었다. 일제의 침략이 본격화

---

3) 論説, 「同化의 方法」, 『毎日申報』 1910년 9월 14일자. 이런 인식은 조선총독부 초대총독이었던 데라우치(寺內)에게서 구체적으로 나타나기 시작했고, 일제 전 기간동안 지속적으로 유지되었다고 해도 무방할 것이다.

4) 大野謙一, 『朝鮮教育問題管見』, 1936, 49쪽.

5) 小山文雄, 『神社と朝鮮』, 朝鮮佛教社, 1934, 195~196쪽.

되고 강점된 이후에도 한국기독교계는 비록 정치단체는 아니었으나, 이를 통해 한국기독교인들은 3·1운동과 같은 거족적 민족운동에 기독교적 민족의식을 가지고 참여하며 일제에 저항에 하였다.[6]

이런 상황에서도 일제가 쉽게 한국기독교를 제압하지 못한 것은 기독교가 선교사를 매개로 서구국가들과 연결되어 세계 여론에 연결되어 있었기 때문에 통제 내지 예속화시키기 어려웠기 때문이다.[7] 국제무대에서 서구제국과 협조내지 우호적 관계를 형성했던 일제로서는 이런 이유에서 기독교에 대한 전면적인 탄압은 곧 서구제국과의 갈등이나 대립의 배경이 될 수 있었기 때문에 기독교에 대해 대대적인 억압이 현실적으로 쉽지 않았다.

그러나 1930년대 들어 국제무대에서 서구열강의 지원없이 식민경영이 가능하다고 판단한 일제가 만주를 침략한 뒤, 1930년대 중반 국제연맹에서 탈퇴함에 따라 미·영과의 관계가 급속도로 악화되었다. 이에 따라 일제는 미·영 선교사들을 군국주의 침략정책의 걸림돌로 인식하며 이들을 적대시하고 한국교회와 분리시키는 분열정책을 쓰기 시작했다. 이를 통해 일제는 분리된 한국교회에 대해 천황제를 축으로 하는 군국주의 체제에 순응적이었던 일본기독교에 예속시키고자 하였다.[8]

이처럼 일제는 1930년대 중반 한국인의 투쟁에 대한 일제의 탄압과 감시를 더욱 한층 강화시켰다. 동시에 대륙침략을 뒷받침할 사상·정신 통일 및 단합을 이룩하기 위해 각종 행사를 개최하고 여기서 신사참배를 기독교계 학교들에 대해 강요했던 것이다. 침략전쟁의 원활한

---

6) 朝鮮總督府 高等法院 檢事局 思想部,『思想彙報』, 16호, 1938.9, 8~9쪽.

7) 한국기독교역사연구소,『한국기독교역사』Ⅱ, 1990, 279~282쪽.

8) 한국기독교역사연구소, 위의 책, 278~279쪽.

수행을 위해 식민지 한국을 대륙침략을 위한 병참기지로 재편하고, 물자와 인력의 수탈·동원체제를 구축하는 동시에 수탈을 극대화하는 안정적 토대를 조성하기 위해 한국인의 정신세계까지 통제하고자 하였다. 이를 위해 일제는 한민족의 특성조차 말살하려는 '황국신민화정책'을 강력히 추진하였는데, 이러한 과정에서 신사참배문제는 일제에게 한국교회를 탄압하는 결정적 근거를 제공해 주었다.

결국 신사참배강요에 대항하던 기독교는 일제 식민통치권력과의 직접적인 대결국면으로 들어가게 되었다. 기독교 전체는 일제의 신사참배정책을 받아들일 것인가 아니면 이를 부정하고 정면으로 반박하고 나설 것인가 하는 기독교 존립의 기로에 서게 되었다. 이에 기독교 세력의 활동공간은 서서히 사라지기 시작했음을 의미하는 것으로, 사회주의세력과의 연대는 사실상 불가능해졌던 것이다.

1930년대 중반 경부터 일제는 기독교에 대해 신사참배를 강요하기 시작했다. 1876년 개항과 함께 국내에 침투하기 시작한 신사신앙은 일제의 병탄이래 총독부 보호아래 문화침략 내지 동화정책의 일환으로 한국인에게 강요되기 시작했다.9) 일제는 신사참배정책을 철저하게 종교침략 내지 식민지 민족말살정책의 일환으로 추진했다. 1931년 만주사변 이후에는 본격적으로 신사참배를 강요하였고, 1935년에 이르러서는 이를 거부하는 기독교계 학교에 대한 직접적인 제재조치를 가했다. 일제는 이를 통해 기독교계 학교의 책임자인 선교사들을 억압함으로써 한국교회와 기독교계 학교에 대한 자신들의 통제력을 확대하고자 한 것이다. 또 이는 기독교계 학교가 일찍이 기독교 민족운동세력의 근거지가 되고 있었기 때문에 이를 '발본색원'한다는 차원에서 비롯된 일이었다.10)

---

9) 한국기독교역사연구소, 위의 책, 285~288쪽.

드디어 1935년 11월 평남 도청에서 개최된 도내 공·사립 중등학교 교장회의에서는 도지사가 교장들에게 개회 시작부터 평양신사에 참배할 것을 요구했다. 이에 참여했던 숭실학교·숭의여학교·순안 의명학교 교장들은 기독교 교리와 양심상 이에 응할 수 없다고 거부했다. 그러자, 일제는 이를 끝까지 거부하던 숭실학교·숭의여학교 교장을 파면조처했다.[11] 한국교회는 종교적 입장에서나 민족적 양심에서 신사참배를 용납할 수는 없었다. 즉 일본의 신사참배정책은 한민족말살정책인 동시에 기독교탄압정책의 일환이었기 때문에 한국기독교회는 이에 대해 저항하였던 것이다.

그러나 일제의 신사참배강요는 여기에서 끝난 것이 이제부터 시작이었다. 그것은 이제 기독교계에 대한 일제의 전면적인 탄압이 시작되었음을 알리는 신호탄에 불과했다.

일제하 기독교세력이 일제의 탄압 아래서도 지속적으로 민족운동을 전개하는데 크게 작용한 것은 종교집단이 현실적으로 지닌 '상대적 자율성' 때문이었다. 일제가 정치와 종교를 분리하는 정책을 취하는 한, 기독교는 일정한 합법성과 자율성을 지닌 공간을 유지할 수 있었기 때문이다.

이와 함께 기독교세력이 근거지로 하고 있는 기독교 공동체가 공적인 영역에서 서구선교사들을 매개로 미·영 서구열강 및 세계언론과 직간접으로 연결되어 있기 때문에 일제는 반일세력인 기독교세력을 쉽게 제압하지 못했다. 탄압을 한다하더라고 특정한 부분과 현상에 미칠 수밖에 없었다. 기독교세력은 늘 이런 상황에서 생겨난 틈새, 이른바

---

10) 한국교회와 일제의 신사참배문제에 대해서는 김승태 엮음,『한국기독교와 신사참배문제』, 한국기독교역사연구소, 1991을 참조할 것.

11) 金良善, 앞의 책, 177~186쪽.

'상대적 자율성'을 활용하여 기독교 민족운동을 전개하였던 것이다.

그러나 일제가 서구열강과 외국선교사들에 대한 '공세적' 자세로 전환하고, 기독교계의 존립자체가 뿌리 채 흔들리는 상태에서 상대적 자율성은 더 이상 유지되기 어렵게 되었다. 이에 따라 종교적 기독교 공동체에 토대를 두고 있던 기독교세력의 움직임의 폭도 제한될 수밖에 없었고, 시간이 갈수록 침체되어 갔다. 결국 일제가 헌법적으로 인정하던 정치와 종교의 분리정책을 포기하고 이제 정치와 종교의 결합정책, 이른바 종교를 정치아래 두려는 정교일치정책(政敎一致政策)을 취하게 된 것이다. 이에 따라 기독교세력의 활동공간도 무너져 내리게 된 것이다.

1936년 미나미(南次郞) 총독이 부임하고, 본격적 대륙침략정책을 수행하기 위한 전시체제가 구축되었다. 1937년경 중일전쟁 직후 기독교세력이 추진하던 농촌운동을 비롯한 여러 운동들은 사실상 해체의 길을 걷게 되었다.[12] 기독교세력의 활동 폭 역시 점점 작아져 갔다.

이렇게 일제의 직접적 탄압을 본격적으로 맞기 시작한 상황에서 1930년대 중반 기독교세력은 사회주의세력과 새로운 관계로 들어갈 수 있는 계기가 형성되었다. 그것은 1935년 코민테른 제7차대회에서 파시즘과 제국주의 침략전쟁에 맞선 반파시즘·반제통일전선의 실현이 제기되었고 이어서 러시아에서 종교에 대한 유화정책이 실시되었기 때문이다.[13]

이에 따라 국내외 사회주의자들은 변화된 국제 사회주의운동노선을 적극적으로 수용함과 더불어 1930년대 중반 이후 일제의 전시파쇼

---

12) 강위조,『日本統治下 韓國의 宗敎와 政治』, 기독교서회, 1977.
13) 김성윤 엮음,『코민테른과 세계혁명』2, 거름, 1991, 85~183쪽; 던컨 헬러스 저, 오현수 역,『우리가 알아야 할 코민테른 역사』, 책갈피, 1994, 205~232쪽.

체제가 그 절정에 오르자 광범위한 '민족연합전선'을 지향하게 되고 종교적 차이까지도 넘어서는 경향을 나타냈다. 사회주의자들은 "전민족의 계급·성별·지위·당파·연령·종교의 차별을 묻지 않고 백의동포는 반드시 일치단결하여 구적(仇敵)인 일본놈들과 싸워 조국을 광복할 것"[14])이라고 하여 종교단체와의 직접적인 연합도 주장하게 되었으며, 실제로 천도교단의 일부와도 제휴하기도 했다.[15)

1930년대 중반 이후 국내외 사회주의자들의 종교에 대한 인식도 이전과 다른 양상을 보이기 시작했는데, 다음은 이를 잘 보여주고 있다.

> 나는 감방 안에서 공산주의자들을 꽤 많이 만났는데, 이들과의 접촉을 통해서 그 동안 박해 때문에 형성되어 있던 공산주의에 대한 거부태도를 상당히 수정하게 되었다. 사실 내가 그때까지 공산주의를 싫어했던 것은 단지 공산주의자들이 기독교를 부정하고 박해했기 때문이었다. …… 나는 감방 안에 있는 공산주의자들에게 내 생각을 얘기했다. 그랬더니 그들은 '너는 옛날 공산주의를 말하고 있는데 지금은 그렇지 않다'면서 '소련에서 1936년 12월 스탈린 헌법을 제정했는데 그 헌법은 종교신앙의 자유를 허용하고 있다'고 설명해 주는 것이었다. 공산주의가 기독교를 배척하지 않는다면 나 역시 공산주의를 거부할 이유가 없었다. 그렇다고 내가 공산주의자가 된 것은 아니었지만 나는 감방 안에서 그들과 싸우거나 적대시하는 일없이 사이좋게 지냈다.[16)

1930년대 중반 이후 국내의 사회주의자들은 코민테른의 '민족문제'을 둘러싼 '통일전선'의 변화에 따라 '파시즘'에 맞서 민족주의자들에

---

14) 姜德相 編, 『現代史資料 30 -朝鮮 6』, 315쪽.

15) 姜萬吉, 「독립운동과정의 民族國家建設論」, 『韓國民族運動史論』, 한길사, 1985, 137쪽.

16) 강원룡, 『빈들에서』1, 열린문화, 1993, 133~134쪽.

대한 광범위한 제휴를 상정하기 시작했으며, 이에 따라 그들은 소련의 종교 정책의 변화에서 나오는 '종교에 대한 유화정책'을 적극 수용하여 기독교를 포함한 여타의 종교에 대한 유연한 입장을 드러냈다. 이에 부분적으로 기독교인들의 사회주의에 대한 인식도 상당할 정도로 우호적인 쪽으로 선회하기 시작했다.

사회주의자들의 태도변화는 외부적으로 보면 1935년 이후 세계 공산주의운동의 동향과 연결되어 있었으며, 내부적으로는 일제의 식민지 지배정책이 1930년대 중반 이후가 되면 마치 1910년대의 '무단정치' 때와 같이 억압적인 탄압구조로 변화되었던 데서 비롯되었다. 이런 상황에서 기독교인과 사회주의자들이 일제에게 사상적으로 위험한 세력으로 분류·인식되어 탄압을 받는 입장에서 양자간에 이해하는 분위기가 형성되었다는 국내의 역사적 상황과도 밀접하게 맞물려 있었다.17)

그러나 기독교세력과 사회주의세력의 연대는 이루어질 수 없었다. 그것은 기독교와 사회주의의 우호적 만남은 극히 제한적인 공간, 이를테면 감옥과 같은 일정한 곳이 아니면 현실적으로 어려웠기 때문이다. 그만큼 일제의 탄압이 폭압적이었고, 때문에 사회주의세력이나 기독교세력의 활동은 극도로 침체될 수밖에 없었기 때문이다. 1920년대 중반 이래 사회주의운동이 활발하게 전개되었으나, 계속되는 일제의 탄압과 사회주의자들의 검거, 그리고 군국주의의 강화로 1930년대 중반 이후 적색노동·농민조합 등 사회주의자들의 활동은 지하화하고 표면에서 거의 찾아보기 어렵게 되었던 것이다.18)

---

17) 사와마사히코, 「韓國敎會의 共産主義에 대한 태도의 歷史的 硏究」, 『일제하 한국기독교와 사회주의』, 한국기독교역사연구소, 1992, 145~149쪽.
18) 『思想彙報』 6, 1936년 3월호, 24쪽.

1937년 중일전쟁을 직후로 하여 기독교세력의 민족운동은 철저한 탄압을 받고 결국 몰락하게 되었다. '동우회와 흥업구락부 사건'은 기독교세력의 민족운동 좌절에 결정적 계기가 되었다.[19]

먼저 동우회 사건은 1937년 6월 면려청년회가 제8회 전조선면려회 금주운동의 개최를 앞두고 전국 각지에 보낸 팜플렛이 문제가 되면서 발단이 되었다. 그것은 "滅亡에 陷한 民族은 救出할 基督人의 役割"이라는 것이 팜플렛의 문구가 불온하다는 것이었다.

이에 일본 경찰이 1937년 5월 기독청년면려연합회 서기 李良燮을 체포하여 심문하던 중 그 배후에는 이대위, 정인과, 이용설, 주요한 등 동우회 인사들이 대거 관련되어 있다는 '자백'을 받아내었다. 다음 달부터는 동우회 회원들에 대한 대대적인 검거를 시작하였던 것이다. 결국 동우회 임원들을 비롯하여 모두 181명이 치안유지법으로 체포되었고 그 중에 42명이 정식 재판에 기소되었다.[20]

다음으로 흥업구락부 사건은 일제가 1938년 2월 연희전문학교 경제연구회 관련자들을 검거하면서부터 시작되었다.[21] 이 사건의 관련자를 심문하던 중 이 학교 부교장 유억겸의 집에서 동지회와 관련된 문건이 발견된 것이다. 이어 미국에서 이승만의 측근으로 활약하다 이 무렵 귀국한 윤치영이 곧 검거되었고, 해외 동지회의 국내 단체로 흥업구락부가 결성되어 활동하고 있었음이 밝혀졌다.

이와 함께 일제는 YMCA 총무 구자옥의 집을 수색하던 중 흥업구락부원 명부와 운동상황이 기록된 문건이 발견하고 이들에 대한 검거에

---

19) 김승태, 「興業俱樂部事件과 基督教」, 『韓國基督教史研究』 3, 1985년 3월호 참조.

20) 京畿道 警察部長, 「同友會關係者 檢擧取調ニ關スル件」(1937.6.9); 「同友會 及 同志會 ノ解散ニ關スル 件」,(1938.5.28) 『同友會關係報告』, 5-6, 1098쪽; 朝鮮總督府 警務局, 『最近における 朝鮮治安狀況』, 1938, 372쪽.

21) 『東亞日報』 1938년 9월 4일자.

착수했다. 그리하여 이 사건과 관련되어 윤치호·신흥우·이건춘·구자옥·이관구·정춘수 등 홍업구락부 관련자 54명이 체포되었다.[22]

그런데 여기서 주목되는 점은 동우회와 홍업구락부 모두 1930년대 중반이 되면 내부적 문제로 거의 활동이 중단되어 있는 상태였다는 것이다. 사실상 사회단체로서 그 기능이 거의 정지되었음에도 불구하고 일제가 왜 대대적인 탄압을 실시했는가 하는 점이다.

그것은 기독교세력이 기존의 해외민족운동세력과 연결되어 있고, 기독교계와 사회단체 막강한 영향력을 갖고 있다는 점 때문이었다. 나아가 일제가 기독교세력이 한국교회와 깊은 연대 속에 위치한 배일세력이었다는 점에 주목한 것이었다. 아무리 그 정치사회적 활동이 침체되어 있다 하더라도 반일세력으로 언제 활동할지 모른다는 식민권력의 불안감에서 표출된 결과이기도 했다. 기독교세력이 반일세력으로 큰 역할을 하고 있음에도 일제가 쉽게 탄압할 수 없었던 것은 이들이 기반하고 있는 기독교가 선교사들을 매개로 미·영 서구제국과 연결되어 있었고, 세계여론에 연결되어 있어 통제 내지 어렵다는데 있었다.

그러나 1930년대 중반 경부터 일제와 서구열강, 특히 미국과의 관계가 악화되고 적대적 관계로 들어가자 일제는 한국교회에서 선교사의 영향력을 완전히 배제시키고 교회에 대한 예속과 통제를 강화했다.

그 대표적인 예가 1938년 9월 제27회 장로회 총회에서 강제로 가결한 신사참배 결의였다.[23] 이렇게 기독교세력의 근거지에 대한 직접적인 통제가 가능해지자, 일제는 상대적 자율성을 상실한 기독교세력에 대해 손쉽게 대대적인 탄압과 회유를 가할 수 있게 되었다.[24] 이 과정

---

22) 朝鮮總督府 警務局,『最近における 朝鮮治安狀況』, 1938, 383~385쪽.

23)『朝鮮예수教長老會總會第二十七回會錄』, 1938, 9쪽.

24) 일제 말기 기독교인의 친일논리를 이해하기 위해서는 柳永烈의『開化期 尹致昊

에서 기독교세력 가운데 많은 이들의 일제의 회유와 압박에 견디지 못하고 '전향'을 선언하거나 친일의 길로 나서게 되었다.[25]

이처럼 동우회와 흥업구락부를 양대 기둥으로 하는 기독교 세력의 민족운동은 이 두 사건을 계기로 철저하게 좌절되었다. 3·1운동이후 지속적으로 전개되었던 그 어떤 민족운동도 이 때에 와서 거의 모두 좌절되게 되었다. 이제 기독교세력에게 남은 것은 마지막 선택만이 강요되었다. 그 선택은 주체적이고 능동적인 선택이 아니라 강압적이고 일방적으로 받아들이지 않을 수 없는 성격만을 갖고 있었다. 일제의 전시체제에 순응할 것인가 아니면 이에 저항할 것인가, 또는 철저하게 침묵할 것인가 하는 선택의 결정밖에 남지 않았던 것이다. 이로써 일제하 기독교세력의 민족운동은 끝내 막을 내리고 말았다.

2. 1920~30년대 기독교 민족운동의 흐름과 성격

지금까지 살펴본 기독교 민족운동의 흐름과 성격을 정리하면 다음과 같이 서술할 수 있을 것이다.

먼저, 3·1운동 이후 기독교계에는 선교사들의 친일화 경향과 꼬리를 무는 선교사들의 추문, 초월적 신비주의 부흥운동 유행, 종교지도자들의 비정치적 태도, 그리고 기독청년의 사회주의 경도현상 등이 대두했다. 1923년 사회주의세력과 민족주의세력이 분화되는 계기가 되는 청년당대회에서 반종교운동이 대두하자, 기독교세력은 민족주의

研究』(한길사, 1985)와 尹貞蘭의 「일제의 '황국신민화'정책에 대한 한국 기독교 여성들의 대응논리」, 『한국민족운동사연구』 17(한국민족운동사연구회, 1997)을 참조할 것.

25) 이에 대해 김승태, 『한국기독교의 역사적 반성』, 다산글방, 1994 참조

제세력의 결집과 함께 이를 뒷받침 할만한 기독교 세력자체의 독자적인 역량구축을 모색했다.

그 결과 1920년대 중반에는 해외의 민족운동세력과 연계된, 기호기독교를 기반으로 하는 흥업구락부와 서북기독교를 기반으로 하는 수양동우회로 기독교민족운동세력이 분화·재편되었다. 여기에는 지역주의와 전통적 정서, 그리고 안창호·이승만과의 개인적 관계뿐만 아니라 이념적 동질감이 크게 작용했던 것이다. 이와 함께 사회주의세력의 기독교세력에 대한 공세와 맞물려 기독교인들은 민족문제인식의 전환과 함께 정의인도론에 기초한 국제무대의 활동과 아울러 실력양성론을 제기하고, 세계개조론의 영향 속에서 기독교인의 사회에 대한 강한 책임을 강조하는 '사회개조론적 신앙관'을 주장했다,

3·1운동 직후 기독교세력은 '미하원의원단 환영회'를 통해 한국독립의 의지와 지지를 호소하였고, 이후 YMCA와 태평양회의를 중심으로 한국의 독립과 지원을 끌어내는 적극적인 국제무대 활동을 전개했다. 태평양을 중심으로 미국과 일본의 대립적 구도 속에서 형성되는 틈을 활용하여 국제무대에서 조선의 독립 가능성과 열강의 독립운동에 대한 지원획득을 모색했고, 다른 한편으로는 민족의 독립을 자력으로 쟁취할 수 있는 실력을 준비하는 실력양성운동이 전개되었던 것이다.

또한 사회경제운동으로는 평양을 중심으로 민족경제수립을 목표로 시작된 물산장려운동에 기독교인들이 주도적으로 참여했다. 이와 함께 식민지 교육에 저항하고 조선인본위 교육운동을 전개하기 위해 민립대학건립운동에도 참여했다. 사상운동으로는 사회주의자와 손을 잡고 활발한 활동을 펼치기도 했다. 그리고 1923년 반종교운동의 선언이후, 이에 대한 대응의 일환에서 농업문제에 대한 구체적 방향과 준비를 하기 시작했으며, 절제운동이 민족적 차원에서 조직적으로 전

개되기 시작했다. 이어서 1920년대 전반에는 한말이래 기독교 민족운동의 통로가 되었던 YMCA의 조직이 정비·확장되었고, 기독교여성들의 계몽과 기독교 여성세력의 결집의 일환에서 YWCA가 창립되었으며, 교단 기독청년회로 감리교의 엡윗청년회의 활동이 두드러지게 나타났다. 특히 당시 한국교회의 가장 큰 교세를 가진 장로교의 기독청년단체로 면려청년회가 결성됨으로써 이 시기 기독교 청년층의 활동공간의 확대와 기독교 청년단체의 활동이 더욱 활성화되는 큰 계기가 마련되었다.

이처럼 1920년대 기독교세력은 3·1운동이후 조성된 정치·사회·문화적인 환경 속에서 새로운 현실인식을 통해 민족운동을 전개하기 시작했다. 이것은 종교조직인 '교회'나 기독교사회단체와 같은 기존의 기독교 사회단체를 직접적으로 활용하기 보다는 별도의 또 다른 단체를 결성하거나 인적 관계를 통해 형성된 방식을 통해 민족운동에 참여하는 기존의 독특한 '현실참여전술'이 크게 작동한 결과였다.

한편, 1920년 중반이후 기독교세력은 일제의 사회운동에 대한 탄압과 사회주의세력의 반기독교운동에 대응하며 민족운동을 전개하였다. 1925년에 들어 사회주의세력의 반기독교운동이 전개되었다. 사회주의세력은 '반제국주의' '반자본주의' 차원에서 기독교의 사회적 기능을 집중 공격했다. 이 운동을 주도한 것은 민족협동전선을 좁게 설정하고 있던 화요회계였다. 반기독교운동은 1925년 말부터 1926년 초까지 절정을 이루며 전국적으로 확산되었다. 이 운동은 민족협동전선론이 본격 대두하고, 이들 논의에 기독교세력이 참여하자 철회되었다. 기독교인들은 반기독교운동을 경험하고 사상적·이념적 차원에서 대응하였는데, 기독교적 관점과 사회주의와의 차별성을 부각시키며 기독교의 사회참여논리를 모색하기 시작했다. 이 때 기독교사회주의, 사회복음주의사상이 본격 수용되었다. 이 속에서 기독교세력은 자력으로 독립해야 함을 자각하고, 현실적이고 장기적인 민족운동의 진로를 모색하기 시작했다.

1920년대 중반 정치 사회적 명망가가 다수 포함된 흥업구락부계가 기독교세력의 활동을 주도했다. 이들은 크게 태평양문제연구회를 통한 외교운동과 YMCA 농촌사업을 통한 실력양성운동을 추진했다. 서북기독교를 기반으로 하는 수양동우회는 자신을 '비정치적' 수양단체로 규정하고 대중운동보다는 자체 회원중심의 민족개조운동을 전개했다. 『동광』이란 잡지를 통해 자신들의 이념을 선전했다. 1928년에 열린 예루살렘대회는 사회문제에 대한 기독교계의 전환점이 되었는데, 여기서는 기독교의 '사회화' '실제화'가 표방되었다. 이 대회의 영향으로 1929년 기독신우회가 결성되었다. 기독교 민족·사회운동가들이 총망라하여 만든 조직이었다. 그러나 기독신우회는 서북 기독교세력의 독주와 기호 기독교세력 간의 비협조로 기대와 달리 큰 활동을 보이지 못하고 쇠퇴하고 말았다.

다음으로 1920년대 중반 민족운동진영에서 제기된 민족협동전선론의 대두는 기독교세력이 신간회에 참여하게 된 직접적 원인이었다. 이들 기독교세력은 1925년 하반기 무렵 「조선사정연구회」를 중심으로 형성되었다. 이 단체를 중심으로 결집하기 시작한 기독교세력은 자치론의 대두를 저지하고 민족협동전선운동을 전개한 결과, 1927년 2월 신간회 결성에 참여하게 되었다. 당시 신간회에 참여한 기독교인들은 민족주의 입장에서 사회주의세력을 민족모순을 해결할 수 있는 운동의 파트너로 인정하고 있었고, 기독교적 정체성을 바탕으로 식민통치에 대한 적극적인 투쟁을 전개하는 것이 기독교의 민족적인 책무라고 인식하였다.

신간회에서 기독교인들은 본부 임원으로 활약했다. 신간회 초대 회장에 조선일보 사장이며 저명한 기독교 지도자인 이상재가 선출되고, 간사진에 다수의 기독교인들이 선정되는 등 기독교세력은 신간회를 주도하는 세력 가운데 하나였다. 일제의 탄압이 거세지자, 기독교인들의 활동은 각 지회를 중심으로 이뤄졌는데, 이 과정에서 보이는 특징은 각 지역 YMCA가 그 중요한 토대가 있었다는 점이다. 지회의 활동은 주로 토론회와 강연회를 통한 계몽활동이었는데, 때때로는 민족문제와 관련된 주제도 언급되었다.

　1928년 중반경에는 일제의 탄압을 받고 조선일보계열의 민족주의자들이 대거 탈퇴하였다. 상대적으로 민족주의 좌파세력이 약화된 상태였지만 1929년에 들어서도 본부의 주도권을 여전히 민족주의 좌파가 잡을 수 있었다. 여기에는 기독교세력의 강화가 큰 배경이 되었다. '민족적' 정치투쟁을 주장하며 등장한 조병옥은 사회주의세력의 신간회 본부 장악에 대한 견제와 기독교 민족주의 제 세력의 결집, 그리고 기독교인들의 정치투쟁의 기반 구축의 일환에서 기독신우회를 조직하였다. 이를 기반으로 경성지회장에 선출된 조병옥은 일제에 대한 투쟁을 과감히 전개하기 시작했다.

　이러한 투쟁노선은 1929년부터 대중투쟁의 열기와 세계 대공황 발발 등과 결합되면서 더욱 힘차게 추진되었다. 광주학생이 일어나자, 신간회에서는 이를 전국적인 민중운동 차원으로 전환시키고자 하였다. 신간회 지도부는 민중대회를 조직하여 일제에 대한 적극적 투쟁을 전개하기로 하고, 준비작업에 들어갔는데, 기독교세력도 예외가 아니었다. 그러나 민중대회의 개최는 일제의 사전 탐지로 결국 물거품으로 끝났다. 대회 직전 허헌과 조병옥을 비롯한 신간회 주요 간부 대부분이 구속, 투옥되었다. 이 사건으로 신간회의 투쟁노선을 주도했던 기독교세력은 기독신우회의 한계 노출로 인해 더욱 약화될 수 밖에 없었다. 결국, 신간회 내 정치적 기반을 상실당하는 가운데 기독교세력은 신간회의 실제적 활동에서 거리를 둘 수밖에 없게 되었다. 이렇게 신간회에서 기독교세력의 활동은 거의 막을 내리게 되었다.

또한, 1930년대 전반 세계대공황의 영향과 일제의 만주침략, 그리고 신간회 해소 이후 사회주의세력의 반기독교운동의 재개, 한국기독교계에는 지역감정의 대립과 보수적 신학분위기가 대두하는 배경 속에서 교세(敎勢)를 앞세운 서북계 기독교인들이 기독교 민족운동을 주도하는 변화가 나타났다.

1930년대 전반 기독교세력의 민족운동으로 1920년대 보다 더욱 구체적이고 다양한 움직임들이 나타났다. 특히 일제의 탄압과 사회주의세력의 공격, 사회경제적 열악성 속에서 기독교세력의 운동기반이 점점 약화되고 축소되는 가운데 기독교세력의 근거지로서 기독교 공동체를 개혁함과 동시에 민족실력양성이란 이중적 과제를 해결하기 위해 일제가 허용한 '합법공간'에서 기독교계의 '종교성'을 전면에 내세운 운동들이 전개되기 시작했다는 점이 주목된다.

1930년대 전반 기독교세력은 기독교적 가치에 근거해 사회주의세력의 반기독교운동에 대응했다. 그 대응은 반유물론, 반사회주의적 입장을 분명하게 확립하면서 기독교적 가치에 근거한 운동의 방향을 설정하는 것이었다. 이것은 사회주의세력의 종교존재에 대한 부정과 종교에 대한 적극적 타도에 대한 기독교인들의 사상적 대응의 결과였다. 또한 1930년대 초 기독교세력은 부패하고 왜곡된 이 땅 위에 하나님의 질서를 구체적으로 건설하자는 이념화된 '지상천국론'을 구체적으로 제시했다. 이것은 열악한 역사적 상황에 직면한 기독교세력이 현실에 좌절하지 않고 민족·사회문제를 타개해 나가는 민족운동의 논리를 대변하는 것이었다.

신간회 참여파와 비참여파가 모두 참여한 기독교세력은 민족단체 건설운동을 통해 신간회 해소 이후 민족운동의 중심세력을 형성하기 위해 노력했으나, 자치론을 주장하는 일부 인사들까지 참여함으로써 사회주의세력의 공격과 일반 민족운동진영의 비판에 직면하게 되었고, 결국 구체적인 성과물을 만들어내지 못한 체 위축되고 끝나버리고 말았다.

한편 예수촌 건설운동은 기존의 농촌운동이 경제문제에만 집중되었음을 비판하고, 기독교 복음의 정신에 입각한 농촌복음화운동임을 전면에 내세우며 추진된 농촌재건을 위한 실력양성운동의 일환이었다. 절제운동은 주로 기독교 여성들에 의해 주도되었는데, 1930년대에 들어 기독교 남성들도 대거 참여하면서 전국적으로 활성화되는 계기를 맞이했다. 일제의 퇴폐문화를 앞세운 문화침탈에 맞선 민족운동의 일환으로 추진되었던 것이다. 장로교청년운동인 기독청년면려회운동이 1930년대 전반 YMCA운동을 압도하며 대중계몽, 민족의식 고취시키며 기독청년운동을 활발하게 펼쳐 나갔다. 이외에도 일제의 문화적 침탈에 맞서 민족문화의 보존과 민족정체성의 확립, 그리고 이를 통한 민족 단결을 도모하는 민족문화운동에 많은 기독교인들이 참여하여 활동했다.

이에 따라 지역주의와 전통적 정서, 신학적 차이, 그리고 이승만·안창호와의 관계 등이 겹치는 상황에서 흥업구락부계열의 기호계 기독교인들은 새로운 운동의 방향을 모색하기 시작하게 되었다. 이 운동은 표면적으로 기독교 운동을 띠고 있었으나, 그 이면에는 궁극적으로 '독립'의 기반을 건설하고 이를 지향한다는 민족적 성격이 내포되어 있었던 것이다. 기독청년을 대상으로 적극적 기독교관을 널리 보급하고 새롭게 민족·사회현실을 직시하는 의식을 고취하여 한국교회를 개혁함과 동시에 한국민족의 진로를 개척해 나가게 하겠다는 방향성이 있었다. 그러나 기독교 혁신운동과 민족운동의 일환으로 추진된 적극신앙운동은 그 목적과 동기가 훌륭했지만 그 추진 방법이 너무 성급했기 때문에 1930년대 전반 기독교계의 보수적이고 지역적인 갈등의 벽을 넘지 못하고 실패로 끝나버렸다.

끝으로, 1930년대 중반이후 군사적 파쇼체제를 확립한 일제는 식민지에서 민족주의·공산주의운동의 확대를 저지하며 식민지 조선인을 대륙침략의 첨병으로 동원하고자 하였다. 이를 위해 황국신민화정책을 통해 신사참배를 강요하기 시작했다. 한국교회가 저항하자 일제의 탄압이 자행되었으며, 이에 따라 합법 공간에서 한국교회의 상대적 자율성이 축소, 상실되어 갔다. 한국교회의 상황은 기독교세력의 활동에 결정적 영향을 미쳤다.

결국, 동우회와 흥업구락부를 양대 기둥으로 하는 기독교 세력의 민족운동은 이 두 단체에 대한 탄압을 계기로 몰락하게 되었다. 3·1운동이후 지속적으로 전개된 민족운동도 1930년대 후반에 와서 좌절되게 되었다.

^{보론}1920~30년대 한국기독교의 농촌협동조합운동

1. 머리말

　일제의 병탄이후 한국사회의 가장 큰 과제는 농촌문제였다. 당시 한국 인구 80%의 농민층은 일제의 수탈적 농업정책과 가혹한 지주제의 압박 속에 만성적 농가부채에 시달렸다. 그래서 농촌경제의 회복은 그 무엇보다 중요하며 피할 수 없는 민족적·사회적 과제였다. 1920~30년대 각종의 사회단체와 지식인들은 농촌과 농민들의 구제를 주장하였다. 천도교와 함께 민족주의 진영의 한 축을 담당하고 있던 기독교계 역시 농촌진흥과 농민자립을 위한 농촌운동을 펼쳐 나갔다. 기독교 농촌운동은 농민대중이 일제와 지주의 착취로부터 벗어나기 위한 가장 집단적이고 현실적인 움직임의 표현이었으며, 이 과정에서 협동조합운동은 한국교회 농촌운동의 중심을 이루었다.

　협동조합운동은 기본적으로 자본주의 결함의 산물로 정치적·경제적 '약자'(弱者)가 상호협동과 단결로써 경제적 지위 향상과 정치적 자주성을 획득해 가는 운동이다.[1] 이 때문에 일제의 침략으로 피폐화된

---

1) 산업혁명이후 자본주의적 경쟁에서 농민·노동자들이 비참한 환경에 처하게 되

농촌을 재건하고 경제적 자립을 자주적으로 달성하는데 그 어떤 운동
보다 효율적이고 현실적인 운동이 될 수 있었다. 1920년대 중반이후
1930년대 후반까지 한국교회의 농촌사회를 중심으로 협동조합운동이
지속적으로 전개되었다.

이제까지 한국기독교의 농촌협동조합운동 자체만을 대상으로 하는
연구는 전무하고, 농촌운동을 서술하는 차원에서 부분적으로 언급한
것이 대부분이다. 먼저 일제하 농민운동을 서술하면서 지극히 부분적
으로 개신교계열의 협동조합운동을 언급한 것이다. 천도교의 조선농
민사가 전개한 협동조합운동을 취급하며 부차적으로 종교계가 전개
한 운동으로 언급하거나[2] 식민지배체제라는 한계 내에서 온건하거나
타협적이라는 이유에서 기독교농촌운동의 한계를 지적하면서 다룬
연구가 있다.[3] 그러나 이들 연구들은 기독교 협동조합운동에 개괄적
인 언급에 머무르고 있다. 또한 기독교 농촌운동을 본격적으로 접근한
연구들은 교파와 단체를 초월한 협동조합운동이 농촌운동의 중요 위
치를 차지하고 있음을 지적하고 있으나,[4] 이들 연구들 역시 농촌협동

자, 이들은 자신들의 보호수단으로 18세기 말부터 단결과 협동을 기초로 하는 협
동조합을 자연발생적으로 조직하기 시작했다. 협동조합운동은 1895년 영국 런
던에서 개최된 국제협동조합대회에서 ICA(국제협동조합운동연맹)가 창립되어
세계로 확산되었다. 劉載奇, "世界協同組合運動考察(1)~(7)",『基督申報』, 1929년
11월 27일~12월 25일.

2) 조동걸,『日帝下 韓國農民運動史』, 한길사, 1978.

3) 김현숙, "일제하 민간협동조합운동에 관한 연구",『일제하의 사회운동』, 문학과
사상사, 1987.

4) 한국교회의 협동조합운동을 구체적으로 언급한 연구들은 다음과 같다. 전택부,
『人間 申興雨』, 대한기독교서회, 1971;『한국기독교청년회운동사』, 정음사, 1978;
민경배, "한국기독교의 농촌사회운동",『東方學志』38, 연세대학교 국학연구원,
1983; 신주현, "1920년대 한국기독교인들의 민족운동에 관한 一考察", 숙명여자
대학교 대학원 석사학위논문, 1986; 장규식, "1920-30년대 YMCA 농촌사업의 전

조합운동의 이념적 배경이나 성격을 제대로 규명하지 못한 채 단순히 농촌운동의 프로그램 차원에서 정리하고 있을 뿐이다.

그런 의미에서 기독교 계열의 농촌협동조합운동에 대한 심층적인 연구는 한국기독교사 맥락에서 뿐만 아니라 민족사 차원에서 중요하다. 또 협동조합운동사 차원에서도 한국근현대기에 등장한 다양한 협동조합운동의 흐름들을 역사적으로 이해하는데도 그 의미가 크다. 식민지라는 특수한 상황 속에서 종교공동체의 현실 문제인식과 이를 극복하기 위한 그 집단적 대응을 통해 형성되고 표출된 기독교 공동체의 성격을 이해함과 동시에 궁극적으로 오늘 종교공동체가 처한 한국사회의 경제문제를 어떻게 대응하고 극복해 나갈 것인가에 대한 나름의 통찰력을 제공할 수 있을 것이다. 나아가 협동조합 자체가 기독교 공동체에 어떻게 이해되었는지, 그 역사적 의미가 무엇인지를 확인하고 오늘의 기독교 공동체에서 진행되는 다양한 협동조합의 흐름들을 이해하는데 역사적 배경이 될 수 있을 것이다.

따라서 이 글에서는 기존 연구를 바탕으로 농촌문제 인식과 협동조합운동론 등을 검토하고자 한다. 이어 다양한 역사적 흐름 속에서 어떻게 시작 · 추진, 그리고 변화 · 변동되었는가를 추적하며, 그 의미를 끌어내고자 한다. 이를 통해 일제하 농촌협동조합의 내용과 의미, 그리고 성격들을 검토하고자 한다.

개와 그 성격", 『한국기독교와 역사』 4, 한국기독교역사연구소, 1995; 한규무, 『일제하 한국기독교 농촌운동 1925－1937』, 한국기독교역사연구소, 1997; 방기중, 『배민수의 농촌운동과 기독교 사상』, 연세대 출판부, 1999; 장규식, "日帝下 基督教 民族運動의 政治經濟思想", 연세대학교 사학과 박사학위논문, 2000.

2. 한국기독교의 농촌문제 인식과 협동조합론

1) 농촌문제 인식과 협동조합론 제기

한국을 강점한 일제는 1910년대 한국인의 언론·집회·결사의 자유를 철저히 금지한 '무단통치'(武斷統治)를 실시하였다. 3·1운동의 민족적 저항에 부딪히자, 1920년대에 들어와 일제는 이른바 '문화정치'(文化政治)라는 기만적 정책변화 속에서 본격적인 '이식자본주의'의 발전을 도모하기 시작했다.5) 그러나 농촌사회와 농민층은 자본축적이 현실적으로 어려운 가운데 전반적으로 빈곤과 궁핍함으로 빠져들어갔고,6) 일제의 지주제의 강화로 자작농 몰락과 소작농 급증, 농가부채의 증가에 직면해 있었다. 계속되는 자연재해와 1920년대 말 농업공황과 세계대공황이 연달아 겹치면서 한국인의 80%가 거주하는 농촌사회와 농민층은 계속되는 궁핍으로 인해 절망적 상태에 처하게 되었다.7)

농촌사회의 붕괴는 곧 한국기독교의 붕괴로 연결될 수 있었기 때문에 기독교 공동체는 농촌문제를 외면할 수 없었다.8) 기독교회가 빈농·빈궁의 원인을 분석하고 대책을 세우기 위해 철저하게 사회화해야 한다는 목소리가 제기되기 시작하였다.

1920년대 초부터 소작인이나 공장 노농자의 생활을 보면 심히 비참하며, 죽도록 일하여도 먹을 수 없고, 입을 수 없는 것을 보면 어찌 합니까?라는 탄식이 기독교인들 사이에서 흘러나오기 시작했다.9) 또 국

---

5) 박경식,『日本帝國主義의 朝鮮支配』, 청아, 1986 참조.

6) 김용섭, "日帝 强占期의 農業問題와 그 打開方案",『韓國近現代農業史研究』, 一潮閣, 1992 참조.

7) 강만길,『고쳐쓴 한국현대사』, 창작과 비평사, 1994, 120~128쪽.

8) 김양선,『韓國改新敎史研究』, 기독교문사, 1972, 154쪽.

내 생산의 대다수가 농업이요, 인구의 8할이 농민이라 할 만큼 농촌문제가 중요하다는 사실을 지적하며, 농촌문제가 현재·장래의 사활(死活)에 관계되는 것으로, 생활이 정신적으로 물질적으로 살고 싶어서 사는 것이 아니요 어쩔 수 없으니까 사는 것이라 하였다.[10] 농촌사회의 몰락과 농민의 피폐화는 곧 민족 장래의 어두운 전망으로 연결되는 것이라고 보았다.

따라서 1920~1930년대 농촌문제는 민족문제 가운데 가장 먼저 해결하지 않으면 안되는 절박한 현실이었다. 농민대중들 대부분이 일제의 살인적인 농업정책으로 자작농의 몰락, 소작농의 급증, 농가부채의 증가 등으로 절대빈곤에 빠져 있다는 현실은 사회문제에 대해 관심을 갖고 현실을 직시하던 한국교회와 기독교인들에게는 외면할 수 없었다.

기독교계의 농촌운동이 시작되면서 협동조합운동은 당면한 농업문제의 타개책으로서 등장하기 시작했다. YMCA 대표적인 농촌문제 이론가인 홍병선은 협동조합이 살기를 위하여 마음을 합하고 물질을 합하여 일하는 것이며, 같이 살겠다는 결심을 가지고 경제적 활동을 하여 빈궁한 생활을 면하고 서로 고른 생활을 얻고자 하는 조직적 단체 행동임을 주장하였다. 이어 농촌사회가 피폐화되고 농민대중이 살기 어려운 사회경제적 처지에 있다고 파악하고, 이 문제를 해결하기 위해서는 '자본, 조직, 합력'이 절대적으로 요구된다고 보았다. 따라서 당면한 농촌문제를 타개하기 위해서는 이런 세 가지 구성요소를 다 갖추고 있는 협동조합의 건설이 무엇보다 필요하다고 역설했다.[11]

이렇게 기독교 공동체는 협동조합을 무너진 농촌사회를 재건하고 농

9) 申興雨, "今後의 活動", 『靑年』, 1922. 4, 8쪽.

10) 洪秉璇, "農村事業과 基督敎靑年會", 『東光』, 1931. 4, 39쪽.

11) 洪秉璇, "自力과 打力", 『農村靑年』, 1930. 12, 1쪽.

민대중의 살길을 모색하는데 가장 효율적이고 구체적인 대안으로 제시하였다. 기독교인들은 일제가 한국민들의 총체적인 활동을 억압하는 상황에서 무엇보다 조직적이고 체계적인 인적·재정적 토대와 이를 바탕으로 한 단체적 운동이 필요함을 절실히 인식한 결과이기도 하였다.

또한 협동조합은 1920~30년대 한국 농촌문제의 핵심과제인 '토지문제'와 '소작문제'의 대안 차원에서 등장했다. 당시 농촌사회는 '자작농'(自作農)의 몰락이 가장 큰 문제였다. 그로 인해 농민들의 토지소유율이 현저히 떨어지게 되었고, 이는 자연스럽게 지주에 토지집중, 소작의 불안정, 그리고 농민대중들을 농토를 잃고 유랑하거나 빈궁으로 몰아넣었던 것이다.

그런데 이 문제는 보다 강력한 국가적 의지와 실천이 있다면 얼마든지 그 개선 가능성이 농후했다는 점이다. 토지문제는 국가에서 지주의 사유토지를 매입해서 일반 농민에게 평균 분배한다면 쉽게 해결될 수 있는 것이다.[12] 또 소작문제는 지주가 임의대로 소작권을 다른 소작농에게 넘겨주거나 고율의 소작료를 소작농들에게 부과함으로써 소작농들이 감당할 수 없게 만드는데, 이 문제도 역시 국가가 직접 개입하여 법제정을 통해 강력하게 대처한다면 어느 정도 해결될 수 있는 문제였다.[13]

그러나 문제는 지주제를 축으로 하는 일제의 식민농업정책이 변경되지 않는 한 근본적으로 해소될 수 없다는 것이었다. 1910년대 강점과 함께 구축된 일제의 수탈적 농업정책은 전혀 개선될 가능성이 없었다. 농촌사회는 시간이 갈수록 일본자본주의의 국가독점자본, 금융자본, 지주 자본의 지배 하에서 분해되고 해체되지 않을 수 없었다.[14] 이

---

12) 申興雨, "物的 生活에 우리의 要求(二)", 『青年』, 1926. 11, 7~8쪽.
13) 李基台, "農民의 生活", 『青年』, 1928. 12, 36쪽.

에 따라 농촌의 피폐화 현상은 더욱 심화되어 갔고, 기독교인들은 일제 총독부의 제도개선이나 그들의 농업정책에 대한 기대를 갖기 보다는 이에 대한 미련을 버리고 현실을 직시하였다. 이 과정에서 농촌문제의 타개를 위해 한국교회에는 자주적이며 집단적인 협동운동으로서 협동조합론이 제기된 것이다.

예컨대, 홍병선은 과연 금일같이 대자본가의 세력이 강한 시대에 있어서는 약자들은 자기들끼리 합하지 아니하면 생로를 얻지 못할 것이요, 종말에는 근근이 유지하던 생활까지라도 잃어버리게 될 것이라고 하여,[15] 소농민·소생산자가 살아남는 방법으로 협동조합을 주장했다. 이기태도 농촌의 신용조합이 현실에 가장 잘 맞는 협동조합으로 소개하면서, 소농민 중심의 조직인 협동조합을 통해 소작권을 강화하여 점차로 소작농이 자작농이 되도록 노력할 것을 강조했다.[16] 또 이대위는 협동조합이야말로 자본의 논리가 아닌 인격으로 그 중심을 삼는 제도이기 때문에 개인의 합력(合力)과 호조(互助)를 통해 민치주의(民治主義)를 실현할 수 있는 유력한 방도라고 강조하였다.[17]

이처럼 한국기독교는 토지문제나 소작문제의 직접 해결을 위한 저항이나 투쟁보다 경제조직으로서 협동조합을 조직하여 내부적 역량을 도모하고 이를 통해 점차 농촌사회의 문제들을 해결해 가는 방식을 지향했던 것이다. 즉 소자본 소생산자가 대자본 대생산자에게 대항할 수 있는 '자주적'(自主的) 조직으로서 협동조합을 건설하여 살 길을 개척해 나가자는 것이었다.

---

14) 金容燮, 윗 글, 442~443쪽.

15) 洪秉璇, "産業信用組合에 對하야", 『靑年』, 1927. 5, 15쪽.

16) 李基台, "産業信用組合의 意義와 그의 實際", 『靑年』, 1928. 9·10, 26쪽.

17) 李大偉, "民衆化할 今日과 農村改良問題", 『靑年』, 1924. 5, 8~9쪽.

2) 농촌협동조합의 형태와 내용

1920~30년대 한국기독교가 농촌협동조합의 모델로 설정한 것은 덴마크(丁抹)의 협동조합이었다.[18] 덴마크는 한국의 상황과 대단히 유사한 점이 많았다. 단일문화를 가진 단일민족으로 70년 전 총체적인 국가의 파탄현상을 당했던 것도 한국상황과 유사했다.[19] 특별히 농촌 붕괴에 처한 한국교회에게 덴마크는 훌륭한 모델이었다. 그것은 과거 50년 전만해도 농민의 거의 대다수가 소작인이었으나 당시는 9할 이상이 자작농으로 전환되었다는 점에서[20] 우리와 상황이 비슷했던 덴마크가 전체 농민의 90%가 자작농이 되었다는 결과는 놀라운 일일 수밖에 없었다.

그러나 무엇보다 한국교회가 덴마크의 협동조합을 주목한 것은 덴마크가 개신교 계통의 루터교를 국교로 채택했고, 국민의 90%가 이 교파의 신자였다는 점이었다.[21] 이 점은 농촌문제를 농촌사회의 재건운동인 동시에 기독교 선교운동이란 차원에서 해결하고자 했던 기독교계 지도자들에게 안성맞춤의 좋은 사례가 될 수 있었다. 다른 국가의 협동조합에 비해 덴마크의 협동조합이 기독교계의 운동방향을 충족시킬 수 있는 '모델'로 받아들이는데 큰 무리가 없었다.

이런 배경에서 기독교인들은 덴마크 발전의 중심에는 협동조합이 놓여 있음을 확인하고 이를 주목하게 되었다. 기독교인들은 덴마크가

---

18) 당시 기독교계에서는 덴마크 농촌에 관련된 서적이 집중적으로 출간되었다. 『정말(丁抹)과 정말농민(1929)』·『뎡말나라연구(1930)』·『정말인의 경제부흥론(1931)』·『농민의 낙원인 정말(1932)』·『정말고등학교(1932)』 등이 그것이다.

19) 김활란, 『한국의 부흥을 위한 농촌교육』, 이화여자대학교 출판부, 1979, 217~219쪽.

20) 社說, "基督敎人된 自作農民과 地主에게 一言하노라", 『基督申報』, 1928년 4월 11일.

21) 洪秉璇, 『丁抹과 丁抹農民』, 朝鮮基督敎靑年會聯合會, 1929, 21쪽.

60여 년 전에 빈약하기로 유명하였으나 조합운동으로 시작한 후 오늘에 이르러 개인의 부(富)가 남에게 떨어지지 않고 오히려 자랑하게 되었다고 보았다.[22] 덴마크가 협동의 정신으로 공동조합을 농촌에 조직하여 성공을 거둔 것이 모두 협동조합운동에서 비롯되었다고 인식하였다.

이렇게 1920~30년대 기독교계의 농촌협동조합운동은 덴마크의 협동조합운동의 영향을 받고 있었다.[23] 장로교의 협동조합운동 이론가인 유재기는 덴마크의 삼애주의(三愛主義) 정신을 기초로 하여 '예수촌건설운동'을 주장하기도 하였다.[24]

한편, 기독교인들은 농촌협동조합의 근본적 정신을 살기 위하여 조직적으로 여러 사람이 협력하여 일하는 것으로 파악하고, ① 조합원 ② 조합원의 범위 ③ 조합원의 자본 ④ 조합원의 책임 ⑤ 조합원의 권리 ⑥ 조합원의 사업 ⑦ 조직과 해산 ⑧ 조합의 감독과 상생 등을 주제로 협동조합의 정신(精神)을 분류했다.[25] 이 가운데 조합원 상호간의 일치 단결은 그 무엇보다 중요하였다. 항상 조합원에게는 사랑과 신용과 협력과 일치가 강조되었다.

이런 차원에서 기독교계가 주로 강조한 협동조합의 형태는 신용조합이었다.[26] 한국인의 신용부족과 재정부족이 중요한 이유였다.[27] 농촌 현실이 소자본은커녕 일상생활도 어려운 상태에서 공동구매나 공동판매는 가능하더라도 공동생산은 현실적으로 어려웠기 때문이다.

---

22) 社說, "貧窮의 原因과 그 對策(下)", 『基督申報』, 1928년 3월 28일.

23) 한규무, 윗 책, 52~55쪽.

24) 劉載奇, "예수村建設의 三大理論", 『農民生活』, 1931. 9, 31쪽.

25) 洪秉璇, 『農村協同組合運動과 組織法』, 朝鮮耶蘇敎書會, 1930. 12~15쪽.

26) 洪秉璇, "農村事業", 『靑年』, 1927. 9, 32쪽.

27) 洪秉璇, 『農村協同組合과 組織法』, 54~55쪽.

일본의 금융기관이 신용없는 농민대중들을 파산시키는 그물이 되었음을 강조하면서 신용조합의 실제적 효과를 역설했다.[28) 이런 이유에서 기독교인들은 소비조합보다 산업신용조합이 더욱 현실적으로 필요하다고 보았다.

이렇게 신용조합은 농민들의 소자본을 모아 조직한 신용조합이 신용을 바탕으로 하여 조합원에게 싼 이자로 빌려주고 조합원이 동산이나 부동산을 팔 때, 이를 사두거나 조합원이 갚을 능력이 있을 때, 다시 그에게 팜으로써 건물이나 토지의 상실을 잃지 않도록 하며, 공동구입·공동판매와 함께 조합원끼리 상부상조하는 기능을 갖추고 있었다.[29)

신용조합과 함께 소비조합도 주장되었다. 소비조합에 관심을 크게 가졌던 사람은 장로교 협동조합운동 이론가인 유재기였다.[30) 그는 신용조합보다 소비조합에 더 큰 관심을 보였다.[31) 그는 소비조합운동을 사람의 마음에 예수의 사랑을 심기에 가장 적당한 실제운동으로 파악하고, 상인자본의 중간수탈을 제거하는 소비조합을 지적했다. 특히 영리주의에 빠진 생산자의 횡포에 대항하기 위한 소비자 운동으로 특별한 자금 없이도 목적을 달성할 수 있다고 주장했다.[32) 이는 장로교회의 농촌운동이 조선물산장려회(朝鮮物産獎勵會)와 연계되어 소비합리화운동을 전개하고 있던 것과 관련이 있었다.[33)

---

28) 洪秉璇, "農村事業", 31~32쪽,

29) 洪秉璇, "産業信用組合에 對하야", 15쪽; 李基台, "産業信用組合의 意義와 그의 實際", 25쪽; 申興雨, "物的 生活에 우리 要求(3)", 『靑年』, 1926. 12, 10쪽; 李舜基, "朝鮮農村에 대한 基督教青年會의 使命", 『靑年』, 1929. 5, 3쪽.

30) 그렇다고 해서 그가 소비조합만을 주장한 것은 아니다. 그는 " 高利線을 끊는 신용조합"이라 하여 "소비조합과 함께 조선현실의 급무인 2대 조합"으로 지적하고 있었다. 劉載奇, "愛의 社會的 施設과 産業組合(2)", 『基督申報』, 1935년 1월 16일.

31) 劉載奇, "農村消費組合의 組織法", 『基督申報』, 1929년 7월 10일.

32) 劉載奇, "愛의 社會的 施設과 産業組合", 『基督申報』, 1935년 1월 16일.

또 농촌협동조합운동에서는 경제문제를 해결하는 동시에 마을전체, 즉 커뮤니티를 위한 세부적 규정이 마련되기도 했다.[34] 한 마을의 조합은 이익을 전부 독차지하는 것이 아니라 이익의 한 부분을 마을에 내놓아서 교육, 공익, 촌내 모든 사업을 위해 쓰고 일을 해야 했다. 그것은 조합원이 다 같은 마을에 살기 때문에 그 마을 전체를 위해 잘 사는 것이 곧 자기들의 경제문제를 해결하고자 하는 것이며, 결코 혼자 잘 사는 것이 아니라 서로 붙들고 서로 같이 잘사는 운동이었기 때문이다. 즉 농촌협동조합운동은 단순히 물질적 진보를 통한 물적(物的) 관계를 회복하는데 그치지 않고, 일제의 식민정책으로 파편화된 농촌 사회의 공동체성(共同體性)을 새롭게 재건하는 것이었다.

이처럼 1920~30년대 한국교회의 농촌협동조합운동은 기독교 공동체가 농민대중의 단결과 일치, 협동을 바탕으로 당면한 경제 문제를 타개해 나가고자 했다는 점에서 의미가 있을 것이다. 이는 일제 총독부의 수탈적 농업정책의 변경이나 이들의 적극적인 농촌대책에 대한 기대를 접고 이제 기독교 공동체가 스스로 직면한 경제문제를 해결하겠다는 '자주적'인 태도를 상징적으로 보여주었다는 점에서 그 역사적 의의가 있다고 보인다.

3) 민족실력양성론과 복음주의 실천관

농촌협동조합운동은 3·1운동이후 기독교 민족운동세력의 현실문제의 인식전환과 관련이 있었다. 실력양성운동의 일환에서 기독교 민족운동가들은 농촌문제 해결이 그 무엇보다 중요하다는 사실을 깨달

---

33) 蔡弼近, "消費合理化運動에 對하야", 『農民生活』, 1931. 4, 3쪽; 曹晩植, "生産과 消費와 우리覺悟", 『三千里』, 1936. 4, 110쪽.

34) 洪秉璇, 『農村協同組合과 組織法』, 64~65쪽.

기 시작했고, 이를 위해서는 우리 민족의 협동과 협력의 정신을 강조하기 시작했다.

당시 YMCA 농촌사업을 이끌던 신흥우35)는 일제와 정치적으로 불필요한 대립과 갈등 없이 전체 인구의 80%가 되는 농민의 경제적 문제를 해결하고 이들의 근대적 의식과 민족의식을 고취한다면 장기적인 독립을 앞당기는 계기가 될 것이라고 확신했다. 또한 일제하 대표적인 기독교 민족운동가인 조만식은 우리의 독립운동이 너무 기회주의적이고 감정적이며, 철저한 계획도 없이 맹목적으로 일본 경찰들과 맞서고 있다고 비판적으로 인식하고, 독립운동의 가장 효과적이고 능동적인 길로서 전체 인구 80%가 거주하는 농촌사회를 살리는 농촌운동을 제안했다.36)

기독교 민족운동세력은 정치적·경제적 '약자'(弱者)가 상호협동과 단결로써 경제적 지위 향상과 정치적 자주성을 획득해 가는 운동으로 '협동조합운동'을 주목하게 되었다. 일제의 사회경제적 침략으로 구축된 식민지 지배아래에서 신음하던 기독교인들은 협동조합운동이 피폐화된 농촌을 재건하고 민족적 경제적 자립을 달성하는데 다른 어떤 운동보다 효율적이고 실제적인 실력양성의 운동이라고 인식하였다.

이와 함께 기독교계열의 농촌협동조합운동은 '기독교사회주의', '사회복음주의'와 같은 진보적 기독교사회사상을 적극 수용한 것과 깊은 관련이 있었다. 1920년대 중반 무렵부터 기독교 언론매체를 통해 기독교사회주의와 사회복음주의, 그리고 공상적 사회주의 사상들이 활

---

35) "興業俱樂部事件關聯 申興雨 訊問調書", 『思想彙報』16, 朝鮮總督府, 1938, 130~131쪽.

36) 배민수, 『Who Shall Enter the Kingdom of Heaven?』, 대한예수교장로회총회 농어촌부, 1994, 301~302쪽.

발하게 소개되었다. 특히 일본의 대표적인 기독교사회주의자인 하천풍언(賀川豊彦)의 글이 번역되어 기독교 언론매체에 대대적으로 실렸는데,[37] 1930년대 초반 한 사회주의자가 농촌운동을 전개하던 기독교인들을 가리켜 '하천풍언을 따르는 기독교사회주의자'로 언급했을 정도로,[38] 당시 세계 기독교계에 유행하고 있던 '사회복음사상'이 국내 기독교계에 적극 수용되었다.[39] 여기서 '사회복음'이란 기독교의 사회화·실제화를 가리키는 것으로, 개인구원 뿐만 아니라 사회구원을 위한 복음이 되어야함을 의미하였다.[40] 이런 사회적이고 실제적인 복음에 대한 강조는 농촌협동조합운동의 커다란 사상적(思想的) 동력(動力)이 되었다.

그런 의미에서 한국기독교의 농촌협동조합운동은 농촌과 농민대중의 사회경제적 기반을 단순히 안정적으로 회복하는데 그친 운동이 아니었다. 기본적으로 피폐화된 농촌사회를 재건하고 농민대중의 경제적 문제를 해결하고, 궁극적으로는 기독교 복음의 확장, 즉 이 땅위에 천국을 건설한다는 종교적 지향성을 갖고 있었던 것이다. YMCA 농촌사업과 협동조합운동을 이끌던 신흥우는 하나님나라는 생명과 희열의 나라이며 동시에 정의와 사랑의 나라임을 강조했다. 생명은 풍부케 하며 희열이 가득케 하는 것으로 인생의 최후의 길은 그리스도의 요구

---

37) 하천풍언의 글은 一記者 譯, "愛와 勞動",『靑年』, 1925. 3; 赤城學人 譯, "基督教社會主義論(1)~(9)",『基督申報』, 1927년 3월 9일~5월 25일; 劉載奇, "農村消費組合의 組織法",『基督申報』, 1929년 7월 10일; "日本이 낳은 名士 賀川豊彦 氏 美國에 演說出張",『基督申報』, 1935년 10월 23일; 姜文昊, "農漁村에 對한 基督教의 使命",『基督申報』, 1936년 1월 8일.

38) 金務新, "打倒 基督教社會主義者",『批判』, 1933. 3, 31~36쪽.

39) 金活蘭, "예루살넴大會와 今後 基督教",『靑年』, 1928.11, 2~5쪽.

40) 예루살렘대회 국제선교대회에서 논의된 결과가 이듬해『基督教의 世界的 使命』(朝鮮耶蘇教聯合公儀會, 1929)란 이름으로 출판되었다.

하신 곧 하나님나라의 천국임을 주장하였다.[41] 그래서 그는 예수 인생 관이 '정의'와 '사랑'으로 이뤄진 '하나님 나라의 건설'이야말로 우리 인행 최고의 목적이 되어야 한다고 주장했다.

이런 관점에서 그는 일제하 절대 다수를 차지하는 농촌과 농민의 삶을 개혁하는 것이야 말로 이 민족과 사회를 개혁하는 지름길로 생각하고, 그 방법으로 공동체적 단결과 연대를 기초로 하는 '협동조합'을 그 대안으로 제시한 것이다. 협동조합을 통해 궁극적으로 뒤틀리고 왜곡된 이 땅 위에 하나님의 '정의'와 '사랑'의 나라를 건설하고자 하였던 것이다.

이같은 기독교계의 현실인식이 더욱 구체화된 것은 1930년대 장로교 농촌부에서 제기된 '예수촌건설운동'이었다. 예수촌은 예수의 주의대로 살아가는 자립적 기독교 농촌공동체, 즉 이 땅 위에 천국을 건설하는 이상촌이었다.[42] 기독교 신앙의 궁극적 목적이 현세의 물질생활에 있는 것이 아니라 내세적 영생, 하나님 나라에 들어가는데 있으나 그것은 이 땅 위에서 예수정신과 복음에 부합하는 지상천국을 이루어 예수 재림을 준비했을 때에만 실현가능한, 영원한 왕국에 들어가는 필수 과정으로 인식하였던 것이다.

이를 위해서는 식민지 현실 속에서 고통당하는 빈민대중, 즉 식민지 조선인 절대다수인 농민대중을 궁핍과 피폐에 신음하는 현실로 부터 벗어나게 하지 않으면 안되었다고 파악하였다. 왜냐하면 살인적 가난과 궁핍에 고통당하는 농민대중의 현실 앞에서 영생의 진리와 복음의 의미를 찾는다는 것은 대단히 어려웠기 때문이다.[43] 따라서 예수촌 건

---

41) 申興雨, "人生問題", 『靑年』, 1925. 3, 5∼6쪽.

42) 劉載奇, "예수村 建設의 三大理論", 32쪽.

43) 裵敏洙, "福音主義와 基督敎農村運動(1)", 『農村通信』, 1935년 3월 1일.

설은 예수의 박애와 희생정신으로 철저하게 무장된 기독교인들을 통해서만 추진되는 기독교 농촌협동조합운동의 구체적인 모습이었던 것이다.

따라서 1920~30년대 기독교계열의 농촌협동조합운동은 피폐화된 농촌사회의 기반을 회복하고, 농촌대중의 단결과 협동을 기초로 하는 협동조합운동을 통해 농민대중의 경제자립을 도모하는 한편, 기독교의 지상천국건설이란 궁극적인 목표 아래 복음주의적 가치를 실천한다는 이중의 목표를 추구하였다는 점에서 그 특징이 있었다.

3. 한국기독교의 농촌협동조합운동 전개

1) 1920년대 중반 농촌협동조합운동의 대두

1920년대 중반 농촌사회의 피폐화 현상이 두드러지면서 한국교회는 농촌문제의 해결을 위해 직간접으로 나서기 시작했다. 이런 움직임이 나타난 것은 1923년부터였다. 이 때 농촌문제의 타개를 위해 나선 기독교 단체는 YMCA(기독교청년회)였다. 사회주의자들이 반종교운동을 공식천명하고, 소작쟁의와 같은 사건들을 통해 농촌지역에 대한 세력확장을 시도했다. YMCA 총무 신흥우는 이에 대한 대응 차원에서, 그리고 기독교의 실제화와 사회화의 일환에서 농촌사업을 준비하기 시작했다. 이 시기를 전후로 YMCA 내에서는 협동조합에 대한 논의가 시작되었다.

YMCA에서 펴내던 『青年』에는 1922년부터 협동조합의 장단점이 다루어지고 있었다.[44] 1924년부터는 농촌협동조합에 관해 구체적인

---

44) "時事公言", 『青年』, 1922. 2, 2쪽.

주장이 게재되기 시작했다. 당시 학생부 간사였던 이대위는 "民衆化할 今日 농촌개량문제"라는 글에서, 농촌협동조합운동을 자세하게 소개하였다. 그는 자본주의의 모순으로 인해 농민층이 분해와 계급투쟁이 발생했다고 보고, 이에 대한 대안으로 농촌사회의 재건을 위한 구체적 방법으로 다수인이 합작하여 경영하는 '농업생산조합'을 제시하였다. 이와 더불어 그는 세계적으로 일어나고 있는 합작사업의일례를 들어 협동조합운동의 추진을 역설했다.[45]

　1923년 겨울 서울 근교인 자마장, 부곡리에서 제1차 농촌조사를 하고, 3개월간의 조사를 마친 YMCA의 신흥우는 그 결과를 이사회에 보고하였다. 그는 이 보고에서 농촌사업의 핵심으로 청년들이 각성하여 가지고 야학도 조직하고, 팔 수 있는 협동조합도 만들어서 운영하고, 서로 상조상부하는 공제조합도 만들어서 자기네 문제를 자기네 공동 힘과 노력으로 해결하고 향상시키게 하는 운동이라고 주장했다.[46] 이는 YMCA가 농촌사업을 준비하는 초기단계부터 이미 협동조합을 구상하고 있었음을 보여준다. 1924년 YMCA 국제위원회으로부터 농촌운동에 대한 전폭적인 지원을 약속받은[47] 이듬해부터 YMCA의 농촌사업이 공개적으로 착수되었고 농촌협동조합운동 또한 농촌사업의 연장선상에서 추진되기 시작했다.[48]

　YMCA가 협동조합운동에 대한 논의와 사업이 시작되고 있을 무렵, 거의 같은 시기에 국내에서는 서구의 협동조합을 모방하여 그 취지와

---

45) 李大偉, "最近 世界的 運動인 合作事業의 槪觀(一)(二)", 『靑年』, 1924. 10 · 11.

46) 전택부, 『한국 기독교청년회 운동사』, 335쪽.

47) "農村開發에 盡力", 『東亞日報』, 1925년 1월 1일.

48) 『東亞日報』에서는 그해 2월 14일 "農村에다 天堂建設"제목의 기사를 통해 YMCA 농촌사업을 대대적으로 보도하였다.

목적에 기초한 협동조합운동이 전개되었다. 그것은 1926년 동경유학생들이 조직한 협동조합운동사였다. 그 직전에 1925년 설립된 천도교 계열의 조선농민사에서도 중산층 이하의 사람들이 스스로 불리한 경우를 자각하고 단결의 힘에 의해 그 경제적 사회적 지위를 향상함을 목적으로 협동조합운동의 시작을 알렸다.[49]

이렇게 YMCA의 협동조합운동은 협동조합운동사 및 조선농민사의 협동조합운동과 함께 1920년대 중반이래 국내 협동조합운동의 중심기관으로 자리 잡기 시작했다. YMCA 농촌사업을 총괄하고 있던 신흥우는 토지개혁과 소작농문제를 당시 농촌사회의 가장 심각한 문제로 파악하고, 이에 대한 대안으로 협동조합을 구체적으로 제시하였다. 그는 서구 유럽의 많은 나라가 경제적 파멸상태에 있다가 그 위험을 벗어나 물적 구원을 입은 것이 모두 농민의 공동조합에 기초가 되었음을 주장하며,[50] 협동조합이 파탄상태에 빠진 농촌사회와 농민대중을 구원하는 중심기관임을 역설했다.

당시 신흥우는 덴마크의 협동조합에 관해 주목하고 있었다. 덴마크의 협동조합에 관해서는 YMCA의 농촌사업 초기부터 소개되고 있었다.[51] 그는 "소농, 중농도 생길 수 있고 소작권과 소작료문제도 원만히 해결될 수 있고 경지개량과 농구개량과 판매개량까지 될 수 있겠나이다"라고 하여, 덴마크의 평민교육 사례를 들면서 정신적 활동으로 '협동'과 '신용'에 대한 각성이 절대적으로 중요하며, 이를 구체화하는 협동조합운동의 필요성을 역설했다.

49) 오미일, "1920년대 경제운동론의 전개와 그 정치적 성격", 『한국근대자본가연구』, 한울아카데미, 2002, 489~495쪽; 조규태, 『천도교의 문화운동론과 문화운동』, 국학자료원, 2006, 228~237쪽.

50) 申興雨, "物的 生活에 우리 要求(三)", 『靑年』, 1926. 12, 7쪽.

51) 李基台 譯, "丁抹의 農業(一)-(九)", 『靑年』, 1925. 6~1926. 3을 참조할 것.

그러나 YMCA가 협동조합운동은 농촌사업의 중심적 과제로 설정한 것은 다소 늦게 시작되었다. 1927년 협동조합운동이 농촌사업의 부문과제가 아니라 중심과제로 설정하고 추진하기 위한 준비작업에 들어갔다. 1927년 5월 YMCA 실행위원회는 신흥우·홍병선 두 사람을 덴마크에 파견하기로 결정한 것이다.[52] 이는 덴마크 농촌사업에 대한 직접적인 연구를 위해서였다. 이는 신흥우 총무가 예루살렘 선교대회에 한국대표로 가게 된 기회를 이용한 것이다. 덴마크의 농촌사업의 시찰 목적은 협동조합을 직접 눈으로 확인하고 검토하기 위해서였다.

이처럼 1925년부터 시작된 YMCA 농촌사업에서 1927년에 이르러서는 농촌사업의 중심과제로 설정되면서 본격적으로 협동조합의 조직에 착수하기 시작하였다. 이는 덴마크 농촌의 시찰을 결정함과 동시에 이후 YMCA 농촌사업이 협동조합운동을 중심으로 전개될 것임을 의미한다. 이와 함께 YMCA는 각 지방 기독교청년회를 통해 협동조합 조직을 위한 구체적인 내용이 담긴 '조합규칙'을 만들어 배포하기 시작하였다.[53]

2) 예루살렘대회 참석과 협동조합운동의 본격화

1928년 이후 YMCA를 중심으로 한 기독교 농촌협동조합운동이 본격적으로 전개되었다. 이는 예루살렘 국제선교대회의 참석과 기독교계 대표적 지도자들의 덴마크 농촌시찰이 큰 배경이 되었다.

국제선교협의회(International Missionary Council, 이후 예루살렘대회)[54]는 1928년 3월 24일부터 4월 8일까지 2주간 예루살렘에서 개최

---

52) 전택부, 윗 글, 351쪽.

53) 洪秉璇, "産業信用組合에 對하야", 『靑年』, 1927. 5, 15쪽.

54) 1921년에 미국 뉴욕에서 결성된 국제적 선교단체 협력기구인 '국제선교회 협의

되었다. 총 50개국에서 231명의 대표가 참석한 이 대회에는[55] 한국대표
로 신흥우(YMCA)·양주삼(감리교)·정인과(장로교)·김활란(YWCA)·
노블(감리교)·마펫(장로교) 등 모두 6명이 참석했다.[56] 이 대회에서
는 기독교의 사명, 타종교와의 대화, 선교국과 기성교회와 피선교국간
의 관계, 종교교육, 산업문제, 인종문제, 농촌문제 등에 관한 폭넓은 안
건이 논의되었다.[57]

　이 대회에 참석했던 한국대표들의 눈길을 끈 것은 농촌문제였다.[58]
미국 사회학자 브루너(E. S. Brunner)가 한국 농촌의 경제·사회·종
교적 상황을 조사하여 작성한 Rural Korea가 회의보고서로 채택되어
아시아·아프리카의 농촌선교에 대한 토론의 주 대상이 되었다. 한국
대표들은 이를 통해 기독교의 실제화와 사회화 문제가 단순히 한국문
제만이 아니라 세계문제임을 확인하고[59] 기독교의 실제화와 사회화
의 한 과정으로 농촌문제의 해결을 위해 협동조합운동이 무엇보다 필
요함을 더욱 절실하게 느끼게 되었다.

　대회를 마친 뒤 신흥우와 홍병선은 YMCA의 파견대표로 덴마크를
방문하였다.[60] 덴마크 농촌을 다녀온 홍병선은 덴마크의 협동조합에
대해 상세하게 설명하기 시작하였다. 농촌문제의 해결을 위한 협동조

　　회'는 주로 유럽과 미국의 개신교 선교 단체들이 회원으로 가입해 선교에 대한
　　토론과 정보를 교환했다.(한국기독교역사연구소, 『한국기독교의 역사Ⅱ』, 기독
　　교문사, 1991, 217쪽).

55) 鄭仁果, "예루살렘大會에 參席하고(三)", 『基督申報』, 1928년 6월 20일.

56) "國際宣敎聯盟會에 參席할 朝鮮代表들의 출발", 『基督申報』, 1928년 2월 8일.

57) 梁柱三, "예루살렘會議의 特色", 『基督申報』, 1928년 7월 11일.

58) 鄭仁果, "예루살렘大會에 參席하고(三)", 『基督申報』, 1928년 6월 20일.

59) 金活蘭, "예루살넴大會와 今後 基督敎", 『靑年』, 1928. 11, 2~5쪽.

60) 양주삼, "農民의 樂園인 丁抹", 『基督申報』, 1928년 11월 7일.

합의 조직이 가장 급선무임을 주장했다. 세계의 어떤 나라를 말할 것 없이 가장 협동조합을 잘 발달시켜서 농민생활을 안정시킨 것은 덴마크가 유일하다고 주장하였다.[61]

예루살렘대회 참석과 덴마크 농촌의 시찰은 농촌협동조합운동을 본격 전개하는 계기가 되었다. 이 시기 기독교계 협동조합운동을 주도한 것은 1920년대 중반부터 농촌사업을 주도한 YMCA였다.[62] 홍병선은 전국순회 간사로 활동하며 전국 YMCA에 협동조합운동을 지휘하는 총 책임을 맡아 이를 추진하였다.

이 때 제기된 협동조합의 형태는 주로 독일 라이파이젠식 산업신용조합이었다.[63] 이것은 기독교정신을 근본으로 하여 '인격제일주의'를 내세우며, 조합원의 자금 충원을 통해 자본을 확보하여 마을의 농민층을 대상으로 금융업무를 중심하고, 연리 1할대의 저리 대부를 통해 연리 4할대의 고리대를 추방하며 구매·판매·이용·생산 등 각종 조합을 함께 운영할 수 있는 장점이 있었다.[64] 이 시기 YMCA 협동조합운동은 중앙·호남·교남·관북·관서·영남지방 등의 권역에서 추진되었다. 1931년 4월에는 전국적인 협동조합의 연합체인 "협동조합연합회"를 결성하였다.[65]

YMCA의 협동조합은 1929년 5월 현재, 전국 49개 조합에, 조합원 1692명이었다. 이어 1932년에는 65개 협동조합 개수에, 총 자본금이 11273원에 이르렀다. 대부분의 조합이 신용조합이었다. 물론 지역에

---

61) 洪秉璇, 『農村協同組合과 組織法』, 24쪽.

62) 咸尙勳, "朝鮮協同運動의 過去와 未來", 『東光』, 1931. 7, 211쪽.

63) 李基台, "産業信用組合의 意義와 그의 實際", 『靑年』, 1928. 9·10, 28~30쪽.

64) 洪秉璇, "農村 經濟의 組織", 『靑年』, 1930. 9, 6~7쪽.

65) 신주현, 윗 글, 96쪽.

따라 소비조합이 활성화된 곳도 있었다. 함흥YMCA의 사과판매조합의 경우 개당 1전 5리하는 사과를 3~5전의 가격에 일본에 수출하여 함흥 YMCA 간사가 일본에 직접 가서 계약을 맺고 등급을 매겨 1차로 1000상자를, 뒤에 다시 4000 상자를수출하는 성과를 올리기도 했다.[66]

한편, 1928년 예루살렘대회를 계기로 한국교회 최대교세를 보유한 장로교와 감리교가 적극 협동조합운동에 참여함에 따라 탄력을 받기 시작했다. 1929년 8개 노회에 농촌부가 설립되고, 1930년에는 전체 22개 노회에 전부 농촌부가 설치되었다.[67] 그리하여 1930년 경에는 총회 농촌부-노회 농촌부-개교회로 이어지는 전국적인 농촌운동의 조직망이 설립되었다.[68] 이를 기초로 장로교에서는 1929년부터 농촌운동의 일환에서 협동조합운동을 전개했다. 농촌부는 협동조합의 경영을 주요사업가운데 하나로 규정하였다.

1929년 장로교 총회 농촌부에서는 공동구매·공동판매까지 포함된 중앙신용조합을 설립하고, '각 노회와 각 교회까지 미치도록' 결의했다.[69] 여기서 주목되는 점은 YMCA와 같은 신용조합임에도 불구하고 그 조합규칙을 보면, 기독교화(基督敎化)를 목적으로 한다는 점, 조합원은 예수교 신자로 한정한다는 것이다. 이는 이 시기 YMCA의 운동에 비해 기독교의 종교성이 한층 강화되어 있음을 보여주며, 협동조합운동 대상도 역시 기독교인들에 한정되어 있음을 의미한다. 이것은 1928년 예루살렘 대회 이후 기독교계에 대두하기 시작한 사회복음

---

66) 장규식, "1920~30년대 YMCA농촌사업의 전개와 그 성격", 242쪽.
67) 『조선예수교장로회 총회 제18회 회록』, 1929, 41; 『조선예수교장로회 총회 제19회 회록』, 1930, 40쪽.
68) 한규무, 윗 글, 71~72쪽.
69) "長老敎總會 農村部 發起 中央信用組合", 『基督申報』, 1930년 7월 16일.

주의의 강한 영향으로, 장로교 협동조합운동은 YMCA계열에 비해 기독교적 정체성을 전면에 내세우는 특징이 강했음을 보여준다.

이외에도 감리교회는 1928년 10월에 농촌사업위원회를 구성하고 농촌사업부를 설치하였는데[70] 이를 주도한 것은 당시 한국에 들어와 선교활동을 하던 북감리회였다. 이와 함께 YWCA도 1928년 농촌부를 설립했다. 1927년부터 이미 평양YWCA에서는 농촌부녀자들을 위한 교육활동을 전개하고 있었으나, 본격적인 농촌운동은 1928년 김활란이 예루살렘대회를 마치고 돌아와 농촌부를 창립하면서 시작되었다.

또한 초교파의 조선예수교연합공의회는 1929년 3월에 농촌진흥방안을 제시하였다. 여기서 제시된 대표적 방안 가운데 하나가 바로 교인들의 생산적 처리와 구매방법을 돕기 위하여 지방형편이 요구하는 협동조합을 설치할 일 등이었다.[71] 조선예수교연합공의회가 YMCA·YWCA·장로교·감리교 등이 연합하여 조직되었음을 감안해 볼 때, 이들 방안은 당시 농촌운동을 전개한 기독교계의 대체적인 방향을 보여준다. 여기서 제시된 협동조합의 설립계획은 당시 기독교계 농촌운동의 주요 사업가운데 하나였음을 알려준다. 이처럼 예루살렘대회 이후 협동조합의 설립은 각 지방의 사정에 따라 적합한 행태를 취하도록 적극 권장하며 추진되었다.

3) 일제의 농촌진흥운동 대응과 예수촌 건설운동

1930년 초 일본의 만주침략, 군비강화 등의 급변하는 상황 속에서 1929년에 일어난 세계적 대공황의 영향과[72] 농업공황까지 겹친 농민

---

70) 『제21회 조선기독교 미감리회 연회회록』, 1928, 53쪽.

71) "朝鮮耶蘇敎聯合公儀會 後報(1)", 『基督申報』, 1929년 4월 24일.

72) 피터 두으스 저/ 金容德 역, 『日本近代史』, 지식산업사, 1983.

대중의 절대빈곤 상태는 극한 상황에까지 처해 있었다. 여기에 사회주의세력의 제2차 반기독교운동도 기독교 공동체에 큰 위기감을 주기에 충분하였다.[73]

이런 상황에서 대륙침략을 위한 발판을 만들기 위해 방법을 모색하던 일제는 농촌사회의 안정이 무엇보다 필요했고, 농촌사회를 더 이상 방치할 수 없다는 인식에 직면하게 되었다. 그래서 그들은 농촌진흥운동을 실시하면서 경쟁대상인 종교계 및 사회주의 농촌·농민운동을 탄압하고 이를 일제의 농촌진흥운동에 편입시켜서 농촌에 대한 통제를 더욱 확고히 하고자 했다.[74]

따라서 1930년대 초 기독교계의 농촌운동을 가장 적극 주도하던 YMCA의 농촌사업은 사면초가에 몰리게 되었다. 일제의 물리적 억압과 방해공작에 직면함과 동시에 당시 세계대공황의 영향으로 한국에 파견된 농업전문가들이 미 본국으로 소환되는 등 인적·물적 자원이 현저하게 어렵게 된 것도 큰 배경이 되었다.[75]

1930년대 초 기독교 농촌협동조합운동에는 무언가 새로운 활로가 요구되었다. 일제의 탄압과 인적·물적 자원의 결핍을 극복하며 계속적으로 농촌협동조합운동을 전개할 타개책과 이를 주도할 세력이 필요했던 것이다. 이 과정에서 한국교회 최대 교세를 지닌 장로교가 앞장서기 시작했다. 그동안 종교적 정체성을 이유로 사회경제적 문제에 나서기를 꺼려했던 장로교가 예루살렘대회 이후 농촌부를 결성한 것도 놀라운 일이었으나, 이에 그치지 않고 사회경제적 위기를 타개할

---

73) 김권정, "일제하 사회주의자들의 반기독교운동에 관한 연구", 217~226쪽.
74) 지수걸, "1932~35年間의 朝鮮農村振興運動", 『韓國史研究』46, 한국사연구회, 1984.
75) 장규식, "1920~30년대 YMCA 농촌사업의 전개와 성격", 251쪽.

대안 조직으로 이 농촌협동조합운동에 참여하기 시작했다는 점은 많은 사람들에게 하나의 충격적인 사건이었다. 이렇게 장로교 농촌부가 나설 수 있었던 것은 정치적 상황과 일정한 거리를 두고 종교적 슬로건을 앞세우게 되면, 일제와 정치·사회적 갈등을 최소화하면서도 농촌협동조합운동을 전개할 수 있다는 현실적 인식과 판단 때문이었다.

장로교 농촌부는 1933년 9월 제22회 총회에서 농촌부의 총무로 부임한 배민수와 그의 동료인 박학전·유재기·김성원 등이 호흡을 맞추면서 본격적으로 농촌운동을 전개하였다.[76] 이들은 대부분 조만식의 영향을 받고 있었는데, 이미 1920년대 중반이후부터 「기독교농촌연구회」를 통해 농촌운동의 방향과 방법을 모색하고 있었다.[77]

이들은 기존의 기독교 농촌운동이 너무 현실적인 경제문제에 매달려 진정한 의미의 복음정신에서 멀어졌다고 강하게 비판하고, 농촌운동이 경제운동 이전에 정신운동임을 강조하면서 금일 조선농촌의 영과 육을 살리는 운동임을 천명하였다.[78] 이 운동을 '정신적 물질운동'을 규정하고, 도덕적이고 정신적 몰락인 동시에 지식적 궁핍으로부터 농촌사회를 다시 갱생시키는 유일한 방법은 농촌의 기독교화(基督教化)라고 강조했다.[79] 이렇게 기독교가 전면에 내세워진 것은 당시 기독교계에 반유물론적 천국주의를 기초로 하는 '전투적 기독교운동론'이 대두한 결과였다. 또 사회주의세력과 일체의 사회적 악에 대항하여 투쟁하자는 이 운동론은 '신사신앙'으로 무장한 일제의 식민지배가

---

76) 배민수, *Who Shall Enter the Kingdom of Heaven?*, 347쪽.

77) 김권정, "1920~30년대 조만식의 기독교 민족운동", 『한국민족운동사연구』47, 한국민족운동사학회, 2006, 242~243쪽.

78) 朴鶴田, "總會農村部常設機關設置에 際하야", 『宗教時報』, 1933년 11월 1일.

79) 金聲遠, "農村에서 農村으로(3)", 『基督申報』, 1935년 2월 6일.

'농촌진흥운동', '심전개발운동'을 통해 농민대중들에 더욱 고착화되는 현실에 대한 경계와 우려에서 나온 것이다.[80]

장로교의 농촌협동조합운동은 구체적으로 예수촌 건설운동으로 표출되었다. 이는 복음주의의 가치에 입각하여 단결과 협동을 기초로 하는 협동조합의 건설을 지향하는 농촌복음화운동인 동시에 농촌재건을 위한 자주화운동의 일환이었다.

당시 이를 체계적으로 정리한 사람은 장로교 협동조합운동의 이론가인 유재기였다.[81] 그는 자본주의 모순의 결과인 '이윤제(利潤制)'를 극복할 수 있는 하나의 대안으로 협동조합론을 제시하였다. 그것은 '1교회 1조합주의'로, 교인들의 생활안정과 총 이익의 십일조를 교회에 헌납함으로써 농촌교회의 재정적 안정을 도모하자는 것이었다. 이는 협동조합운동이 교회를 기반으로 추진되고 있음을 상징적으로 보여주며 협동조합과 교회가 유기적 관계라는 성격을 갖고 있음을 의미했다. YMCA와 달리 교회조직인 장로교 농촌부는 농촌교회를 협동조합의 조직적 기반을 삼고 동시에 그것을 주체로 설정하면서 협동조합운동을 추진해 나간 것이다. 이는 이들의 협동조합운동이 단순한 물질적인 경제운동을 넘어서 농촌지역사회와 교회를 회생시키는 목적을 분명히 갖고 있었던 데서 비롯되었다.

이 시기 기독교계가 주목한 협동조합 형태는 '소비조합'이었다. 1920년대부터 중반부터 시작된 기독교계의 대표적인 협동조합 형태는 주로 '신용조합'이었다. YMCA의 경우에는 대부분이 고리대를 끊

80) 김권정, "1930년대 전반 기독교 민족운동의 동향과 그 성격", 『한국민족운동사연구』50, 한국민족운동사학회, 2007, 183~188쪽.

81) 주태익, 『이 목숨 다 바쳐서―한국의 그룬트비히 虛心 劉載奇傳』, 善瓊圖書出版社, 1977 참조.

고 농가부채를 해결하며 영농자금의 확보를 목적으로 하는 신용조합 형태였다. 그러나 장로교 농촌부의 총무에 배민수가 취임하고 농촌부가 상설화되면서 장로교 농촌부는 소비조합건설에 더욱 노력을 기울이기 시작했다. 이윤주의에 빠진 생산자의 횡포와 상인자본의 중간수탈에 맞서는 도시와 농촌 소비자들의 목소리를 대변하면서 농가수입 및 생산성을 증대하려는 데 그 목적을 두었기 때문이다.

농촌부의 협동조합운동은 각 지역 교회를 중심으로 전개되었다. 예를 들어, 평안남도 대동군 동강면 두단리(斗團里)에서는 협동조합운동이 활발히 추진되었다.[82] 두단협동조합은 1929년 6월에 두단리교회 기독청년면려회원들의 주도로 창립되었다. 창립당시 조합원이 54명이었고, 약 3백원을 모아 이를 자본금으로 물건을 구입·판매하는 즉 소비조합의 일을 먼저 시작했다. 만 5년이 지난 1934년 현재 자본금이 1312원 18전으로 증대되었다. 두단협동조합이 하는 일은 소비조합의 일과 신용조합의 일을 하고 있으며, 이외에 특별히 의료부에서는 동내 질병환자들에게 약품과 진찰을 실비로 제공하는 사업을 하고 있었다. 마을전체 생산인구 약 300명 가운데 두단협동조합원 수가 54명, 저축공제조합원수가 82명, 저축농민조합원수가 약 30명, 방적조합 13명, 신우조합 5명 등의 분포를 이루었다.

특히 경북 의성의 칠곡교회에서는 장로교회의 다른 어떤 교회보다 협동조합운동이 활발히 진행되었다. 이 교회는 장로교 협동조합운동의 이론가인 유재기 목사가 시무했던 곳으로 그의 해박한 협동조합이론과 열정적인 실천이 가장 두드러지게 나타난 곳이기도 했다. 교회에서는 400여 원을 들여 정미기를 구입, 교인들로 하여금 이를 이용하도록

---

82) 巡禮者, "協同組合巡禮記(一)~(三)", 『農民生活』, 1934. 5~7쪽.

하여 매년 280여 원의 '정미료금'을 절약하는 등 협동조합운동의 실질
적인 결과를 내놓고 있었다.[83] 즉 칠곡교회의 협동조합운동은 유재기
가 자신의 이론에 입각하여 이를 구체적 현장에서 적용, 실천한 것으로
이론과 실제의 한계를 뛰어넘어 전개됐다는 점에서 그 의미가 있었다.

그러나 이런 협동조합운동은 1930년대 중반이후 기독교계가 대내
외적으로 어려움에 처하게 되면서 심각한 동요현상이 나타났다. 안으
로는 장로교회 내 농촌운동에 대한 보수적 인사들의 비판에 직면하게
되었다. 이들은 농촌운동에 참여한 것이 교회의 본분이 아니라고 주장
하면서 농촌부 폐지를 촉구했다.[84] 밖으로는 일제의 농촌협동조합운
동에 대한 대대적인 탄압이 시작되었다. 그것은 일제가 1933년 이후
장로교 농촌부 임원들이 추진한 협동조합운동 자체를 반일운동의 하
나로 파악하고, 탄압을 시작한 것이다. 당시 일제는 특히 장로교 농촌
협동조합운동에 대해 일제는 기독교 사회주의를 실현시켜 조선독립
을 달성할 수 있도록 전국 각지에 협동조합·소비조합 등의 단체를 결
성하고 이를 통해 농민 각 계층에 투쟁의식을 주입하려고 한다고 보았
다.[85] 일제는 기독교계 농촌협동조합운동을 반일적 기독교인들이 경
제적·정신적 실력양성을 통해 조선독립을 도모하는 민족운동의 한
방편으로 파악했던 것이다.

이런 상황에서 1937년 중일전쟁을 직후로 하여 기독교 민족운동세
력에 대한 대대적인 탄압차원에서 발생한 "동우회와 홍업구락부 사
건"은 농촌협동운동의 몰락의 결정적 계기가 되었다.[86] 왜냐하면 합

---

83) 劉載奇, "愛의 社會的 施設과 産業組合(3)", 『基督教報』, 1935년 1월 30일.

84) 김인서, "總會農村部 廢止를 提言함", 『信仰生活』, 1935. 1; 채정민, "教農運動의
可否, 總會農村部 廢止獻議案 可決을 務望함", 『信仰生活』, 1935. 7.

85) 朝鮮總督府警務局, "最近의 治安狀況(1938)", 『朝鮮獨立運動史』Ⅴ, 原書房, 1967,
307쪽.

법적이고 온건한 농촌운동에 대해서도 공개적으로 일제가 금지시켰음을 의미하는 것으로, 농촌협동조합운동을 전개하던 대부분의 인사들이 이 때 체포, 투옥되었기 때문이다. 기독교계의 협동조합운동의 추진도 그와 함께 멈추고 말았다.

4. 맺음말

일제의 한국 병탄 이후, 토지조사사업과 산미증식계획으로 인해 농민층과 농촌사회의 상황은 더욱 악화되었다. 한국 인구 80%가 농민인 상황에서 농촌경제의 회복은 무엇보다 중요한 문제였다. 이에 기독교인들은 1920년대 이후 기독교계 대내외적 비판과 반기독교운동의 대응 일환에서 농촌문제의 해결에 직간접으로 나서기 시작했다. 기독교계의 농촌협동조합운동은 1920·30년대 일제의 자본주의경제 아래서 정치뿐만 아니라 경제적 약자가 된 한국인들이 피폐화된 농촌사회를 재건하고 일제의 자본주의적 침략에 자주적이며 집단적인 방법으로 이에 대응하는 일환에서 적극 추진되기 시작했다.

기독교계의 협동조합운동은 피폐화된 농촌을 재건하고 농민대중의 경제적 문제를 해결하는데 그 목적이 있었다. 자본주의 경제 하에서 농민대중의 단결과 일치, 협동을 바탕으로 당면한 경제적 문제를 타개해 나가고자 했다. 이는 일제 총독부에 대한 대책에 대한 기대를 접고 이제 한국인 스스로 경제문제를 해결하겠다는 자주적인 태도를 상징

---

86) 김상태, "1920~30年代 同友會·興業俱樂部 研究", 서울대 사학과 석사학위논문, 1991; 김승태, "興業俱樂部事件과 基督教", 『韓國基督教史研究』3, 1985. 3 을 참조.

적으로 보여준다. 동시에 기독교의 지상천국건설이란 궁극적인 목표 아래 추진되었다는 점을 상징적으로 나타내고 있다.

　기독교계의 농촌협동조합운동은 일제가 지주제를 축으로 하는 수탈적 농업정책을 변경하지 않는 한 현실적으로 추진되는데 어려움과 한계를 가질 수밖에 없었다. 또한 이 운동은 총독부와의 우호적 관계를 고려해 합법적이고 온건한 노선을 취했다거나 지주와 농민간의 계급모순 해결보다는 총독부의 통치권력을 인정하면서 추진된 '소극적'인 성격이 강했다는 점 또한 지적될 수 있을 것이다.

　그러나 당시 한국기독교는 농민대중을 '주체적' 대상으로 설정하고 민족실력양성 차원에서 일제의 농업정책에 저항하며 중소농민의 생활경제를 협동조합운동을 통해 안정시키고자 했다. 나아가 피폐화된 민족의 자립경제를 수립하고 근대적 농촌사회로 개조하여, 민족적 역량의 축적을 지향하고 자주적 태도에서 실천하고자 하였다. 또 식민지적 상황 속에서 기독교회와 기독교인들이 일제의 식민통치로 황폐화된 농촌을 살리고 민족을 다시 소생시키자고 추진했던 구체적인 농촌재건프로그램이었다는 점에서 그 의미가 있었다. 민족적 위기를 타개하자는 구호에 그친 것이 아니라 실제적인 대안을 기독교 공동체에 제공해 주었다는 점에서 그 운동의 역사적 성격을 찾을 수 있을 것이다.

◆ 참고문헌

1. 자료

『監理會報』『開闢』『基督敎報』『基督申報』『農民生活』『農民通信』『農民靑年』『東光』
『東亞日報』『別乾坤』『批判』『思想月報』『思想彙報』『四海公論』『三千里』『時代日報』
『新階段』『新生』『新生命』『新生活』『信仰生活』『神學世界』『神學指南』『新韓民報』
『이러타』『朝鮮監理敎年會錄』『朝鮮基督敎奉役者會議』『朝鮮思想通信』
『朝鮮예수敎長老會總會錄』『朝鮮日報』『朝鮮中央日報』『朝鮮之光』『中外日報』
『眞生』『靑年』『現代公論』『現代評論』『彗星』

The Korea Mission Field

姜德相 梶村秀樹 編,『現代史資料』25, みすず書房, 1967.

慶尙北道 警察部,『高等警察要史』, 1934.

『基督敎大百科辭典』1~16, 基督敎文社, 1982~1991.

金正明 編,『韓國獨立運動史』V, 原書房, 1967.

『獨立運動史資料集』12, 獨立運動史編纂委員會, 1977.

『同友會關係報告』, 京城地方法院檢事局, 1937~1938.

『尹致昊日記』(1~11), 국사편찬위원회, 1987~1989.

이재화·한홍구編,『韓國民族解放運動史資料叢書』, 경원문화사, 1988.

『日帝侵略下韓國三十六年史』7~12, 國史編纂委員會, 1973.

『日帝下社會運動史資料叢書』, 高麗書林, 1992.

『朝鮮總督の 文化政治』, 1970.

『齋藤實文集』9·10, 高麗書林, 1990.

『朝鮮예수敎聯合公議會會錄』, 京城, 1925년 12월 28~29일.

朝鮮行政執行總局 編,『朝鮮統治秘話』, 帝國地方行政會, 1937, 289~290쪽.

『朝鮮思想運動調査資料』1, 朝鮮總督府 高等法院檢事局思想部, 1932.

朝鮮總督府,『朝鮮の統治と基督敎』, 1921.

『宗教界諸名死講演集』, 活文社書店, 1921.

『最近に於にける 朝鮮治安狀況』, 朝鮮總督府 警務局, 1927・1933・1938.

『韓國獨立運動史』5, 資料篇, 國史編纂委員會, 1968.

배성찬 편역,『식민지시대 사회운동론 연구』, 돌베개, 1987.

임명태 편,『식민지시대 한국사회와 운동』, 사계절, 1985.

李錫兌,『社會科學大辭典』, 을유인쇄출판사, 1948.

한대희 편역,『식민지시대 사회운동』한울림, 1986.

H. W. Cynn, *The Rebirth of Korea*(New York: Abingdon Press), 1920.

강원룡,『빈들에서』1, 열린문화, 1993.

古堂傳・平壤誌刊行委員會,『古堂 曺晩植』, 平南民報社, 1966.

金活蘭,『그 빛 속의 작은 생명』, 여원사, 1965.

배민수,『Who Sall Enter the Kingdom of Heaven?』(1951), 대한예수교장로
　　　　회총회 농어촌부, 1994.

＿＿＿,『그 나라와 한국농촌』, 대한예수교장로교회총회 종교교육부, 1958.

『百牧講演』2, 博文書館, 1921.

趙炳玉,『나의 회고록』(1956), 해동, 1986.

崔錫柱,『恩寵은 강물같이』, 大韓基督教書會, 1965.

全弼淳,『牧會餘韻』, 대한예수교장로회총회 교육부, 1965.

2. 저서

姜東鎭,『日帝의 韓國侵略政策史』, 한길사, 1980.

姜萬吉,『韓國民族運動史論』, 한길사, 1985.

＿＿＿,『고쳐쓴 한국현대사』, 창작과 비평사, 1994.

강명숙,『일제하 한국기독교인들의 사회경제사상』, 백산자료원, 1999.

강위조,『일본통치하 한국의 종교와 정치』, 기독교서회, 1977.

고정휴,『이승만과 한국독립운동』, 연세대학교 출판부, 2004.

광주학생독립운동동지회,『광주학생독립운동사』, 1996.

김남식,『한국기독교면려운동사』, 성광문화사, 1979.

김승태,『한국기독교의 역사적 반성』, 다산글방, 1994.

_____ 엮음,『한국기독교와 신사참배문제』, 한국기독교역사연구소, 1991.

金良善,「韓國基督教史 下-改新教史」,『韓國文化史大系』, 高麗大 民族文化研究所, 1965.

金良善,『韓國改新教史研究』, 基督教文社, 1972.

金容燮,『韓國近現代農業史研究』, 一潮閣, 1992.

金俊燁・金昌順,『韓國共産主義運動史』2・3, 청계연구소, 1988.

김정주,『한국절제운동70년사』, 대한기독교여자절제회, 1993.

김천배,『韓國YMCA運動史』, 路出版, 1986.

김흥수편,『일제하 한국기독교와 사회주의』, 한국기독교역사연구소, 1992.

노치준,『일제하 한국기독교 민족운동 연구』, 한국기독교역사연구소, 1993.

니콜라스쩨르노프 저/ 위거찬 역,『러시아정교회사』, 기독교문서선교회, 1991.

閔庚培,『한국기독교회사』, 대한기독교회, 1973.

_____,『한국기독교사회운동사』, 대한기독교출판사, 1981.

_____,『교회와 민족』, 대한기독교출판사, 1981.

박경식,『일본제국주의의 조선지배』, 청아, 1986.

박정신,『근대한국과 기독교』, 민영사, 1997.

박찬승,『한국근대정치사상사연구』, 역사비평사, 1991.

방기중,『배민수의 농촌운동과 기독교사상』, 연세대 출판부, 1999.

숭실대학교,『숭실대학교 100년사』, 1997.

서대숙,『한국공산주의운동사연구』, 禾多, 1985.

鮮于基聖,『韓國青年運動史』, 錦文社, 1973.

신기영,『한국기독교의 민족주의1885~1945』, 동혁, 1995.

柳永烈,『開化期 尹致昊 研究』, 한길사, 1985.

尹慶老, 『105人 事件과 新民會 硏究』, 一志社, 1990.

윤정란, 『일제하 한국 기독교 여성운동의 역사 : 1910년~1945년』, 국학자료
　　　원, 2003.

이균영, 『신간회 연구』, 역사비평사, 1993.

이만열, 『한국기독교와 역사의식』, 지식산업사, 1981.

　　　, 『韓國基督敎文化運動史』, 大韓基督敎出版社, 1984.

　　　, 『한국기독교와 민족운동』, 보성, 1986.

　　　, 『한국기독교와 민족의식』, 지식산업사, 1991.

이세기, 『한국 YWCA80년사』, 대한 YWCA연합회, 2006.

李時岳 저/ 이은자 역, 『근대 중국의 반기독교운동』, 고려원, 1992.

이준식, 『농촌사회변동과 농민운동』, 민영사, 1993.

이효재, 『한국YWCA 반백년』, 한국YWCA연합회, 1976.

장규식, 『일제하 한국기독교민족주의 연구』, 혜안, 2001.

장동민, 『박형룡의 신학연구』, 한국기독교역사연구소, 1998.

趙璣濬, 『韓國資本主義成立史論』, 大旺社, 1977.

존W홀 저/ 박영재 역, 『日本史』, 1986.

전택부, 『人間 申興雨』, 대한기독교서회, 1971.

　　　, 『한국기독교청년회운동사』, 정음사, 1978.

정병준, 『우남 이승만연구』, 역사비평사, 2005.

조이제, 『한국감리교청년회 100년사』, 감리교청년회 100주년 기념사업위원
　　　회, 1997.

지수걸, 『일제하 농민조합운동연구』, 역사비평사, 1993.

천화숙, 『한국여성기독교사회운동사』, 혜안, 2000.

피터 두으스 저/ 김용덕 저, 『일본근대사』, 지식산업사, 1983.

한국기독교역사연구소, 『한국기독교의 역사』 Ⅱ, 기독교문사, 1990.

한규무, 『일제하 한국기독교 농촌운동 1925~1937』, 한국기독교역사연구
　　　소, 1997.

홍사단 50년 편찬위원회, 『홍사단 50년사』, 대성문화사, 1946.

Chung-shin Park, *Protestant Christians and Politics in Korea, 1884~1980's* (University of Washington, 1987).

Kennenth M. Wells, *New God New Nation*(University of Hawaii, 1990).

3. 논문

강명숙, 「1920년대 초 한국개신교에 대한 사회의 비판」, 『한국기독교와 역사』 5, 한국기독교역사연구소, 1996.

강명숙, 「1920년대 한국개신교의 사회주의 인식」, 『한국근현대사연구』 5, 한국근현대사학회, 1996.

강영심, 「1920年代 朝鮮物産奬勵運動의 전개와 성격」, 『國史館論叢』 47, 국사편찬위원회, 1993.

강인규, 「1920년대 반기독교운동을 통해 본 기독교」, 『한국기독교사연구』 9, 한국기독교역사연구소, 1986.

高珽烋, 『大韓民國臨時政府歐美委員部(1919~1925)硏究』, 高麗大 史學科 博士學位論文, 1991.

_____, 「태평양문제연구회 조선지회와 조선사정연구회」, 『역사와 현실』 6, 역사비평사, 1991.

高源相, 「美國革新主義運動에 관한 硏究」, 高麗大 歷史敎育 碩士學位論文, 1989.

김권정, 「1920~30년대 기독교인들의 사회주의 인식」, 『한국기독교와 역사』 5, 한국기독교역사연구소, 1996.

_____, 「일제하 사회주의자들의 반기독교운동에 관한 연구」, 『崇實史學』 10, 숭실대 사학회, 1997.

_____, 「1920~30年代 申興雨의 基督敎 民族運動」, 『한국민족운동사연구』 21, 한국민족운동연구회, 1999.

_____, 「기독교세력의 신간회 참여와 활동」, 『한국민족운동사연구』 25, 한국민족운동연구회, 2000.

_____, 「초기 한국기독교회의 정교분리 문제」, 『한국기독교역사연구소 소식』 79, 2007.

김　덕, 「1920~30년대 기독청년면려회 연구」, 『한국기독교와 역사』 18, 한국기독교역사연구소, 2003.

金相泰, 「1920~30년대 동우회·흥업구락부 연구」, 서울대 국사학과 석사학위논문, 1991.

_____, 「일제하 신흥우의 '사회복음주의'와 민족운동론」, 『역사문제연구』 1, 역사문제연구소, 1996.

_____, 「近現代 平安道 出身 社會指導層 硏究」, 서울대 국사학과 박사학위논문, 2002.

김승태, 「興業俱樂部事件과 基督敎」, 『韓國基督敎史硏究』 3, 1985.3.

김승태, 「일제하 사회주의자들의 반기독교운동과 기독교의 대응(상)」, 『두레사상』 2, 두레시대, 1995.

金良善, 「韓國基督敎史 下-改新敎史」, 『韓國文化史大系』, 高大 民族文化硏究所 出版部, 1965.

김인덕, 「정우회 선언과 신간회 창립선언」, 『國史館論叢』 89, 국사편찬위원회, 2000.

金良善, 「三一運動과 基督敎界」, 『三·一運動 50周年 紀念論集』, 東亞日報社, 1969.

김일재, 「한국교회 면려청년회운동사」, 장로회신학대 신학대학원 석사학위논문, 1986.

노치준, 「일제하 한국YMCA의 기독교 사회주의사상 연구」, 『일제하 한국기독교와 사회주의』, 한국기독교역사연구소, 1992.

閔庚培, 「1930年代의 敎會와 民族」, 『敎會와 民族』, 대한기독교서회, 1981.

_____, 「한국기독교의 농촌사회운동」, 『동방학지』 38, 연세대 국학연구원, 1983.

박정신, 「실력양성론」, 『한국사 시민강좌』 25, 일조각, 1999.

_____, 「K. 웰즈, 『새하나님, 새 민족: 한국기독교와 자기개조 민족주의, 1896~1937』」, 『해외한국학평론』 창간호, 한국현대한국학연구소, 2000.

朴贊勝, 「1920년대 중반~1930년대초 민족주의 좌파의 신간회운동」, 『한국사론』 80, 1993.

박철하, 「1920년대 전반기 사회주의 청년운동과 고려공산청년회」, 『역사와 현실』 9, 역사비평사, 1993.

方基中, 「1920·30年代 朝鮮物産獎勵會 研究」, 『國史館論叢』 67, 1996.

_____, 「일제하 이훈구의 농업론과 경제자립사상」, 『역사문제연구』 1, 역사문제연구소, 1996.

백종구, 「한국 개신교 절제운동에 관한 연구-금주운동을 중심으로」, 『한국기독교신학논총』 27, 한국기독교학회, 2003.

서중석, 「한말·일제하의 자본주의 근대화론의 성격」, 『한국 근현대의 민족문제 연구』, 지식산업사, 1989.

水野直樹, 「新幹會運動에 관한 약간의 問題」, 『新幹會研究』, 동녘, 1983.

신주현, 「1920~30년대 한국기독교인들의 민족운동에 관한 일고찰-사회·경제운동을 중심으로」, 『한국기독교사연구』 14, 한국기독교사연구회, 1987.

양미강, 「일제하 한국 기독교 여성운동에 관한 연구 : 1920~30년대를 중심으로」, 한신대학교 신학대학원 석사학위논문, 1988.

오미일, 「1910~20년대 평양지역 민족운동과 조선인 자본가층」, 『역사비평』, 역사비평사, 1995.

유례경, 「1920년대 조선에서의 개신교 선교사 배척운동에 관한 연구」, 『漢城史學』 6·7, 1994.

柳永烈, 「인간으로서의 조만식」, 『고당 조만식 선생 사상의 재조명』, 숭실대학교, 1997.

윤은순, 「1920·30년대 한국기독교 절제운동 연구」, 숙명여대 대학원 박사학위논문, 2008.

尹貞蘭, 「일제의 황국신민화 정책에 대한 한국 기독교여성들의 대응논리」, 『한국민족운동사연구』 17, 1997.

_____, 「1920년대 초기 기독교 여성들의 여성문제 인식전환과 전국기독교 여성단체의 출현」, 『한국민족운동사연구』 19, 한국민족운동사연구회, 1998.

_____, 「한국 기독교 여성들의 근우회 탈퇴 배경에 관한 연구」, 『한국기독교와 역사』 8, 한국기독교역사연구소, 1998.

_____, 『日帝時代 韓國 基督敎 女性運動 硏究』, 崇實大 史學科 博士學位論文, 1999.

尹海東, 「日帝下 物産奬勵運動의 背景과 그 理念」, 『韓國史論』 27, 서울대 국사학과, 1992.

이덕일, 「일제하 朝鮮共産黨과 蘇聯과의 關係」, 『崇實史學』 8, 숭실사학회, 1994.

이만열, 「서설: 민족사적 관점에서 본 한국 기독교 100」, 『한국기독교와 민족의식』, 지식산업사, 1991.

_____, 「한국기독교와 민족운동」, 『한국기독교와 역사』, 한국기독교역사연구소, 2003.

이명화, 「民立大學 設立運動의 背景과 性格」, 『한국독립운동사연구』 5, 한국독립운동사연구소, 1991.

_____, 「興士團遠東臨時委員部와 島山 安昌浩의 民族運動」, 『한국독립운동사연구』 8, 1994.

이신정, 「일제시대 한국교회 여성절제운동연구 : 조선여자기독교절제회를 중심으로」, 감리교신학대교 석사학위 논문, 1993.

이애숙, 「세계대공황기 사회주의진영의 전술전환과 신간회 해소문제」, 『역사와 현실』 11, 역사비평사, 1994.

이준식, 「일제침략기 기독교지식인의 대미인식과 반기독교운동」, 『역사와 현실』 10, 역사비평사, 1993.

_____, 「광주학생운동과 민족운동세력」, 『광주학생독립운동 재조명』, 한국역사학회 전남사학회, 1999.

李智媛, 「1930년대 민족주의계열의 고적보존운동」, 『동방학지』 77·78·79, 연세대 국학연구원, 1993.

_____, 「1930年代 前半 民族主義文化運動論의 性格」, 『國史館論叢』 51, 1994.

林京錫, 「세계 대공황기 사회주의, 민족주의 세력의 정세인식」, 『역사와 현실』 11, 역사비평사, 1994.

임영상, 「혁명과 종교: 1917~1929」, 『外大史學』 6, 외대사학회, 1995.

장규식, 「1920-30년대 YMCA농촌사업의 전개와 그 성격」, 『한국기독교와 역사』 4, 한국기독교역사연구소, 1995.

장금현, 「한국기독교 절제운동 연구－1884~1939」, 서울신학대 박사학위논문, 2004.

장창진, 「일제하 민족문제논쟁과 반종교운동」, 서울대 종교학과 석사학위논문, 1994.

_____, 『日帝下 基督敎 民族運動의 政治經濟思想』, 延世大 史學科 博士學位論文, 2000.

曺圭泰, 「新幹會 京城支會의 組織과 活動」, 『國史館論叢』 89, 國史編纂委員會, 2000.

趙培原, 「修養同盟會·同友會研究」, 成均館大 史學科 碩士學位論文, 1998.

趙恒來, 「第2의 6·10萬歲運動에서 본 皮漁善紀念聖經學院의 信仰心과 愛國精神」, 『第2 6·10獨立萬歲運動紀念碑誌』, 평택대학교, 1999. 6.

_____, 「3·1運動以後 日帝의 大韓植民政策」, 『한국민족운동사연구』 14, 한국민족운동사연구회, 1996.

주 혁, 「조선사정연구회의 연구」, 한양대 사학과 석사학위논문, 1991.

池秀傑, 「1932-35年間의 朝鮮農村振興運動」, 『韓國史研究』46, 한국사연구회, 1984.

_____, 「朝鮮農民社의 團體性格에 관한 研究」, 『歷史學報』106, 역사학회, 1985.

_____, 「1930년대 초반기 사회주의자들의 민족개량주의운동 비판」, 『1980년대 한국인문사회과학의 현단계와 전망』, 역사비평사, 1989.

채현석, 「李大偉의 생애와 활동」, 『일제하 한국기독교와 사회주의』, 한국기독교역사연구소, 1992.

천화숙, 「일제하 한국여자기독교청년회연구」, 국민대 사학과 박사학위논문, 1996.

최경숙, 「1920년대 기독교 비판과 반기독교운동」, 『외대논총』30, 부산외국어대학교, 2005.

최병택, 「1925~1935년 서울지역 기독교 세력의 사회운동과 그 귀결」, 서울대 국사학과 석사학위논문, 2000.

한규무, 「일제하 한국기독교회의 농촌지도자양성기관에 대한 일고찰」, 『한국근현대사연구』3, 한울, 1995.

_____, 「日帝下 韓國長老教會의 農村運動」, 『吳世昌教授華甲紀念 韓國近現代史論叢』, 논총간행위원회, 1995.

_____, 「한국기독교민족운동사 연구의 현황과 과제」, 『한국기독교와 역사』12, 2000.

韓相龜, 「1926~28년 민족주의 세력의 운동론과 新幹會」, 『한국사론』86, 1994.

Michael Robinson, "*Sinsaenghwal and the Early Korean Marxism*", Read at the Annul Meeting of the Association for Asian Studies, (Washington D.C., 1984).

■ 김권정 金權汀

숭실대 사학과 졸업
숭실대 대학원 사학과 졸업(문학박사)
대한민국역사박물관 학예연구사

한국기독교 민족운동론과 민족운동

초판 1쇄 인쇄일	2015년 12월 29일
초판 1쇄 발행일	2015년 12월 30일
지은이	김권정
펴낸이	정진이
편집장	김효은
편집 · 디자인	김진솔 우정민 김정주 박재원
마케팅	정찬용 정구형
영업관리	한선희 이선건 최재영
책임편집	우정민
인쇄처	으뜸사
펴낸곳	국학자료원 새미(주)
	등록일 2005 03 15 제25100-2005-000008호
	서울시 강동구 성안로 13 (성내동, 현영빌딩 2층)
	Tel 442-4623 Fax 6499-3082
	www.kookhak.co.kr
	kookhak2001@hanmail.net
ISBN	979-11-86478-85-1 *93900
가격	17,000원

* 저자와의 협의하에 인지는 생략합니다.
  잘못된 책은 구입하신 곳에서 교환하여 드립니다.